葡语国家投资环境研究系列(三)

主编 庞川 林志军 宋雅楠

Angola Investment Environment Report

安哥拉投资环境报告

主编 宋雅楠

中国财经出版传媒集团

经济科学出版社
Economic Science Press

图书在版编目（CIP）数据

安哥拉投资环境报告/宋雅楠主编 . —北京：经济科学
出版社，2020. 8
（葡语国家投资环境研究系列）
ISBN 978 - 7 - 5218 - 1773 - 7

Ⅰ. ①安… Ⅱ. ①宋… Ⅲ. ①投资环境 – 研究报告 –
安哥拉 Ⅳ. ①F147. 4

中国版本图书馆 CIP 数据核字（2020）第 148592 号

责任编辑：刘 莎
责任校对：刘 昕
责任印制：邱 天

安哥拉投资环境报告
主编 宋雅楠
经济科学出版社出版、发行 新华书店经销
社址：北京市海淀区阜成路甲 28 号 邮编：100142
总编部电话：010 - 88191217 发行部电话：010 - 88191522
网址：www. esp. com. cn
电子邮件：esp@ esp. com. cn
天猫网店：经济科学出版社旗舰店
网址：http://jjkxcbs. tmall. com
固安华明印业有限公司印装
710×1000 16 开 21 印张 450000 字
2020 年 8 月第 1 版 2020 年 8 月第 1 次印刷
ISBN 978 - 7 - 5218 - 1773 - 7 定价：73. 00 元

前　　言

2020年，一场百年一遇的全球性大流行病给世界经济发展带来严峻考验。疫情加剧了国际生产体系与跨国投资的转变，给中国企业的海外发展带来了更多的挑战。但是，挑战与机遇并存。面对海外市场的复杂形势，中国澳门特区作为"中国与葡语国家经贸合作服务平台"（简称"中葡平台"），更要发挥"澳门所长"，利用澳门"中葡平台"优势，团结葡语国家，为中国与葡语国家友好合作提供更多的服务便利和协同配合，响应国家发展战略，携手各方在新形势下谋求新发展。

本报告作为葡语国家投资环境研究系列的第三部，继《葡萄牙投资环境报告》和《巴西投资环境报告》之后，重点研究非洲葡萄牙语国家——安哥拉的投资环境，服务澳门特区"中葡平台"建设。

安哥拉是非洲大国，区位独特，处于连接非洲南、中、西部地区的枢纽位置。油气资源丰富，已探明石油可采储量超过11亿吨，原油日产量约170万桶，常年位列非洲最大产油国前两名，与西非尼日利亚的石油产量不分伯仲。据2020年最新数据，安哥拉是撒哈拉以南非洲第四大经济体和最大吸引外资国家之一；在南部非洲共同体中，仅次于南非，是南部非洲次区域的第二大经济体；也是非洲葡萄牙语的第一大经济体，经济总量高于莫桑比克、几内亚比绍、圣多美和普林西比、佛得角四个非洲葡萄牙语国家的总和，是支撑非洲大陆经济发展的重要引擎之一。

2010年，中国与安哥拉建立战略伙伴关系，双边经贸合作深化发展。2019年，双边贸易额257.1亿美元，其中中国出口20.56亿美元，进口236.54亿美元。当前，安哥拉是我国在非洲第二大贸易伙伴、全球第三大石油进口来源国、主要对外承包工程市场和重要劳务合作伙伴。截至2018年末，中国在安哥拉劳务人员达2.72万人，中国对安哥拉直接投资存量22.99亿美元。长期以来，安哥拉在中非经贸合作交往中扮演着举足轻重的角色，中安能源合作和基础设施建设合作走在中非关系的前列，具有积极的引领和示范作用。

自2015年以来，受国际油价下跌影响，安哥拉长期依赖石油产业的弊端开始显现（油气行业贡献了安哥拉超过90%的商品出口收入和近三分之一的GDP），经济逐年下滑。尤其2020年，新冠肺炎疫情引发的石油价格暴跌更是严重打击了安哥拉。油价的崩盘和OPEC减产协议严重削减了安哥拉的石油收入，财政收入恶化直接导致项目迟滞、通胀严重、债务高企、汇率贬值、外汇紧缺等现象，经济很有可能进一步陷入衰退之中。同时，安哥拉教育资源欠缺，当地人员受教育水平低，医疗卫生资源严重短缺。尤其近期，安哥拉本地疫情继续蔓延，确诊人数不断增加，防疫风险亦随之增加。在经济衰退和疫情的双重影响下，失业率和治安问题都制约着安哥拉社会和经济的发展。

此外，2017年8月的执政党大选结束了安哥拉持续38年的"多斯桑托斯时代"。若昂·曼努埃尔·贡萨尔维斯·洛伦索总统上任后拉开了安哥拉改革的大幕。几年来，洛伦索总统颁布了新的私人投资法、竞争法、贸易协定改革以及简化进出口程序等，实现了货币自由化，并增加石油和天然气等行业的透明度。还针对此前难以触及的权贵开展了腐败调查，实施结构性改革以挑战既得利益。更计划彻底改革安哥拉经济，成立新的监管机构来管理传统强势的国有企业，期望到2022年全部或部分私有化195家国有企业。从整体来看，洛伦索总统的改革措施在目前取得了一定的进展，但提振安哥拉经济和经济多元化的目标依然困难重重。

总体而言，安哥拉是一个具有巨大潜力、尚待开发的市场，拥有非常丰富的自然资源和非常年轻化的人口；也拥有景色优美的旅游区，潜力巨大的水资源，广阔的海岸线和丰富的海洋物种；还拥有3 500万公顷的可耕地土地面积。安哥拉在非洲的地理位置优势将为投资者提供进入更广阔市场的可能性。安哥拉依然具有投资价值。然而后疫情时代，也对投资安哥拉的企业竞争力和管理能力提出了更高的要求。企业需要用多样化的手段规避可能出现的债务、汇率和市场风险，也需要根据市场需求以及疫情带来的新机遇，在传统投资的基础上，积极推进企业投资转型升级。

因此，本报告从投资环境概述、政治与经济环境、商业与政策及澳门平台四个方面，分别对安哥拉的整体投资和产业发展状况、政治经济局势和市场环境进行了介绍和分析。特别针对基础设施、农业、电子商务、银行业、消费、旅游等安哥拉投资热点和潜力领域进行了分析。同时，在对安投资中的法律、税制、劳动就业等难点问题为我国投资者给出了策略性建议。最后，对中国内地和澳门企业利用"中葡平台"进行了相关分析和建议。

配合本研究报告，还推出了"葡语国家投资环境数据库（PLPIDB）"网络数据库"安哥拉"模块。PLPIDB 数据库以网络平台的方式，系统化地介绍和整合葡语国家投资环境的相关新闻、法规、数据、概况。将葡语国家数据和研究成果与读者和用户共享，为有意投资葡语国家的企业提供信息咨询，也为葡语学习和商业、法律等专业葡语人才培养提供资源支持，同时也为高等院校内商业、法律等相关专业教研人员从事葡语国家方面的研究提供便利，支持中国澳门作为中葡商贸合作服务平台的发展与建设。

最后，本报告特别鸣谢澳门特别行政区高等教育基金的资助与支持！在本报告的写作后期遭遇新冠疫情肆虐，感谢各位项目成员和本书编辑在疫情中克服各种阻碍，依然坚持不懈地完成了所有工作，使本书最终得以顺利出版！也希望本书的出版，能让更多读者深入了解葡语国家，促进中国与葡语国家的经贸合作，为澳门特区进行"中葡平台"建设提供智力支持。

宋雅楠

2020 年 8 月

目　录

投资安哥拉与中国澳门特区"中葡平台"

安哥拉投资环境概述

安哥拉投资环境概述

宋雅楠[*]

一、安哥拉历史简述

安哥拉原称"葡属西非",曾经是葡萄牙最具经济价值和最富庶的殖民地。

在 12 世纪至 15 世纪,安哥拉分属刚果、恩东戈、马塔姆巴和隆达四个非洲王国。1482 年葡萄牙人迪奥戈·康率领由 7 艘船只组成的船队,沿非洲西海岸航行,抵达首次抵达安哥拉海岸,并在罗安达一带贩运黄金、象牙和奴隶,后逐渐向内陆扩张。葡萄牙人为巩固其在安哥拉的地位,分别在 1576 年和 1617 年建立罗安达城和本吉拉城。1640~1648 年间,荷兰人曾占领部分重要港口,但最后都被葡萄牙人收复。1672 年,罗安达成为葡萄牙殖民地的一个行政区和殖民地首府,同时成为南部非洲最早的殖民据点和向巴西贩卖奴隶的主要口岸。随后的两个世纪间,安哥拉的经济发展缓慢,葡萄牙人虽然在安哥拉也致力于发展农业生产,但是其主要收入来源是向巴西贩卖黑奴。在葡萄牙殖民期间,贩卖了三四百万名奴隶,导致安哥拉的劳动力严重不足。为反抗殖民者贩卖奴隶的行为,安哥拉人民进行了长年的斗争,直至 1830 年奴隶贩卖才告终止。19 世纪末期,葡萄牙人开始积极开发农业和地下矿产资源,安哥拉经济转向内陆发展。1884~1885 年的柏林会议上,安哥拉被划为葡萄牙的殖民地。在"一战"期间,安哥拉遭到德军入侵,被葡萄牙人击退。1951 年,葡萄牙将安哥拉改为"海外省",派总督进行统治。

19 世纪末 20 世纪初,安哥拉出现了数十个党派和政治团体,发起了无数次反殖民统治的暴动和起义,为维护殖民统治,葡萄牙在 1922 年派出军队占领安哥拉全境。"二战"后,安哥拉民族解放运动进入新阶段,安人运(安哥拉人民解放运动)、安解阵(安哥拉民族解放阵线)、安盟(争取安哥拉彻底独立全国

---

* 宋雅楠,澳门科技大学商学院副教授。研究方向为国际贸易与投资、中葡经贸关系等。

联盟）先后成立。1961 年安人运拉开了武装斗争的序幕。1974 年葡萄牙发生政变，新政府实行非殖民化政策，1975 年初，葡萄牙与安人运、安解阵、安盟达成《阿沃尔协议》，约定在同年 11 月安哥拉实现完全独立，结束了葡萄牙人五百年来的殖民统治。至此，安哥拉成为非洲最后实现独立的国家之一。

1975 年 1 月 31 日安哥拉成立过渡政府，次月，安人运与安解阵、安盟发生武装冲突，同年 7 月，过渡政府瓦解。同年 11 月，安人运宣布安哥拉人民共和国成立。安哥拉独立后长期处于内战状态。1976 年，安人运击溃安解阵并驱逐安盟离开城市。1977 年由苏联和古巴支持的安人运与美国、南非支持的安盟发生大规模冲突，古巴和南非直接参战，双方损失惨重。1988 年，安人运与安盟双方达成《纽约协议》，古巴军队、南非军队陆续撤离安哥拉。1989 年，安人运、安盟达成停火协议。

1990 年，安哥拉人民共和国政府放弃自 1977 年实行的社会主义的路线，并在次年实行多党制。1992 年 8 月安哥拉议会决定将国名改为安哥拉共和国，并于 9 月举行独立后首次多党选举，安人运在选举中获胜，安盟认为选举有失公允并拒绝接受选举结果，安哥拉重新陷入内战。经联合国协调，双方于 1994 年签署《卢萨卡和平协议》，协议包括成立新的国防军，安盟实行非军事化等内容。1997 年 4 月，以安人运为主体、由安盟成员参加的安哥拉民族团结和解政府成立。1998 年，由于安盟拒不履行和平协议，安哥拉重新陷入内战。2002 年 2 月，安盟领导人若纳斯·萨文比战死，同年 4 月，安哥拉政府与安盟签署停火协议，结束长达 27 年的内战，并开始了战后重建①。

由于长年的殖民统治和战乱，安哥拉至今仍在联合国"最不发达国家"名单之中，但重建时期安哥拉经济发展迅速，一度成为非洲经济增长速度最快的国家之一。根据 2018 年联合国《最不发达国家报告》，安哥拉将在 2021 年 2 月从该名单中"毕业"。

二、安哥拉基本社会情况

（一）基本社会情况

1. 地理

安哥拉位于非洲西南部，西濒大西洋，北面与刚果（布）和刚果（金）相

---

① 安哥拉历史简介：2019 年 1 月 5 日，http：//www. 373cn. com/world/16158. html。

邻,东部与赞比亚、南部与纳米比亚和博茨瓦纳接壤。安哥拉海岸线长 1 650 公里,是中部、南部非洲的重要出海通道之一,其面向海洋背靠非洲大陆,地理位置优越,对外贸易发展有着较大的潜力。

安哥拉国土面积 124.67 万平方公里,全国划分为 18 个省,设有 164 个市,其中罗安达省集中了安哥拉 60% ~80% 的经济活动,是全国政治、经济、文化和交通中心。安哥拉的首都为罗安达市,罗安达市是安哥拉最大城市,人口超 700 万,位于大西洋东海岸,是安哥拉最大的港口和政治经济中心。

安哥拉大西洋沿岸以北有一块飞地领土——卡宾达,地处刚果(布)和刚果(金)之间,与安哥拉本土直线距离约为 130 公里。卡宾达原称"葡属刚果",与"葡属西非"是两块同属葡萄牙的殖民地,原本与安哥拉本土相连,1885 年柏林会议上,比利时获得了刚果河的出海口,从此卡宾达与安哥拉割离,1933 年,卡宾达被葡萄牙并入安哥拉殖民地,成为安哥拉的飞地领土。1975 年 8 月 1 日卡宾达曾宣布独立,但在 1976 年 1 月 11 日安哥拉军队进入并重新占领卡宾达。卡宾达地区是安哥拉重要的石油生产基地,石油产量占安总产量的 60%[①]。

安哥拉地势东高西低,主要由平原、丘陵和高原组成,水利资源丰富,较大河流约 30 条。全年分为雨旱两季,5 ~9 月为旱季,平均气温 24 摄氏度,雨季平均气温 33 摄氏度,年均降水量约 400 毫米。

2. 人口

内战结束后,安哥拉人口迅速增长,近年来人口总数以每年数十万近百万的速度上升(见图 1),根据世界银行统计数据显示,2018 年安哥拉人口总数为 3 080.98 万人,女性人口总数略高于男性人口,其中 2018 年男性人口为 1 524.15 万人,女性人口为 1 556.83 万人。

根据联合国开发计划署(UNDP)发布的《人类发展报告 2019》,安哥拉人类发展指数(HDI)为 0.574,排名世界 149 位,同期尼日利亚、莫桑比克、南非的人类发展指数分别为 0.534、0.446、0.705,排名分别为 158 位、180 位、113 位。

联合国发布的关于全球人口状况的年度报告显示,2019 年安哥拉人口数量达到 3 018 万。2010 ~2019 年安哥拉人口数量年均增长 3.4%,是非洲葡语国家中人口增速最快的国家。

---

① 驻安哥拉使馆经商处:《安哥拉国家概况》,2018 年 1 月 4 日,http://ao.mofcom.gov.cn/article/ddgk/201801/20180102694151.shtml。

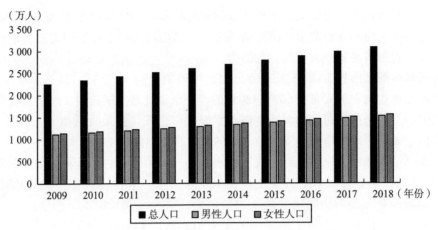

图 1　2009～2018 年安哥拉总人口及男女人口数

资料来源：世界银行。

3. 社会治安

2002 年内战结束后，安哥拉境内仍存在小规模的反政府武装，但仅存在于卡宾达地区。虽然安哥拉政府禁止居民个人持枪，但由于长年战乱，枪支依然泛滥。安哥拉失业率高、毒品和武器泛滥等社会问题突出，加之安哥拉警力不足等因素，犯罪事件频发，社会治安形势严峻。

2018 年，安哥拉共登记 7.2 万起犯罪案件，较 2017 年增加了 2.6 万起，主要是抢劫、人身伤害、谋杀、使用和贩卖毒品等案件数量增长较多。罗安达、本格拉、比耶、威拉、万博、宽多库邦戈等省份的犯罪数量占全国总犯罪数量的62%。警方在 2018 年的行动中共拘捕了 4.9 万名犯罪嫌疑人，较 2017 年增加1.3 万人[①]。暴力抢劫、绑架外国公民，尤其是中国公民的案件常有发生，在安工作者必须提高警惕，保证自身人身安全。

（二）基本经济状况

安哥拉是世界上最不发达国家之一，现行法定货币为宽扎（KWANZA），缩写为 KZ，代码为 AOA，面值有 5、10、50、100、200、500、1 000、2 000、5 000 九种。受内外部经济影响，安哥拉货币汇率波动很大。目前，1 美元可兑

---

① 驻安哥拉使馆经商处：《2018 年安哥拉犯罪数量大幅上升》，2019 年 2 月 27 日，http：//ao. mofcom. gov. cn/article/sqfb/201902/20190202838544. shtml。

换 342.1 宽扎①，人民币与宽扎不可以直接兑换。

2018 年安哥拉 GDP 为 1 057.5 亿美元，增长率为 -2.1%（见图 2），实行市场经济，有着一定的工业农业基础，但是在内战中遭到严重破坏，经济发展受创。内战结束后，安哥拉政府大力投资基础设施重建，积极开展国际经贸合作，大力吸引外资进入国内市场。经过多年发展，截至 2019 年，安哥拉是撒哈拉以南非洲的第三大经济体和最大的引资国之一。

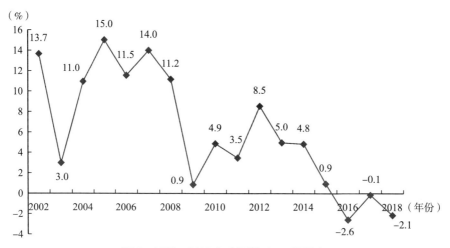

图 2　2002 ~ 2018 年安哥拉 GDP 增长率

资料来源：世界银行。

安哥拉外汇管制严格，在安哥拉注册的外资企业，经批准可开设银行账户，外汇进入没有限制，但外汇汇出需要提供相关文件，利润汇出除需缴纳 35% 营业税外，还有配额限制。除此之外，18 岁以上成人出境携带外汇不得超过 5 000 美元。安哥拉主要创汇行业为石油行业，国际原油价格的下跌使得安哥拉外汇储备不足，2018 年 1 月，安哥拉放弃宽扎汇率锚定美元政策，采用浮动汇率制，以缓解外汇储备的压力。若外汇紧缺的压力得不到缓解或继续增大，安哥拉的外汇管制可能会越来越严格。

安哥拉的主要经济支柱和创收行业为石油行业，2013 年 7 月 1 日起，安哥拉新石油汇率法正式实施，石油公司和其他外国机构在安经营所得款项均须使用宽扎结算。安哥拉是欧佩克（OPEC）成员国之一，得益于国际原油价格上升，石油出口收入大幅度增加，使得安哥拉国内生产总值（GDP）年增长率一度成为世

① 新浪财经：2019 年 7 月 5 日，https：//finance. sina. com. cn/money/forex/hq/USDAOA. shtml。

界第一。

受 2008 年国际金融危机和国际原油价格下跌的影响，安哥拉财政收入和外商投资下降，导致多个大型基建项目因资金问题停工，安哥拉 GDP 增长速度明显下降，2016 年至 2018 年间出现了负增长，分别为 -2.6%、-0.1% 和 -2.1%。

由表 1 可以看到，2019 年安哥拉人均国内生产总值为 2 974 美元，远超尼日利亚与莫桑比克，但与南非、中国、巴西、葡萄牙等国家有着较大的差距。2019 年安哥拉通货膨胀率为 17.1，尼日利亚为 11.4，在稳定物价与通货膨胀方面弱于尼日利亚，且远不如莫桑比克、南非、巴西和葡萄牙等国家。

表1　　　　　　　　　　2019 年各国宏观经济指标对比

指标	安哥拉	莫桑比克	尼日利亚	南非	巴西	葡萄牙	中国
人均国内生产总值（现价美元）	2 974	492	2 230	6 001	8 717	23 145	10 261
按 CPI 衡量的通货膨胀（年通胀率）	17.1	2.8	11.4	4.1	3.7	0.3	2.9
失业率（%）	6.9	3.2	8.1	28.2	12.1	6.3	4.3

资料来源：世界银行，国际货币基金组织。

失业率会影响一个国家的资本积累和金融市场的稳定。安哥拉的劳动力增长速度较快，但战后重建提供了较多的工作岗位，有助于安哥拉政府应对劳动力过剩的问题。根据世界银行公布数据，2019 年安哥拉失业率为 6.9%，高于中国、莫桑比克和葡萄牙，但明显优于巴西和南非。近年来安哥拉失业率在 7% ~ 7.5%，相对稳定①；而巴西、尼日利亚在近年来失业率出现上升趋势，葡萄牙的失业率逐渐下降，南非的失业率一直维持在较高水平位置。

2012 年，安政府启动"安哥拉制造计划"，大力推动安哥拉经济多向元化发展，逐步降低对石油产业的依赖，同时出台了多项支持中小微型企业发展的具体措施。

（三）安哥拉与中国的贸易概况

中国与安哥拉在 1983 年建立外交关系，2010 年建立战略伙伴关系，两国关系发展顺利，双方来往密切，高层频繁互访。两国的合作交流领域不断扩大，中国多次为安哥拉提供经济技术的援助。目前，安哥拉成为中国在非洲的第二大合

---

① 2020 年新冠疫情发生以来，安哥拉失业率大幅飙升。根据 2020 年第二季度就业调查（IEA），15 岁以上失业率估计为 32.7%。

作伙伴、在非洲最大的原油进口来源国。中国则是安哥拉第一大贸易伙伴国、第一大出口目的地国、第二大进口来源国。

自中安两国建交迄今，中国向安哥拉提供贷款总额已逾600亿美元，用于建设诸如电站、公路、桥梁、医院、住房等多个基建项目，促进了其经济发展，改善了当地人民生活；双方过去的务实合作成果丰硕，中安关系是中国和非洲国家互惠互利、共同合作发展的范例①。

根据《中国统计年鉴2018》公布数据显示，2017年在中国对安哥拉的经济合作中，中国承包工程完成营业额66.93亿美元，进出口总额为229.56亿美元，其中中国对安哥拉出口22.57亿美元，安哥拉对中国出口206.99亿美元。中国出口安哥拉的产品主要有汽车及汽车零配件、家具、机电产品等；安哥拉出口中国的产品主要为原油等资源性产品。

三、基础设施

（一）公路

安哥拉的公路总长约为7.7万公里，干线总长2.5万公里，其中有5.6万公里为砂石土路面，西部沿海地区道路状况较好，内陆地区的道路状况较差。安哥拉的公路与邻国相连，可以通过公路前往纳米比亚和刚果（金）等。

安哥拉的交通运输以公路运输为主，但多年战乱使得安哥拉的公路严重受损，总体路况较差，通行成本高昂，对旅游业等其他行业的发展造成了影响。内战结束后安哥拉政府致力于其公路的修复和重建。

（二）铁路

安哥拉全国铁路总长约2 800公里，有三条东西走向的主干线，分别为本格拉铁路、罗安达至马兰热铁路、纳米贝铁路（又称"莫桑梅德斯铁路"）。

本格拉铁路是安哥拉最长的铁路干线，横贯安哥拉全境，全长1 344公里，西起非洲西海岸最佳良港之一洛比托港，东至刚果（金）边境，连接多个重要城

---

① 中国—葡语国家经贸合作论坛（澳门）常设秘书处：《中国对安哥拉贷款逾600亿美元》，2018年1月11日，http：//www.forumchinaplp.org.mo/portugues-emprestimos-chinese-a-angola-superam-us60-mil-milhoes/？lang=zh。

市，是安哥拉洛比托经济走廊的重要通道。该铁路通过刚果（金）的铁路网与赞比亚铁路相连，成为大西洋与印度洋之间的国际铁路大通道。本格拉铁路最早是由葡萄牙殖民者在 1902 年开始修建，至 1929 年完成，历时 27 年，在内战中被毁，内战结束后，安哥拉政府投资 18.3 亿美元，由中国铁建二十局集团承接重建项目，在 2015 年 2 月实现通车。

罗安达至马兰热铁路全长 538 公里，西起大西洋沿岸的安哥拉首都罗安达，途经恩达拉坦多，东抵马兰热。该铁路在 1909 年建成，在内战中毁坏，同样由中国铁建二十局重建，于 2011 年 1 月通车。

纳米贝铁路全长 907 公里，连接安哥拉第三大港口纳米贝港和梅农盖市，贯穿安哥拉南部地区。该铁路重建工程由中国民营企业浩远集团承接，于 2015 年完工。

（三）空运

安哥拉国家是国际民航组织成员国，全国共有 32 个机场，其中大型机场 5 座，有多条国内航线和国际航线，主要的航空公司有安哥拉国家航空公司（TA-AG）和 SONAIR 航空公司，一些私人航空公司也承租国内及地区航运业务。根据世界银行最新公布资料，2017 年安哥拉航空客运量 158.12 万人次，货运量 6 791.38 万吨/公里，全球出港量 16 679 次。

安哥拉国家航空公司是安哥拉最大的航空公司，运营数条国内航线，连接国内各个主要城市，除此之外开辟了多条国际航线，客运量和货运量在非洲前列。安哥拉国家航空公司致力于将罗安达打造成为撒哈拉以南非洲的航运中心。SONAIR 航空公司运营罗安达至美国休斯敦直航，以及国内、地区和国际包机。

2008 年，中安双方签署《中华人民共和国政府和安哥拉共和国政府航空运输协定》，安哥拉国家航空公司开通从罗安达到北京的直航航班，后来因故停运，但从罗安达可经迪拜、亚的斯亚贝巴、约翰内斯堡、法兰克福、巴黎、阿姆斯特丹、伊斯坦布尔等城市中转回北京、上海、广州、香港等中国城市。

（四）水运

安哥拉水路总长约 1 300 公里，均为海路，无内河运输。海运船队总吨位 10 万多吨，主要港口有四个，分别为罗安达港、洛比托港、纳米贝港、卡宾达港。除了飞地卡宾达区的卡宾达港，其余三个港口都有铁路干线连接。其中罗安达港是安哥拉最大的港口，也是南部非洲主要港口之一，码头长达 4 000 米以上，平均滞港时间大约两个月，年吞吐量达 800 万吨，负责处理全国约 80% 的进口货物量。洛比托港是非洲西海岸最佳良港之一，由中国港湾集团负责改建扩建。卡宾达港新桥码头吃水深度 4～10 米，可停靠承载 600～800 个货柜、长度为 130 米的轮船。

（五）电力设施

安哥拉主要的电力企业是安哥拉国家电力公司（ENE），该公司基本垄断国家电力行业。安哥拉能源资源充足、水源丰富，其主要的发电方式是水力发电和火力发电，但安哥拉的总发电量较低，整体供电不足，电力缺口较大。2016 年安哥拉全年发电量仅为 102 亿千瓦时。安哥拉政府重视电力行业的发展，积极吸引外资发展水力发电行业，促进能源部门的发展。目前安哥拉输配电基础设施较差，电网覆盖率低，缺少全国性电网，输配电损耗率较高，电力监管体系落后。

（六）基础设施

安哥拉是世界范围内最不发达国家之一，其基础设施在内战中遭到严重的破坏，但在 2002 年内战结束后，其基础设施的质量得到了一定的提高。

在《全球竞争力报告 2019》的 141 个国家中，安哥拉整体竞争力指数排在 136 位，但其基础设施评分排在 126 位。其中公路质量评分为 2.2 分，排在 135 位；2019 年安哥拉列车服务效率评分数据缺失，而在 2018 年评分为 2.0 分，排在 117 位；空运服务效率评分为 3.3 分，排在 129 位；海港服务效率评分为 2.8 分，排在 118 位。虽然安哥拉在最不发达国家行列中表现较为出色，但在世界范围内运输服务质量表现较差。由表 2 可以看出，安哥拉公路质量与莫桑比克、尼日利亚等国家相比仍有差距，但其空运表现相比莫桑比克较为出色，海港服务效率评分也高于尼日利亚。

表 2   **2019 年各国基础设施比较**

基础设施	安哥拉	莫桑比克	尼日利亚	南非	巴西	葡萄牙	中国
公路质量评分	2.2	2.4	2.8	4.5	3	6.0	4.6
列车服务效率评分	—	2.6	1.8	3.0	2.5	4.2	4.5
空运服务效率评分	3.3	3.0	3.4	5.5	4.4	5.0	4.6
海港服务效率评分	2.8	3.3	2.5	4.5	3.2	4.9	4.5

续表

基础设施	安哥拉	莫桑比克	尼日利亚	南非	巴西	葡萄牙	中国
用电普及率（%）	43.0	28.0	59.8	84.2	99.7	100.0	100.0
输配电损耗率（%）	11.3	17.2	15.0	8.7	16.1	8.8	4.9

注：评分 1 = 十分糟糕，7 = 非常好。
资料来源：The Global Competitiveness Report 2019.

安哥拉的用电普及率较低，仅为 43.0%，而南非、尼日利亚的用电普及率分别为 84.2% 和 59.8%。安哥拉的输配电损耗率为 11.3%，略高于南非的 8.7%，但优于莫桑比克的 17.2% 和尼日利亚的 15.0%。

安哥拉政府致力于战后重建，出台《私人投资法》，大量吸引外资企业在国内进行基础设施的修复和建设，有许多中国企业在安哥拉的重建中表现活跃。

四、人力资源及社会成本

（一）人力资源

安哥拉的教育体系包括基础教育、中等教育和高等教育。其中基础教育为义务教育，儿童 7 岁起入学，学制为 8 年。安哥拉教育资源相对缺乏，全国仅有 60 所高等教育机构，其中公立教育机构 20 所，私立教育机构 40 所，在校生 21.84 万人，教师 8 000 余人，每年高等教育毕业生约为 1 200 名，此外每年还有约 160 名海外毕业大学生，教育支出占国家预算的 8.09%[①]。安哥拉国内唯一的国立综合性大学是阿戈斯蒂纽·内图大学。

由表 3 可以看到，安哥拉平均受教育年限为 4 年，相比南非 10.1 年、巴西 7.6 年、葡萄牙 9.2 年、尼日利亚 6.9 年，安哥拉平均受教育年限较短。工人培训程度与其他国家相比，评分较低，仅为 3.0，与莫桑比克差距不大，但在安哥拉找到技术熟练的雇员容易程度评分为 2.8，远低于莫桑比克、尼日利亚、巴西、南非和葡萄牙等国家。

---

① 中华人民共和国外交部：《安哥拉国家概况》，更新时间 2019 年 4 月，https：//www. fmprc. gov. cn/web/gjhdq_676201/gj_676203/fz_677316/1206_677390/1206x0_677392/。

表3   2019 年各国人力资源对比

人力资源项目	安哥拉	莫桑比克	尼日利亚	南非	巴西	葡萄牙	中国
平均受教育年限	4.0	3.1	6.9	10.1	7.6	9.2	7.8
工人培训程度	3.0	3.0	3.6	4.5	3.8	4.1	4.5
找到技术熟练的雇员容易程度	2.8	3.3	3.9	3.9	3.4	4.6	4.6

注：评分 1 = 十分糟糕，7 = 非常好。

资料来源：The Global Competitiveness Report 2019.

得益于人口增长，安哥拉劳动力人口总数不断上升，每年以数十万人数增长，随着国家建设的发展，工作岗位逐渐增多，失业率有所下降，2011 年以来维持在 7.5% 以下（见图 3）。

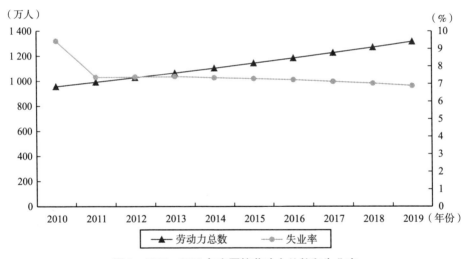

图 3 2010 ~ 2019 年安哥拉劳动力总数和失业率

资料来源：世界银行。

（二）社会成本

安哥拉首都罗安达是全球生活成本最高的城市之一。根据 Mercer 发布的全球生活成本调查排行榜，2018 年罗安达排在第六位，而在 2017 年排在第一位，在过去的排名中也曾数次排在第一位。虽然 2018 年摆脱了"世界最昂贵的城市"，但罗安达依然是非洲生活成本最高的城市，2019 年排名下降至 26 位（见

表 4）。2019 年罗安达城市生活成本在非洲排名第 6，前五名分别为乍得的恩贾梅纳、塞舌尔的维多利亚、刚果（金）的金沙萨、加蓬的利伯维尔和尼日利亚的拉各斯。

表 4　　　　　　　　　　2017～2019 年全球生活成本城市排名

城市	2019 年	2018 年	2017 年
中国香港	1	1	2
东京	2	2	3
苏黎世	5	3	4
新加坡	3	4	5
首尔	4	5	6
罗安达	26	6	1
上海	6	7	8
恩贾梅纳	11	8	15
北京	8	9	11
伯尔尼	12	10	10

资料来源：Mercer.

罗安达地少人多，房源少，地价高，贫富差距巨大，物资供应紧张，贫民区和富人区相依而建。罗安达城市规划时预计容纳人口是 50 万人左右，而如今却住了超过 500 万人，住房压力变得十分大。普通二星级酒店的单人客房住一晚要花费 300 美元左右，在餐厅吃饭人均超过 100 美元，普通两居室、三居室房屋的月租金分别高达 6 000 美元和 13 000 美元。

27 年的内战让安哥拉商品和服务变得十分匮乏，使得生活成本异常之高，让人望而生畏。安哥拉没有成熟的工业体系，罗安达当地几乎没有轻工业，几乎所有的生活用品依赖进口，多数食品也要依赖进口。巨大的供需压力造成物价虚高，日常用品价格相当于中国国内市场物价的 5 倍左右，房价是中国一线城市的 3～10 倍之高。

除此之外，安哥拉的通信成本也很高。安哥拉政府虽然推出了"Angola On-line"计划，试图改变国家信息技术落后的现状，但其推行不尽如人意。安哥拉的第一颗卫星"Angosat-1"在 2018 年 4 月成功发射，但由于技术落后的原因，导致该卫星在升空不久后失联。安哥拉通话费用平均每分钟 33 宽扎左右，约为中国 6 倍，短信费用每条 12.5 宽扎。网络费用也很高，以安哥拉最实惠的联合电信公司为例，套餐费用高达 1 000 宽扎/GB。

人才部署依然是跨国企业业务战略中的关键环节之一，在 Mercer 的生活成本调研中，罗安达超越上海和北京，世界范围内排名第六。过高的生活成本使得国际派遣成本上升，高昂的派遣成本成为安哥拉经济发展的阻力之一。

五、安哥拉的技术能力

多年来，安哥拉政局动荡不稳，缺少高技术人才，使得科学技术发展一直受到约束。安哥拉的研究机构主要有：棉花科学研究中心、农业研究所、兽医研究所、安哥拉医学研究所、安哥拉地理和矿业学会。

在战后重建中，安哥拉政府致力于恢复基础设施，科技研发没有得到足够的重视。在过去的几年中安哥拉在科学技术方面的投入很少，导致其创新能力明显不足。

根据世界银行最新公布的世界发展指标数据，2018 年全年安哥拉发表科技期刊论文数量只有 30 篇，莫桑比克 139 篇，而尼日利亚有 5 602 篇。同为葡语国家但发展较好的巴西和葡萄牙，分别为 60 148 篇和 14 295 篇，远超安哥拉。中国为 528 263 篇，除了人口数量的差距，其科研人员占人口比例远不如多数非洲国家（见表 5）。

表 5   **2018 年各国科技期刊论文发表数量**   单位：篇

国别	安哥拉	莫桑比克	尼日利亚	南非	巴西	葡萄牙	中国
论文发表	30	139	5 602	13 009	60 148	14 295	528 263

资料来源：世界银行。

由表 6 可以看到，在《全球竞争力报告 2019》中，安哥拉评分为 18.8，在 141 个参与排名的国家中排名倒数第二。尼日利亚、莫桑比克的分值分别为 32.2、27.4，为安哥拉分值的 1.5 ~ 2 倍；与安哥拉联系密切的南非和中国的分值分别为 45.2 和 64.8，排名为 46 和 24；同为葡语国家的巴西分值为 48.9，排名为 40；而葡萄牙分值为 53.7，在 141 个国家中排名为 31。

表6   2019 年各国创新能力对比

分值及排名	安哥拉	莫桑比克	尼日利亚	南非	巴西	葡萄牙	中国
分值	18.8	27.4	32.2	45.2	48.9	53.7	64.8
排名	140	125	94	46	40	31	24

注：分值 0 = 十分糟糕，100 = 非常好。
资料来源：The Global Competitiveness Report 2019.

根据《全球发展力报告 2019》中集群发展状况评分，安哥拉评分仅为 2.5 分，在 141 个参与排名的国家中位于倒数第三位，其评分远低于莫桑比克和尼日利亚（见表 7）。除此之外，研究机构质量指数为 0，国际发明应用、专利申请、商标申请的申请数量及科研机构质量指数这四项指标均为 0，R&D 支出占 GDP 百分比仅为 0.1%。

表7   2019 年各国集群发展状况对比

发展状况	安哥拉	莫桑比克	尼日利亚	南非	巴西	葡萄牙	中国
集群发展状况评分	2.5	3.1	3.8	4.3	3.9	4.3	4.6
排名	139	119	73	35	58	37	26

注：分值 0 = 十分糟糕，7 = 非常好。
资料来源：The Global Competitiveness 2019.

尽管外国资本在安哥拉建立研究机构，安哥拉政府也在创新能力方面有所行动，但对于提高安哥拉的科学水平和创新能力来说，依然是杯水车薪。安哥拉在科学发展方面还有很长一段路要走。

六、安哥拉的金融环境

安哥拉的金融市场的发展较慢，规模小，在《全球竞争力报告 2019》的排名中，安哥拉金融体系评分为 38.4 分，排名 138 位，相比南非、巴西、葡萄牙和中国，安哥拉的金融体系的竞争力较低（见表 8）。

表 8   2019 年各国金融体系评分对比

评分与排名	安哥拉	莫桑比克	尼日利亚	南非	巴西	葡萄牙	中国
评分	38.4	48.4	44.2	83.2	64.4	70.0	75.0
排名	138	119	131	19	55	39	29

注：评分 0 = 十分糟糕，100 = 非常好。

资料来源：The Global Competitiveness Report 2019.

安哥拉银行的稳健性明显不足，评分仅为 2.7，而南非的评分为 5.7，巴西的评分为 5.9；安哥拉不良贷款占贷款组合总额相对较高，为 28.8%，高于葡萄牙的 13.3%、尼日利亚的 14.8%，莫桑比克的 11.4%，且远高于中国的 1.7%、南非的 2.8%、巴西的 3.6%。在中小企业融资评分中，仅为 2.3 分，在参与排名的 141 个国家中排名 140 位，远不如巴西、南非、葡萄牙等国家（见表 9）。

表 9   2019 年各国银行及金融服务对比

服务类型	安哥拉	莫桑比克	尼日利亚	南非	巴西	葡萄牙	中国
银行的稳健性评分	2.7	3.6	4.3	5.7	5.9	3.7	4.5
不良贷款占贷款组合总额百分比	28.8	11.4	14.8	2.8	3.6	13.3	1.7
中小企业融资评分	2.3	2.8	3.6	3.5	3.9	3.9	4.4

注：评分 1 = 十分糟糕，7 = 非常好。

资料来源：The Global Competitiveness Report 2019.

总体而言，安哥拉的银行及金融服务存在不可忽略的问题，没有明显优势。但在战后重建的大背景下，安哥拉的金融发展存在着许多机遇。

七、市场准入及政策

安哥拉政府鼓励外资企业进入安哥拉投资发展，从法律政策上看，对外国投资者没有设立明显门槛。2018 年 4 月，安哥拉议会通过了新的《私人投资法》，适用于任意金额的国内和外国私人投资。《私人投资法》为外国投资者提供了税收性、金融性方面的政策优惠，以及通过简化程序优先获取公共行政服务和通过便捷的程序向私人投资者集中提供相关服务等便利。相比原来的《私人投资法》，新的投资法取消了最低外商投资的优惠门槛，同时正式取消外国投资人在安哥拉注册公司时安籍公民必须持有至少 35% 股权的要求，但是石油、矿产、金融等重要行业不在新的《私人投资法》的有效范围内。除此之外，安哥拉制定的与外国投资有关的法律法规还有《私人投资基本法》《私人投资促进法》和《私人投资税收和关税鼓励法》等。

安哥拉政府表示，不会干预私营企业的运营管理，在没有行政或司法程序的情况下，政府不会取消私营企业的营业许可资质，会全力保障外国投资者的资本及红利的返还，保证外商在安哥拉境内实物资产和投资者身份得到应有的司法保护①。但是安哥拉面临着严重的腐败问题。根据世界著名非政府组织"透明国际"建立的清廉指数排行榜，2019 年撒哈拉以南非洲平均清廉指数评分为 32 分，是世界上评分最低的地区，而安哥拉清廉指数评分为 26 分，相比 2018 年的 19 分有较大幅度提高，在参与排名的 180 个国家中，排名提高了近 20 名，2019 年与莫桑比克和尼日利亚同样排在 146 位（见表 10）。同期，巴西、葡萄牙评分分别为 35 和 62，排名分别为 106 位和 30 位。

表 10   2019 年各国清廉指数评分及排名对比

评分及排名	安哥拉	莫桑比克	尼日利亚	南非	巴西	葡萄牙	中国
评分	26	26	26	44	35	62	41
排名	146	146	146	70	106	30	80

注：分值 0 = 十分糟糕，100 = 非常好。

资料来源：Corruption Perceptions Index 2019.

八、投资法规和吸引区域

近年来，安哥拉比较频繁地变更了投资相关的法规，例如 2018 年 6 月 15 日颁布新的第 10/18 号《私人投资法》，替代了 2015 年第 14/15 号法律的《私人投资法》，也被称为新私人投资法。新投资法的最大特点在于投资落地更高效、更便捷、更简单。共计 9 章 45 条，不同于原有投资法的是，新投资法取消了最低外商投资 5 000 万宽扎的优惠门槛。同时，该法律将正式取消以前外国人在安注册公司时安籍公民必须持有至少 35% 股权的要求。试图改善安哥拉的投资环境，吸引更多外资进入安哥拉。

但是，对于投资者仍需注意到，在《安哥拉国家银行法》《外汇法》《私人

---

① 新华丝路网：《安哥拉通过新的〈私人投资法〉，更加方便外国投资》，2018 年 4 月 20 日，https：// www.imsilkroad.com/news/p/92608.html。

投资法》等法规下，安哥拉实行外汇管制等。外国投资者在资金汇出时会面临较多的限制，增加了投资的风险。

安哥拉政府为了促进进口替代、推动经济多元化和出口，对投资于以下行业的行业给予税收等方面的优惠：

（1）教育、职业技术培训、高等教育、科研和创新行业；

（2）农业及食品、农产品加工行业；

（3）卫生机构和服务行业；

（4）植树造林、林业资源加工制造行业；

（5）纺织、服装和鞋制品行业；

（6）酒店、旅游和休闲行业；

（7）建筑、公共工程、通信、信息技术、机场及铁路基础设施建设行业；

（8）电力生产和配送行业；

（9）基本卫生、固体废物回收处理行业。

此外，对于投资以下区域的企业也给予优惠，且优惠幅度逐级递增：

（1）A区——罗安达省、本格拉省和乌伊拉省的省会城市、洛比托市；

（2）B区——比耶省、本戈省、北宽扎省、南宽扎省、万博省、纳米贝省及本格拉省和乌伊拉省其余市；

（3）C区——宽多库邦戈省、库内内省、北隆达省、南隆达省、马兰热省、莫希科省、威热省和扎伊尔省；

（4）D区——卡宾达省。

九、投资环境总结

安哥拉市场规模不大，但其人口增长明显，市场发展潜力较大，其对外贸易发展较快，有着良好的经济前景。目前，安哥拉的政局相对稳定，且政府对战后重建的努力，使得安哥拉的经济和营商环境大幅提升，但因为长年战乱的影响，安哥拉的市场规模、社会治安、金融体系等方面存在不少问题，根据世界银行的《2018 年营商环境报告》显示，安哥拉在全球 190 个经济体中营商环境排名第175 名。

安哥拉对外国资本持欢迎、鼓励态度，国内国外的投资者在一定程度上一视同仁。对于投资者来说，安哥拉不论是市场机遇还是战略发展方面都存在着吸引力。不少发达国家的投资者已经进入安哥拉，如美国、法国、比利时、英国等国家的投资者，还有葡萄牙、巴西等葡语国家的投资者，中国、日本、韩国等亚洲国家的投资者。

目前，有不少中国企业活跃在安哥拉的战后重建中。2018 年中非合作论坛北京峰会结束后，中国与安哥拉两国领导人在会面中提到，要落实北京峰会成果，推动产业促进、设施联通、贸易便利、绿色发展、能力建设、健康卫生、人文交流、和平安全等"八大行动"有关举措早日落地，促进安哥拉工业化和经济多元化进程，为中国与安哥拉经贸合作注入了新的活力，也为双方企业创造了新的机遇[①]。

在安投资者应客观评估潜在风险，建立预警机制，制定风险应对预案，注意在安哥拉投资面临的诸多风险。如，安哥拉经济容易受到国际石油价格影响，汇率波动较大，资金回流国内较难，社会治安问题严重，投资者的人身安全受到威胁等。除此之外，投资者还应该注意政策更迭、政府腐败、卡宾达地区的反政府武装组织等问题。然而安哥拉自然条件优越，具有一定的投资合作吸引力，其资源优势突出，农业综合开发空间广阔，制造和加工工业充满机遇，基础设施合作方面依然很有潜力。

---

① 环球网：《"八大行动"为投资安哥拉创造新机遇》，2018 年 10 月 24 日，http：//world. huanqiu. com/exclusive/2018 – 10/13343549. html？ agt = 15438。

安哥拉主要行业概述

宋雅楠　　郑祯远*

摘　要：遭受了 27 年的战乱后，安哥拉成了世界最不发达国家之一，但内战结束以来安哥拉经济发展的表现较为出色，一度成为经济增长最快的国家。安哥拉主要行业有工矿业、农业、服务业等。但安哥拉经济结构脆弱单一，严重依赖石油资源，其国家税收主要来源是石油行业，GDP 的一半是来自石油生产，石油部门占国家出口总额的 90% 以上，是一个典型的石油经济国家。安哥拉经济发展很容易受到国际环境和原油价格影响，为此政府出台《私人投资法》为外资提供政策上的优惠，鼓励外资进入安哥拉，促进国家经济向多元化发展。

关键词：安哥拉　外来投资　工矿业　电力生产　农业　通信产业　旅游业

一、工矿业

(一) 石油开采

安哥拉是撒哈拉以南非洲最大的石油生产国，是非洲仅次于尼日利亚的第二大石油生产国。

在非洲 54 个国家和地区中，有 20 多个石油生产国，其中最主要的石油生产国是安哥拉、尼日利亚、阿尔及利亚、利比亚、埃及五个国家。2017 年，这五个国家的石油产量占非洲总产量的 80% 以上。2007 年，安哥拉加入了石油输出

---

* 宋雅楠，澳门科技大学商学院副教授。研究方向为国际贸易与投资、中葡经贸关系等。
郑祯远，澳门科技大学商学院硕士研究生。

国家组织（OPEC）。安哥拉最大的石油公司是安哥拉国家石油公司（SO-NANGOL），是一个半官方机构，负责监督安哥拉的石油和天然气生产。该公司成立于1976年，根据安哥拉1978年修订的石油法，该公司是安哥拉唯一的石油勘探开发特许权所有者，可在生产经营中至少占51%的股份。

安哥拉是个典型的石油经济国家，其经济发展主要依赖石油，石油产业是安哥拉最主要产业，也是其国家税收的主要来源。安哥拉GDP几乎一半是来自石油生产，石油部门占国家总出口额的90%以上。安哥拉的经济发展严重依赖石油，国际石油价格对安哥拉的影响巨大，使得安哥拉的经济比较脆弱。根据世界银行公布的数据，2008年的石油危机使得安哥拉国内生产总值下降10%，2014年油价断崖式下跌，让安哥拉的国内生产总值下跌将近20%。

1955年，安哥拉在宽扎盆地发现了第一个具有商业开采价值的油藏，开始了安哥拉的石油工业发展历史。尽管连年战乱，但是安哥拉的石油工业仍然得到巨大的发展。1999年，安哥拉第一个深海油气田投产，2002～2008年间，又有多个深海油田投入生产，如今安哥拉大部分的石油产量都来自卡宾达沿岸的近海油田和下刚果盆地的深海油田。

根据英国石油公司（British Petroleum）发布的数据显示，2017年底非洲石油的总探明储量[①]为1 265亿桶，其中安哥拉的石油探明储量为95亿桶，约占非洲总探明储量的7.51%。同期，阿尔及利亚的石油探明储量为122亿桶，约占非洲总探明储量的9.64%，尼日利亚和利比亚分别为375亿桶和484亿桶，安哥拉石油的探明储量排在非洲第四（见表1）。

表1　　　　　　　　　各国探明石油储量及储产比对比　　　　　　　单位：亿桶

储量及储产比	安哥拉	阿尔及利亚	埃及	利比亚	尼日利亚	非洲总计
1997年底	39	112	37	295	208	753
2007年底	95	122	41	437	372	1 197
2017年底	95	122	34	484	375	1 265
储产比*	15.6	21.7	13.8	153.3	51.6	42.9

注：*储产比：年底所剩余的储量除以该年度的产量，所得出的结果表明，如果产量继续保持在该年度的水平，这些剩余储量可供开采的年限。

资料来源：根据《2018年BP世界能源统计年鉴》整理。

由表2可以看到，在2007～2017年间，非洲石油总量整体上出现下降。近

---

① 石油的探明储量：通过地质与工程信息以合理的确定性表明，在现有的经济与作业条件下，将来可从已知储藏采出的石油储量。

年来，尼日利亚、阿尔及利亚和安哥拉是非洲三大石油生产国。尼日利亚石油产量一直处于非洲最高水平，2010 年出现较大幅度上升，随后逐渐下降，直到2017 年有小幅度回升。2007～2017 年间安哥拉石油产量出现小幅度波动，总体上差别不大，但阿尔及利亚在此十年间石油产量整体上下降，2009 年基本与安哥拉持平，2010 年开始安哥拉超越阿尔及利亚，成为非洲第二大产油国。埃及和利比亚 2017 年的石油产量分别为非洲第四位和第五位。相对而言，埃及石油产量相对稳定，而利比亚的石油产量波动很大，2011 年出现大幅度下跌，产量为 47.9 万桶/日，同比下降超过 70%，2012 年又出现大幅度上升，是上一年产量的 3 倍以上，随后几年均有较大幅度的下跌，2017 年出现同比 103% 的增长，为 86.5 万桶/日。而同为葡语国家的巴西，2017 年石油产量为 384.6 万桶/日，中国为 273.4 万桶/日。

表 2　　　　　　　　2007～2017 年非洲各国石油产量对比　　　　　　单位：万桶/日

年份	阿尔及利亚	安哥拉	埃及	利比亚	尼日利亚	非洲总计
2007	199.2	165.6	69.8	182.0	220.8	1 013.9
2008	196.9	187.6	71.5	182.0	217.4	1 026.3
2009	177.5	175.4	73.0	165.2	221.2	983.8
2010	168.9	181.2	72.5	165.9	253.4	1 010.4
2011	164.2	167.0	71.4	47.9	246.3	849.4
2012	153.7	173.4	71.5	150.9	241.3	926.4
2013	148.5	174.8	71.0	98.9	228.0	858.0
2014	158.9	166.8	71.4	49.8	227.8	819.1
2015	155.8	177.2	72.6	43.2	220.4	813.0
2016	157.7	175.5	69.1	42.6	190.3	768.7
2017	154.0	167.4	66.0	86.5	198.8	807.2

资料来源：《2018 年 BP 世界能源统计年鉴》。

总体而言，安哥拉石油产量稳定，但其储产比较低，其经济对石油的依赖过于严重，如果不能及时找到新的油田或完成经济转型，安哥拉未来的经济发展将面临巨大的考验。

(二) 炼油

安哥拉原油产量高，但从 20 世纪 50 年代以来，安哥拉炼油厂一直处于低产量水平。由于安哥拉炼油厂的产量极低，加上燃料部门技术水平不高，燃料生产成本一般高于进口燃料的价格，导致安哥拉需要进口柴油、汽油等石油衍生品来满足国内需求。2017 年 12 月，安哥拉政府成立由矿产资源和石油部、安哥拉国家石油公司高层组成的工作组，指导安哥拉炼油产的建设工作①。

安哥拉最早的炼油厂是建立于 1955 年的一座小型炼油厂，位于罗安达北部郊区，产能为 3.5 万桶/天，但只能以约 70% 的产能运营。截至 2016 年，安哥拉仅有一家炼油厂②。多年来仅有此一家炼油产，远远无法满足国内市场需求，进口成品油占安哥拉总需求的 90%③。

2012 年安哥拉国家石油公司开发洛比托炼油厂，该炼油厂占地面积 3 800 多公顷，总投资约为 70 亿美元，工期 5~6 年，建成后预计产量达 20 万桶/日。该项目是安哥拉政府减缓和最终摆脱对成品油进口依赖的重大工程之一。该项目于 2015 年提前完工，但是在 2016 年因为全球石油价格下降停摆，2019 年安哥拉国家石油公司宣布与有关财团即将完成该项目的洽谈，预计 2022 年落成投产，预期落成之后，日炼油量可达 20 万桶。与洛比托炼油厂同在建设计划中的还有卡宾达炼油厂，该炼油厂规模较小，预计 2020 年可完成建设。除此之外，罗安达炼油厂的扩建也在这次炼油厂建设计划范围内。

2019 年，安哥拉政府拍卖了 9 个位于纳米贝盆地的区域以建设新的炼油厂。在未来的几年中，安哥拉的炼油产业将会得到较大的发展。

(三) 钻石

安哥拉是世界钻石生产大国之一，是世界上主要的钻石出口国之一，钻石也是安哥拉主要的矿产，是安哥拉继石油之后的第二大出口商品。2011 年，新安

---

① MACAUHUB：《安哥拉国营石油公司本月内将完成审阅炼油厂项目标书》，2018 年 2 月 21 日，https：//macauhub. com. mo/zh/2018/02/21/pt-angolana-sonangol-conclui-este-mes-propostas-para-a-construcao-de-refinarias/。
② 中非贸易研究中心：《安哥拉油气产业：安哥拉现象也是非洲现象》，2016 年 12 月 5 日，http：//news. afrindex. com/zixun/article7901. html。
③ MACAUHUB：《安哥拉政府开放炼油业市场》，2009 年 10 月 5 日，https：//macauhub. com. mo/zh/2009/10/05/%E4%B8%AD%E6%96%87 – %E5%AE%89%E5%93%A5%E6%8B%89%E6%94%BF%E5%BA%9C%E5%80%80%E6%94%BE%E7%82%BC%E6%B2%B9%E4%B8%9A%E5%B8%82%E5%9C%BA/。

24

哥拉矿业法将钻石定位为"战略性矿物"。安哥拉钻石加工技术不足，大部分以未加工或简单加工形式出口。根据联合国公布数据显示，2009～2015年间，未加工或简单加工的钻石出口为安哥拉创收77.23亿美元，其中2014年出口额达12.74亿美元（见图1）。

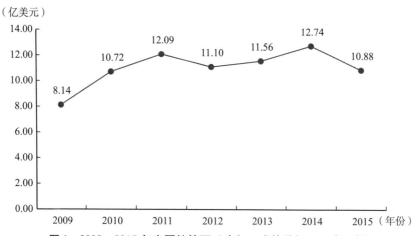

图1　2009～2015年安哥拉钻石（未加工或简单加工）出口额

资料来源：UN DATA.

2016年安哥拉钻石产量902万克拉，2017年增长5%，为944万克拉，但2017年毛坯钻石的销售收入为11.02亿美元，仅增长2%，原因是平均价格下降2.4%，由2016年每克拉119.65美元降至每克拉116.76美元[1]。2018年产量为943万克拉，销售824万克拉，销售均价上升至每克拉149美元，收入上升9%，为12亿美元。安哥拉国家矿业公司预计2019年安哥拉钻石产量为950万克拉，收入预期将达到13亿美元，钻石平均价格为每克拉154美元[2]。

安哥拉首次发现钻石是在1912年，在穆沙拉拉河流域周边有少量发现。1965年发现卡托卡矿，1980年对卡托卡（Catoca）矿场进行勘探，1996年该矿开始钻石生产。在2010年和2015年，分别开采了索缪乌纳（Somiluana）矿场和路罗（Lulo）矿场。

卡托卡矿场是安哥拉境内最重要的矿场，占地约64公顷，世界第四大钻石

① The Diamond Loupe：《2017年安哥拉钻石产量增长5%达到944万克拉》，2018年2月7日，https：//www.thediamondloupe.com/zh-hans/mining-and-exploration/2018-02-07/。

② The Diamond Loupe：《安哥拉2018年钻石产量维持在940万克拉，价格上涨》，2019年1月20日，https：//www.thediamondloupe.com/zh-hans/mining-and-exploration/2019-01-20/%E5%AE%89%E5%93%A5A5。

矿。卡托卡矿场也是安哥拉产量最大的矿场，每年的钻石产出量占整个国家的80%以上。该矿场于1965年被发现，早期以传统手工小规模开采，1992年安哥拉、俄罗斯、巴西三方合资成立卡托卡矿业有限公司，并于1996年进行生产。卡托卡矿场的产量稳定，年产量为740万克拉，其产出质量好，每克拉的利润达世界第三，预期卡托卡矿场寿命可到2034年。2018年巴西将其股份出售，目前俄罗斯阿罗沙（ALROSA）钻石开采公司占股41%，安哥拉国有钻石公司（Endiama）占股41%，中国安中石油①占股18%。

路罗矿场产量较低，年产量约为1.9万克拉，但其发掘出404.2克拉和227克拉的钻石原矿，这两颗钻石分别为安哥拉最大的和第二大的钻石原矿。其中最大的钻石原矿由瑞士珠宝品牌以1 600万美元收购，经加工后在2017年佳士得秋季日内瓦拍卖会中以3 370万美元创下D/FL②钻石的最高成交价。2019年5月路罗矿场挖掘出130克拉的钻石，是2019年以来第二颗超过100克拉的钻石。截至2019年5月，短短数年间路罗矿场已经采集了13颗超过100克拉的钻石。除此之外，路罗矿场还分别在2016年、2018年挖掘出39克拉的粉钻和43克拉的黄钻。

安哥拉钻石矿藏有着巨大的发展潜力，大部分钻石勘探地区仍然未得到完全开发，大规模的金伯利矿源及管道可达至20~100公顷。2017年5月，安哥拉国有钻石公司与俄罗斯阿罗沙公司签署罗克莎耶钻石矿的投资协议。罗克莎耶钻石矿是安哥拉最大的钻石矿，也是世界第三大钻石矿，钻石储量价值可达350亿美元③。在未来，安哥拉钻石行业的发展预期相对较好。

安哥拉与中国建立良好的贸易关系对安哥拉钻石行业的发展意义重大。中国经济总量巨大，经济发展稳定，作为全球第二大钻石消费市场，中国市场对安哥拉钻石行业的有着很强的吸引力。近年来中国与安哥拉的国际关系较好，随着中国"一带一路"的发展，安哥拉战后重建的推进，中安双方的经济合作将越来越紧密。在粤港澳大湾区规划发展的背景下，中国澳门钻石交易所致力发展成世界级钻石交易平台，中国澳门与安哥拉同为葡语语系国家或地区，有着天然的语言文化纽带，为中安双方提供了很好的合作平台，对安哥拉钻石行业来说，未来几年充满机遇。

---

① 中国安中石油：总部位于中国香港，成立于2004年，是由安哥拉国有石油公司、安哥拉国家石油和天然气公司和香港创辉国际发展有限公司联合创办的合资企业。

② D/FL：GIA（美国宝石学院）的成色分级中，D为最高等级；GIA的钻石净度表分为11个等级，FL为最高等级。

③ 新华社：《世界第三大钻石矿储量价值350亿美元》，2017年5月25日，http://www.xinhuanet.com//world/2017 - 05/25/c_1121037937.htm。

（四）天然气

安哥拉液化天然气公司是安哥拉主要投资天然气行业的公司，由五个石油公司合资，其最大股东为美国雪佛龙（Cherron）股份有限公司，占股36.4%，该公司是世界最大的全球能源公司之一。第二大股东是安哥拉国家石油公司，占股为22.8%。其余合作伙伴分别为英国石油公司（BP）、意大利国家碳化氢公司（ENI）和法国道达尔石油公司（TOTAL），占股均为13.6%。

安哥拉的天然气主要来自油田的伴生气，但安哥拉处理伴生天然气的能力不足，由于缺少必要的技术和进行天然气资源商业化处理的基础设施，难以将天然气资源进行商业化开采，大部分伴生天然气被当做废气直接排放或者直接燃烧，部分回注油井以提高原油的采收率，只有少部分天然气被采集并用于商业行为。根据美国能源信息管理局（EIA）公布数据显示，2007～2015年间，安哥拉天然气年总产量在3 500亿～3 800亿立方英尺之间（见图2）。相对于尼日利亚、阿尔及利亚、利比亚、埃及等其他非洲大国，安哥拉的天然气产量很低，没有足够的竞争力。

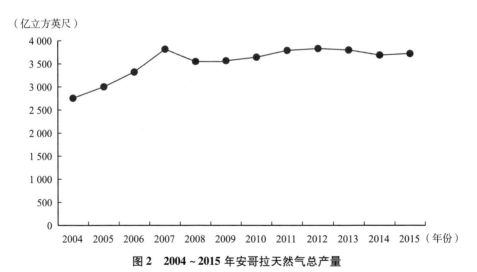

图2　2004～2015年安哥拉天然气总产量

资料来源：美国能源信息管理局。

随着海洋石油开采的迅猛发展，安哥拉需要提高处理油田伴生天然气的能力，安哥拉液化天然气公司未来发展的策略为提高 LNG① 处理能力、拓展国内天然气市场、推广提高原油采收率 EOR② 技术。

安哥拉天然气的储量相对其他非洲天然气大国而言，同样缺少竞争力。根据美国能源信息管理局（EIA）公布数据，2018 年安哥拉的天然气探明储量为 10.88 万亿立方英尺，而在非洲天然气的探明储量排名前五的国家中，尼日利亚的探明储量为 193.35 万亿立方英尺，阿尔及利亚为 159.05 万亿立方英尺，莫桑比克为 100.00 万亿立方英尺，埃及与利比亚分别为 63.00 万亿立方英尺和 53.14 万亿立方英尺。同期，巴西天然气的探明储量为 13.33 万亿立方英尺，中国为 208.23 万亿立方英尺（见图 3）。

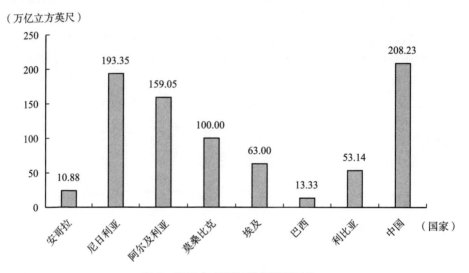

图 3　2018 年各国天然气储量对比

资料来源：美国能源信息管理局。

2013 年，安哥拉第一次向国际市场出口天然气，主要出口地区是巴西、中国、日本、韩国等，出口量为 182.6 亿立方英尺。2014 年天然气出口额为 176.6 亿立方英尺，但由于技术问题引起电气火灾、管线破裂等问题关停了 LNG 处理厂，受此影响，2015 年安哥拉没有出口天然气。2016 年出口量大幅度上升，出口量达 321.4 亿立方英尺。2017 年出口量出现爆炸式增长，达 1 412.6 万亿立方

---

① LNG：Liquefied Natural Gas，液化天然气。
② EOR：Enhanced Oil Recovery，提高石油采收率，是指向油藏中注入驱油剂或调剖剂，改善油藏及油藏流体的物理化学特性、提高宏观波及效率和微观驱油效率的采油方法，统称为提高石油采收率技术，或称"强化采油技术"。EOR 有三种主要技术：热回收、气体注入和化学品注入。

英尺，增长率340%（见表3）。

表3	2013 ~ 2017 年安哥拉液化天然气出口总量
2013 年	182.6 亿立方英尺
2014 年	176.6 亿立方英尺
2015 年	0
2016 年	321.4 亿立方英尺
2017 年	1 412.6 亿立方英尺

资料来源：美国能源信息管理局。

2017 年，安哥拉液化天然气主要出口地区是亚洲，占比超过50%，其中出口至印度占比为 27.5%，出口至中国和韩国的占比均为 7.8%；其次是中东地区，占比 27.5%；出口至欧洲占比为 11.8%，出口至巴西占比 5.9%（见图4）。

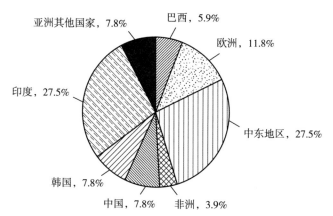

图4 2017 年安哥拉液化天然气贸易流向

资料来源：根据《2018 年 BP 世界能源统计年鉴》整理。

安哥拉国内天然气市场也有待开发。根据美国能源信息管理局公布数据，2017 年安哥拉消耗天然气 287.1 亿立方英尺，而埃及的消耗量达 20 382 亿立方英尺，阿尔及利亚消耗量 14 576.3 亿立方英尺，南非、利比亚、莫桑比克分别为 1 791.5 亿立方英尺、1 571.5 亿立方英尺、647 亿立方英尺（见图5）。随着安哥拉经济的发展，人们生活的不断改善，安哥拉国内天然气有着可观的市场。

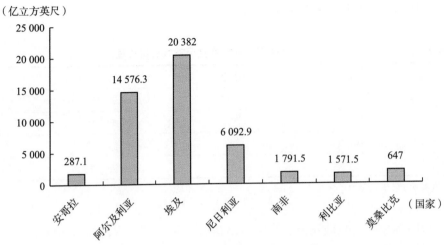

图 5　2017 年非洲各国干燥天然气消耗量

资料来源：美国能源信息管理局。

近年来安哥拉天然气行业得到一定的发展，但其占安哥拉国内生产总值的比例很小，根据世界银行公布数据显示，2008～2016 年间，天然气产值占比均在 0.1% 左右，2017 年虽然有所提高，但占比也仅有 0.19%。随着安哥拉政府对天然气行业支持力度的增大，各国资本不断进入该行业，安哥拉天然气行业有着巨大的发展潜力。

二、电力生产行业

安哥拉主要的电力企业为安哥拉国家电力公司（ENE），是一家国有化企业，经过 2013 年安哥拉电力企业改革，该企业主要由安哥拉国家发电公司（PRODEL）、安哥拉国家输电公司（RNT）和安哥拉国家配电公司（ENDE）三家公司构成，这三家公司分别控制国家的发电、高压输电和中低压配网系统，共同经营全国的电力网络。除了部分矿业企业拥有自己的发电厂，该公司几乎垄断安哥拉电力行业，控制着国内全部的输电系统。

非洲整体供电不足，安哥拉也不例外。根据全球竞争力报告，安哥拉的用电普及率仅有 34.7%，相比之下，尼日利亚用电普及率达到 60.6%，南非为 86.3%，莫桑比克为 28.6%，而巴西、中国和葡萄牙的用电普及率达到或接近了 100%。安哥拉输配电损耗率为 11.3%，优于巴西、莫桑比克、尼日利亚的 15.1%、19.3%、16.7%，而同在非洲的南非为 8.0%（见表 4）。总体而言，安哥拉的用电普及率较低，输配电损耗率有待改善。

表4			2017 年各国供电服务对比			单位：%	
服务项目	安哥拉	巴西	中国	莫桑比克	尼日利亚	葡萄牙	南非
用电普及率	34.7	99.6	100.0	28.6	60.6	100.0	86.3
输配电损耗率	11.3	15.1	5.1	19.3	16.7	9.0	8.0

资料来源：The Global Competitiveness Report 2018.

安哥拉的发电量较低，2016 年净发电量总量①仅为 102 亿千瓦时，而南非的净发电量总量达到了 2 345.1 亿千瓦时，阿尔及利亚、尼日利亚分别为 668.9 亿千瓦时、293.5 亿千瓦时，而用电普及率和输配电损耗率均不如安哥拉的莫桑比克，净发电量总量也超过安哥拉 80%，达 183.9 亿千瓦时（见图 6）。安哥拉电力缺口较大，包括罗安达在内的很多城市或地区，不能保证持续正常用电。

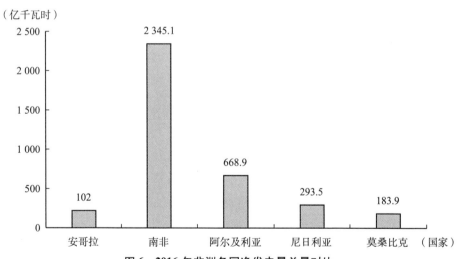

图 6　2016 年非洲各国净发电量总量对比

资料来源：美国能源信息管理局。

虽然安哥拉的净发电量总量较低，但持续增长。安哥拉主要的发电方式为火力发电和水力发电，近年来安哥拉净发电量总量的增长主要是这两种发电方式的

———————————

①　净发电量：发电机组或发电设备实际总发电量减去设备或机组自身消耗电量，即实际发电量减去电厂在发电过程中耗用的电力。

发展。2002 年底，安哥拉全国 6 座水坝有 3 座投入运营①，其余三座在内战中损坏。安哥拉有着充足的水力资源，发展水力发电也是安哥拉政府的主要工作之一，根据安哥拉政府"2013 ~ 2017 年国家发展五年规划"，优先发展电力等领域。

安哥拉河流密布，降雨充足，水力资源丰富，较大的河流有 30 余条，主要河流有刚果河、库内内河、宽扎河、库帮戈河等，水电开发潜力很大，其中最具有水电开发潜力的流域为北部宽扎河流域、中部卡通贝拉河流域和南部库内内河流域。值得一提的是，从 2017 年 4 月位于宽扎河流域的劳卡（Lauca）大坝的第一台涡轮机（334 兆瓦）开始运转，到 2019 年新增装机容量 1 670 兆瓦。劳卡（Lauca）大坝已经成为安哥拉最大的水力发电厂。并且借由罗卡水电站的新增装机容量，安哥拉也成为 2019 年非洲水利发电增长最快的国家。到 2020 年，劳卡（2 070 兆瓦）和卡库洛·卡巴萨（Caculo Cabaça）（2 172 兆瓦）水电站项目一旦全面投入运营，将为实现 2025 年 9.9 吉瓦的安哥拉国家目标贡献近三分之一的装机容量②。

目前，中资企业在安哥拉承建的最大水电站为凯古路·凯巴萨水电站，该水电站位于宽扎河中游流域，由中国能建葛洲坝集团承建。该项目合同总金额 45.32 亿美元，项目规划装机容量 217.2 万千瓦，建成后将满足安哥拉 40% 以上的供电需求，项目工期 80 个月，于 2017 年 8 月举行开工仪式，在项目建设高峰期为当地提供近万个就业岗位③。

根据安哥拉《国家电力发展规划 2018 ~ 2022》，预期到 2022 年，安国可达到 7.5 吉瓦的发电能力，通过扩建改善发电输电设备，用电普及率将提高至 50%。

安哥拉面临着电力基础设施在内战中遭到损坏、用电普及率低、贫困率高、消费能力弱、电力监管体系落后、缺少全国性电网等问题；然而，安哥拉人口增长及经济发展带动国内的电力需求增长，政府高度重视电力行业发展，重视能源部门的引资，并对电力部门进行改革，加之安哥拉日照、风力充足，风力发电、太阳能发电有着天然优势，石油储量较多，为火力发电提供充足的燃料，安哥拉电力生产行业前景较好，未来将有更多的资本和企业进入安哥拉电力生产行业。但是安哥拉营商环境较差、电费拖欠严重、经济运行不稳定、通货膨胀、汇率波动等问题，都是投资者应该注意的地方。

---

① 能源界：《安哥拉能源概况：水电》，2018 年 9 月 18 日，http：//www.nengyuanjie.net/article/18643.html。
② MACAUHUB：《安哥拉水电行业非洲排名第五》，2018 年 6 月 12 日，https：//macauhub.com.mo/zh/2018/06/12/pt-angola-e-a-quinta-maior-potencia-de-africa-em-energia-hidroelectrica/。
③ 三峡建设公司：《中国葛洲坝集团承建非洲最大水电站项目正式开工》，2017 年 8 月 7 日，http：//www.gzbtz.ceec.net.cn/art/2017/8/7/art_16691_1439694.html。

三、农业

安哥拉农业资源丰富，有着肥沃的土地，降水充足，河流密布，较大河流约有 30 条，主要河流有宽扎河、库邦戈河、库内内河和刚果河等，水利资源丰富，阳光充足，温度适宜，发展农业的自然条件良好，是最适合农业生产发展的地区之一。20 世纪 70 年代，安哥拉粮食不仅可以自给自足，还是非洲主要的粮食出口国之一，有"南部非洲的粮仓"之称，其剑麻和咖啡的出口量分别在世界排名第三位和第四位。1974 年葡萄牙政府宣布放弃殖民主义政策，1975 年安哥拉独立后长期处于内战状态，在 27 年的内战期间，农业生产体系遭到严重破坏，2017 年度，安哥拉粮食总产量为 250.76 万吨，远无法达到自给自足，如今的安哥拉近一半的粮食供给依赖进口或援助①。

根据联合国粮食及农业组织公布的数据，2013～2016 年间，安哥拉的农业生产总值逐年大幅度下降，由 84.3 亿美元下降至 29.1 亿美元。2016 年，第一产业约占安哥拉生产总值 10%。为提高农业在国内生产总值的比例，减少对进口食品的依赖，消除饥饿并保障食品安全，安哥拉政府出台了一系列政策，包括 2018 年通过的新《私人投资法》草案，鼓励国内外投资者在农业生产领域进行投资。根据世界银行最新公布数据，安哥拉农业人口约占全国人口的 65%，人均耕地面积 0.19 公顷，耕地面积约为 500 万公顷，而全国可开垦土地面积约 3 500 万公顷。

安哥拉农业发展蕴藏着巨大的潜能，其土壤和农作物的多样性、水源充足气候适宜、广袤的土地、人口增长和经济发展速度、政策支持、对外资的吸引力，使得安哥拉农业出现了巨大的发展空间。

（一）种植业

1. 经济作物

（1）咖啡

安哥拉曾经是世界主要的咖啡生产国之一，产量在非洲排行第一，世界排行

---

① 商务部国际贸易经济合作司、中国驻安哥拉大使馆经济商务参赞处、商务部对外投资和经济合作司：《对外投资合作国别（地区）合作指南·安哥拉》，2018 年版。

第四。根据联合国粮食及农业组织公布数据，在 1964～1974 年，安哥拉咖啡豆年产量在 20 万～23 万吨左右，内战期间，咖啡的种植和生产遭到破坏，许多咖啡种植场被遗弃。内战的爆发使得安哥拉的咖啡产量急剧下降，内战爆发后的几年时间内，安哥拉的咖啡总产量下降超过 90%，1974 年安哥拉咖啡总产量为 22.5 万吨，1979 年总产量仅为 1.7 万吨。也是内战的原因，安哥拉部分咖啡种植场至今仍受到地雷的困扰，导致种植场无人照管，咖啡作物无法正常收成。内战结束后，安哥拉咖啡的种植和生产逐渐恢复。2002 年，安哥拉咖啡产量仅为 1 260 吨，到了 2017 年咖啡总产量增长超过 10 倍，达 1.54 万吨（见图 7）。安哥拉政府希望重振咖啡产业，随着农业基础设施建设的发展和政策鼓励，安哥拉的咖啡产业有望恢复到战前水平。2017 年，非洲咖啡产量第一的埃塞俄比亚和世界第一的巴西，产量分别为 47.1 万吨和 268.1 万吨，安哥拉振兴咖啡产业还有很长一段路要走。

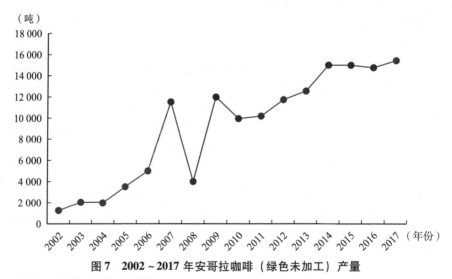

图 7　2002～2017 年安哥拉咖啡（绿色未加工）产量

资料来源：联合国粮食及农业组织。

（2）剑麻

安哥拉曾经也是剑麻生产大国。根据联合国粮食及农业组织公布数据，内战前安哥拉剑麻产量在 6 万～7 万吨左右，1972 年达到峰值 8 万吨，但内战开始后其产量急剧下降，20 世纪 90 年代以来年均产量不足 1 000 吨。目前世界剑麻主要生产国是巴西、印度、俄罗斯、中国、古巴等国家。与剑麻相同，安哥拉可可豆产量也收到内战的严重影响，但不同的是可可豆的产量在内战结束后逐渐上升。

（3）菠萝

与咖啡豆、剑麻等其他作物不同，安哥拉菠萝的种植与生产没有受到内战的破坏。安哥拉的菠萝在 20 世纪 60 年代的年产量在 1 万～2 万吨左右，内战开始后菠萝产量开始缓慢增长，内战结束时年产量达到 4 万吨左右。2002 年开始，菠萝的种植和生产进入高速发展时期（见图 8），其中 2009 年和 2013 年增长率分别超过 200% 和 70%，年增产近 20 万吨。2017 年，安哥拉菠萝总产量为 72.72 万吨，占世界总产量的 2.7%，排在世界第 11 位。

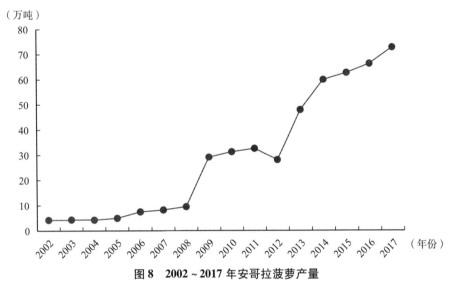

图 8　2002～2017 年安哥拉菠萝产量

资料来源：联合国粮食及农业组织。

与大部分农产品面临着同样的问题，安哥拉菠萝的国内销路不通，产品积压导致售价过低，但又无法满足国内的需求，需要进口来满足国内需求缺口，而进口又会影响国产菠萝的销路。2018 年 11 月，安哥拉经济和规划部颁布一项新规定，将 54 种进口商品列入限制进口清单，加速实施进口替代的战略措施，目的是优先照顾国内同类商品的生产。而菠萝包括在这份清单内。

（4）香蕉

安哥拉是个香蕉生产大国，2017 年香蕉产量为 430.19 万吨，占世界总产量的 3.8%，在世界排名第七。和菠萝种植生产的情况几乎一样，在内战前种植规模不大，进入 21 世纪以来产量增长很快（见图 9）。其在国内市场也遇到分销问题，目前也在限制进口清单内。

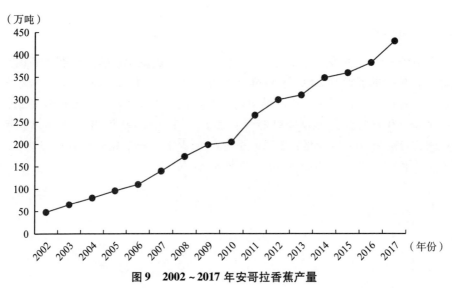

图9 2002~2017年安哥拉香蕉产量

资料来源：联合国粮食及农业组织。

（5）蓖麻

安哥拉蓖麻种子的产量及种植面积也排在世界前列，其产量排在世界第十一位，种植面积世界第五。根据联合国粮食及农业组织公布数据，2017年安哥拉蓖麻产量4 129吨，占世界总产量0.2%。其产量相对稳定，近十年来只有小幅增长，年产量稳定在4 000吨左右。2017年安哥拉蓖麻种植面积为16 167公顷，占世界1.2%。蓖麻的种植面积相对稳定，增长缓慢，相比2002年的14 382公顷，15年时间仅增长10%左右。

蓖麻的种子主要用于榨取蓖麻油，食品级的蓖麻油可作为食品添加剂、调味料、防霉剂等，也会用在制作糖果与产品包装上，聚氧乙烯化的蓖麻油也被用于食品工业。蓖麻油具有耐高温与润滑的特性，精制后的蓖麻油可作为内燃机的润滑剂，但由于会产生氧化油污，现已被矿物油取代，但精制蓖麻油仍可作为通用润滑剂、机油、刹车液等。在医疗上，蓖麻油可加工成泻剂。

印度是世界上蓖麻产量及种植面积最大的国家，2017年产量达157万吨，约占世界总产量90%，种植面积达960 000公顷，占世界70%以上。虽然安哥拉蓖麻的种植和生产居世界前列，但与印度相比，几乎没有优势。

（6）棕榈

棕榈也是安哥拉主要的经济作物之一，其产量及种植面积基本稳定，根据联合国粮食及农业组织公布数据，近年来安哥拉油棕果年产量基本维持在28万吨左右，种植面积稳定在2.3万公顷左右。

2. 粮食作物

安哥拉主要的粮食作物有木薯、红薯、玉米、土豆、水稻、小米、小麦、豆类等。主要产粮区位于中部高原及西南部地区。安哥拉的主要粮食作物生产有种植面积大、产量少、平均单产较低的特点。

安哥拉的根和茎块类作物产量较高，2017年产量达1 441.3万吨，收获面积139.85万公顷。20世纪60～80年代，根和茎块类作物的年产量在130万～180万吨之间，90年代后产量迅速增长，2013年出现峰值，为1 828.16万吨（见图10）。安哥拉的根和茎块类作物主要包括木薯、红薯和土豆。

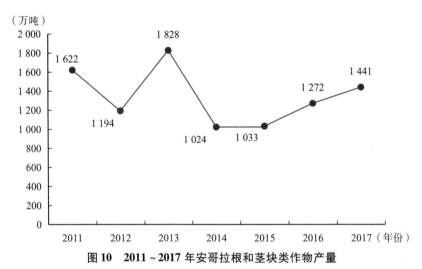

图10　2011～2017年安哥拉根和茎块类作物产量

资料来源：联合国粮食及农业组织。

木薯是安哥拉的主要粮食之一，2017年安哥拉木薯的产量为1 174.79万吨，占世界总产量4%，种植面积为91.98公顷，世界排名均在世界第七位，比上一年上升两位，2016年产量及种植面积均排在世界第九，但其单产排在世界第45位。安哥拉也是红薯生产大国，2017年红薯产量为185.78万吨，约占世界总产量的2%，收获面积为20.67万公顷，其单产也较低，在世界排名靠后。与木薯、红薯相比，安哥拉土豆的产量占世界总产量的比例较低，2017年仅占世界总产量的0.2%，但进入21世纪以来，安哥拉土豆的总产量增长40倍左右，1999年产量不足2万吨，2017年产量超过80万吨（见表5）。安哥拉根和茎块类作物产量的迅速增长，得益于木薯、红薯、土豆产量的增长。

表5   2017 年安哥拉木薯、红薯、土豆产量及收获面积

产量及收获面积	木薯	红薯	土豆
产量（吨）	11 747 938	1 857 797	807 310
收获面积（公顷）	1 011 619	206 727	180 104

资料来源：联合国粮食及农业组织。

玉米、小米、大米、小麦也是安哥拉人的主要粮食。

受内战影响，安哥拉的玉米产量出现下滑，但在内战结束后，安哥拉玉米产量总体上稳定增长，根据联合国粮食及农业组织公布数据，2002 年安哥拉玉米产量为 54.69 万吨，2017 年上涨到 268 万吨；与其他作物不同，安哥拉小米的产量在战后重建的头几年出现增长，但随后大幅度下降，2016 年总产量为 4 万吨左右，不及战前产量；安哥拉大米的种植生产在内战中受到破坏，2007 年产量不足 0.4 万吨，但到了 2017 年产量达 6.3 万吨。在内战爆发前，小麦的产量最高达到 2.7 万吨，内战爆发后产量急剧下降，至今没有恢复，近年来产量仅为 0.3 万吨左右。

3. 森林木材

安哥拉是非洲第二大林业资源国，森林面积为 5 300 万公顷，森林覆盖率达 43%，出产乌木、非洲白檀木、紫檀木、桃花心木等名贵木材。硬质木材主要产自北宽扎省、卡宾达省、威热省、本戈省四个省份，软质木材主要产自万博和本格拉两省[1]。安哥拉木材产量丰富，珍贵木材种类较多，但森林木材行业没有被合理、充分地开发，加上造纸、家具生产等工业的带动，该行业十分有潜力，可能会成为继石油、钻石行业之后成为安哥拉主要的经济支柱之一。

安哥拉圆木[2]的生产几乎没有受到内战的影响，但圆木的出口受到了严重的影响。20 世纪以来，圆木的产量持续增长，2017 年安哥拉圆木的产量为 589.69 万立方米，只有少部分用于出口，2017 年出口量为 9.03 万立方米。在内战爆发以前，原木的出口量最高达 22 万立方米，内战爆发后，圆木几乎没有出口，直到 2013 年以后，圆木的出口才有了实质性的增长。安哥拉圆木的进口量一直很小，内战结束后圆木进口量开始上升，但最高只达到 0.34 万立方米，2017 年跌至 0.1 万立方米（见表6）。

---

① 中华人民共和国驻安哥拉共和国大使馆：《安哥拉国家概况》，最后浏览日期：2019 年 6 月 23 日，http://ao.china-embassy.org/chn/agljj/aglgk/。

② 圆木：粗糙的木头，木材在其自然状态下砍伐或以其他方式收获。

表6   **2012～2017 年安哥拉圆木生产量及进出口**   单位：万立方米

项目	2012 年	2013 年	2014 年	2015 年	2016 年	2017 年
生产量	533.53	544.17	555.48	570.47	580.31	589.69
出口	1.38	0.42	1.50	3.80	5.92	9.03
进口	0.26	0.23	0.25	0.34	0.33	0.10

资料来源：联合国粮食及农业组织。

安哥拉工业圆木①的产量在内战中受到了一定的影响，内战前最高年产量为155.8 万立方米，内战期间最低年产量为 67.75 万立方米，内战结束后产量没有太大增长，2017 年产量为 122 万立方米。工业圆木的出口与圆木出口一样，内战爆发后其出口量几乎为零，也是在 2013 年后才出现明显增长，2017 年工业圆木的出口量为 9.01 万立方米。与圆木进口情况相似，内战结束工业圆木的进口出现增长，但年进口量均没超过 0.35 万吨（见表7）。

表7   **2012～2017 年安哥拉圆木生产量及进出口量**   单位：万立方米

项目	2012 年	2013 年	2014 年	2015 年	2016 年	2017 年
生产量	114.10	115.10	116.50	121.30	122.00	122.00
出口量	1.38	0.42	1.50	3.80	5.90	9.01
进口量	0.26	0.23	0.25	0.34	0.33	0.10

资料来源：联合国粮食及农业组织。

虽然木材的出口有一定的发展，但对安哥拉出口贸易的发展没有太大帮助，主要原因是木材出口资金一直没有进入安哥拉，使得安哥拉没有受惠。从安哥拉出口的大量木材没有反映在国家预算中，安哥拉政府决定通过实施新的森林立法来改变这种情况，安哥拉颁布一项规定，外国商人出口木材，需要提供在安哥拉国内银行的货款证明或出具相应价值的货款信用凭证，否则木材不能出口。仅在2018 年最后一个季度，外国木材出口商向安哥拉国内商业银行存入外汇达 900 万美元②。除此之外，2018 年 1 月，安哥拉政府颁布木材禁令，宣布立即暂停包括木材运输和森林资源勘探有关的所有活动，以清点全国范围内缉获违反规定的木

---

① 工业圆木：包括锯材或单板原木、纸浆木材、其他工业原木，以及贸易情况下的碎片和颗粒以及木材残留物。
② MACAUHUB：《安哥拉第四季度木材出口创汇 900 万美元》，2018 年 12 月 31 日，https://macau-hub.com.mo/zh/2018/12/31/pt-angola-arrecada-9-milhoes-de-dolares-com-exportacao-de-madeira/。

材库存，在森林封闭期间共缉获 1.3 万立方米的木材。该木材禁令已在 2018 年 8 月 8 日解除。

安哥拉政府一直致力于改善木材市场的营商环境，并取得一定成果。随着安哥拉从事木材行业人数的增多，加上监管不到位，乱砍滥伐、过量砍伐等问题层出不穷，严重破坏了安哥拉的森林资源，威胁着森林作为天然资源来源的可持续性。安哥拉政府在 2017 年出台新规定，出口的木材必须在原产地加工成方木，以缓解木材生产带来的问题。由于安哥拉政府对木材的砍伐加工和出口疏于管理，多年来安哥拉木材行业损失严重，为此，安哥拉政府在 2018 年实施新的许可模式，用特许经营合同代替许可证，并要求获得特许经营权的企业根据其砍伐情况进行植树造林。新的许可模式的特点在于，授予企业森林开发许可不再是农业部和省政府共同确定，这项权力只属于国家农业部，再由国家农业部将权利扩大到农业部的省级部门，以此避免开发许可泛滥从而失去对森林资源的管控。安哥拉政府除了加强对森林资源的监管，还并且制定了国家造林和再造林规划，鼓励私营机构植树造林。

安哥拉的木材资源丰富，但开采能力不足，但安哥拉政府为改善木材产业现状，一直在采取相关措施改善木材市场的经营环境，2013 年实施了一项木材加工制造业的计划，以增加木材的附加值，改善国家产业结构、节约外汇和创造就业机会。未来，安哥拉森林木材行业很有可能成为安哥拉的支柱行业之一。

（二）渔业

1. 海洋捕捞

渔业是安哥拉的重要产业之一，鱼是安哥拉人餐桌上必不可少的食品，其海洋渔业从业人数约为 5 万人。

安哥拉濒临大西洋，海岸线长达 1 650 公里，200 海里的专属经济区内多为陆棚①，水深在 100 米左右，其外海的安哥拉海盆大部分深度在 4 000 ~ 5 000 米之间，南北长约 3 000 公里，东西宽约 2 000 公里。安哥拉海域的水温适合鱼类生长，渔业自然丰富，盛产虾、蟹等甲壳类及竹笑鱼（竹夹鱼）、无须鳕、石斑鱼等多种海洋鱼类。产量较高的海域主要有本格拉沿海、罗安达沿海、纳米贝沿海。

安哥拉近海渔场的风浪较小，海况较好，有着适宜的海洋捕捞作业条件。捕

---

① 陆棚：陆棚又称大陆架，是大陆沿岸土地在海面下向海洋的延伸。

捞产量也相对理想,根据世界银行公布数据,2010~2016年间安哥拉渔业捕获年产量在30万~50万吨之间。底层鱼的捕捞主要以无须鳕为主,中上层鱼的捕捞以竹笑鱼为主。安哥拉没有休渔期,海洋捕捞可以全年作业;其海区生产效率高,产量可观,除了淡季七月和八月,其他月份产量比较稳定。安哥拉在内战前渔业发展较好,1972年渔业捕捞产量超过60万吨,内战爆发后渔业遭到严重破坏,1976年渔业捕捞产量仅有8万余吨,直到20世纪90年代才渐渐恢复(见图11)。

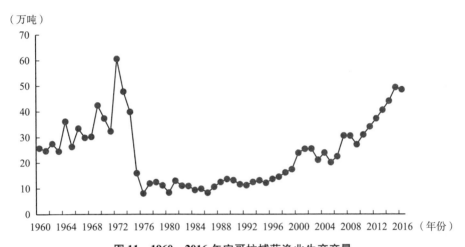

图11　1960~2016年安哥拉捕获渔业生产产量

资料来源:世界银行。

虽然渔业资源丰富,但是由于战乱,安哥拉对渔业资源的开发程度较低,捕捞技术相对落后。安哥拉的渔船主要是以近海作业为主,小吨位的渔船要缴纳的相关费用也明显低于大吨位的渔船,当地渔船大都是小舢板,远洋捕捞能力不足。

2003年,渔业相关责任从农业和农村发展部转移到渔业部后,渔业部是安哥拉渔业方面的最高权力机构,负责统一制定和管理渔业的法律法规和政策。渔业部在各省设置渔政管理部门,该职能部门负责具体落实各项相关政策,并负责监督所有船舶。由于战乱的影响,安哥拉政府对渔业资源的管理并不完善,相关法律法规不够健全,因此该行业的门槛并不高,入渔程序也相对简单。

安哥拉经济严重依赖石油行业,每当国际石油价格下跌,安哥拉的经济都会受到严重影响,甚至出现经济困难状况。为了降低对石油产业的依赖,安哥拉政府树立经济多样化目标,渔业也成为安哥拉政府重点支持和扶持的行业。政府鼓励外资进入渔业,提供相应的政策支持,相关限制性法规也相对较少,但随着安哥拉渔业法规的完善，国内局势逐步稳定，国民经济的发展和捕捞技术的进步，安哥拉入渔条件将会越来越苛刻。

中国企业在安哥拉渔业有着较好的表现。来自中国浙江舟山市的普陀远洋渔业公司联合两家中国民营企业，投资 5 000 万美元注册光大渔业公司，在巴亚法德湾建立安哥拉最大的远洋渔业基地，总面积 10 万平方米，周边储备土地 15 万平方米，业务范围包括船舶修理和维护、远洋捕捞、海鱼加工和冷藏、储运、船舶维修和养护、鱼粉加工和出口等，日处理海鱼能力为 900 吨，该项目将成为安哥拉最大的远洋渔业项目①。中国政府与安哥拉政府在渔业方面也有着一定的合作，中方有意向安哥拉提供财务援助，协助安哥拉振兴渔业、管理海洋事务。

随着非洲渔业的发展和捕捞技术的进步，捕鱼量大大增加，但是由于管理不善，出现了过度捕捞和大量的非法捕捞问题，加上海洋运输业发展带来的污染问题，非洲面临着渔业资源枯竭的危险。为防止海洋退化和渔业资源枯竭，2007年安哥拉与南非、纳米比亚成立世界上第一个跨国洋流委员会——本格拉洋流委员会，负责对本格拉洋流的海洋生态系统进行研究保护、可持续发展、渔业生产和贸易等方面进行协调管理。2013 年安哥拉、南非、纳米比亚签署了世界第一个大型海洋生态系统法律框架《本格拉洋流公约》，致力于长期保护、恢复、增强对本格拉洋流生态系统的可持续利用，促进合作并提高经济、环境、社会方面的利益，该公约核心是在环境保护和人类发展中寻求平衡点，共同利用本格拉洋流海洋生态系统。

2. 水产养殖

安哥拉水产养殖始于内战前，主要由中小规模的私营企业以较为简单、落后的方式进行，因内战爆发水产养殖的发展受到重大破坏。内战结束后，水产养殖重新开始发展。

2003 年，水产养殖发展规划的相关责任转移到渔业部后，渔业部积极与其他国家开展合作，对安哥拉部分沿海地区和内陆省份进行技术走访，评估走访地区的水产养殖行业的发展潜力，规划各类水产养殖活动，并得出大部分地区具备适宜开展水产养殖的水生环境的结论。但是大多水产养殖是少数农民自发经营，缺乏培训和经验，养殖池以人工挖掘的土池为主，处于手工操作的低技术作业水平，养殖种类多为本地的罗非鱼。

养殖方法主要有三种：粗养、半精养、精养。粗养方式主要被渔民在琥珀或

---

① "一带一路"中非智库：《安哥拉渔业产业分析》，2016 年 12 月 23 日，http：//news. afrindex. com/zixun/article7920. html。

潟湖①的水产养殖中使用，对养殖鱼类的天敌、养殖环境的水质没有管理和控制，不投放饲料，鱼类依靠进食天然食物，这种养殖方式不需要过多的经济投入和技术投入。半精养养殖方式采用土池养殖，利用水泵进行水体交换，以人工喂养饲料补充天然食品的不足，其经济投入和技术投入相对较高。精养方式的技术要求和经济投入较高，养殖密度高，采用颗粒饲料喂养，进行人工增氧，精养方式可以降低鱼苗或幼鱼的死亡率，提高水产的产量和质量。

水产养殖行业是安哥拉经济发展中的重中之重。在安哥拉，水产养殖行业不仅可行性高，发展潜力很大，而且对国民经济的发展，尤其是对安哥拉解决边远地区和沿海地带的食品安全问题大有益处。近年来安哥拉政府对水产养殖行业给予大量支持，包括举办其主题为"渔业和水产养殖促进国家富强"的渔业和水产养殖博览会、投入大量资金、提供贷款、培养技术人员、引进技术等方面。

安哥拉与巴西在水产养殖方面有多年的合作，2014 年双方签署了在培养水产养殖技术人员和渔业资源管理方面的合作协议，2016 年双方将该协议又延长一年，巴西在水产养殖和渔业资源管理方面继续为安哥拉培训人员，提高安哥拉相关机构和从业人员的能力。2016 年，联合国资助安哥拉 1 100 万美元，启动一个为期五年的鱼类养殖支援项目，有 15 万人在该项目中受益。2019 年，安哥拉与俄罗斯达成渔业水产养殖合作协议，重点发展安哥拉水产养殖行业发展；同年安哥拉与葡萄牙签署海上经济合作协议，除了开展海洋捕捞、渔业产品加工方面的合作，也在水产养殖方面进行合作，葡萄牙将为安哥拉提供从业人员培训等方面的支援。

安哥拉南宽扎省、本戈省、扎伊尔省在渔业和水产养殖行业有着巨大的潜力，但由于基础设施落后，无法满足行业需求。2018 年，相关部门提交一项耗资 4.75 亿美元的计划，将在此三个省份建立区域发展中心，包括建设港口和渔船码头，建设拍卖行和鱼市场、冷藏库、设置保存鱼类场地，腌制和渔业支援中心，以及建立五个省级水产养殖业相关的研究所等。该计划期限至 2022 年，并预测在 2018～2022 年间，社区水产养殖产量为 2 100 吨，而商业水产养殖产量则为 17 900 吨②。

随着安哥拉水产养殖业的技术、从业人员素质的提高，基础设施完善，渔业资源管理和环境的可持续发展观念越来越被重视，安哥拉水产养殖业将会得到进一步的发展。

---

① 潟湖：出现在沿海地区，由于海水受不完全隔绝或周期性隔绝，引起水质咸化或淡化，从而形成不同水体性质的潟湖。
② MACAUHUB：《安哥拉渔业计划耗资 4.75 亿美元》，2018 年 11 月 14 日，https：//macauhub. com. mo/zh/2018/11/14/pt-plano-de-pescas-em-angola-custa－475－milhoes-de-dolares/。

（三）畜牧业

安哥拉牧区主要集中在胡拉、贝夷和本吉拉等南部地区，牧场面积 5 400 万公顷，养殖种类主要有牛、猪、绵羊、山羊和家禽等。

内战对安哥拉畜牧业的发展并没有造成重大的破坏，内战结束后，由于政府的支持和经济发展的带动，畜牧业进入了高速发展阶段，尤其是猪和家禽的养殖，2002 年以前，猪的养殖数量不足 100 万头，家禽养殖数量不足 700 万只。绵羊和山羊在 20 世纪末进入增长期，而牛的养殖多年来都是较为稳定的发展。根据联合国粮食及农业组织公布数据，2017 年安哥拉养殖牛 498.8 万头，猪 388.6万头，绵羊 114.9 万头，山羊 450.5 万头，家禽 3 650 万只（见表 8）。

表 8   **2012～2017 年安哥拉畜牧养殖数量**

养殖对象	2012 年	2013 年	2014	2015 年	2016 年	2017 年
绵羊（万头）	103.70	106.50	109.38	112.02	112.78	114.92
山羊（万头）	405.52	416.47	427.72	438.39	443.07	450.49
牛（万头）	468.75	479.06	489.50	498.77	496.51	498.80
猪（万头）	235.81	260.34	287.44	313.47	318.37	338.59
禽鸟（万只）	2 331.40	2 720.70	3 175.00	3 570.00	3 570.00	3 650.00

资料来源：联合国粮食及农业组织。

尽管内战后安哥拉畜牧业发展较快，但是其产量无法满足国内的需求，仍然需要进口。从表 9 中可以看到，2005 年以来，安哥拉肉类进口总量持续增长，2014 年达 163.36 万吨，同比增长接近 260%，2015 年和 2016 年大幅度下降，同比降幅均超过 50%。猪肉是安哥拉进口增长最快的肉类，2005 年猪肉进口量为 2.17 万吨，2014 年增长至 62.99 万吨，但 2015 年和 2016 年降幅分别为 51% 和 76%，2016 年进口量为 7.47 万吨。家禽肉和牛肉的进口量增长也很快，2005 年进口量分别为 10.28 万吨和 6.69 万吨，进口量的峰值同样出现在 2014 年，分别为 76.24 万吨和 23.95 万吨，随后两年进口量均大幅下降，2016 年家禽肉进口量为 21.54 万吨，牛肉进口量下降至 3.29 万吨，为内战结束以来的最低值。

肉类	2005 年	2012 年	2013 年	2014 年	2015 年	2016 年
猪肉	2.17	6.43	7.51	62.99	30.77	7.47
家禽肉	10.28	30.13	32.02	76.24	35.05	21.54
牛肉	6.69	5.16	5.89	23.95	11.12	3.29
肉类总量	19.26	41.79	45.51	163.36	77.29	32.40

表 9　　　　　2005 年、2012 年~2016 年安哥拉肉类进口状况　　　单位：万吨

资料来源：联合国粮食及农业组织。

内战结束以来，为了降低对石油行业的依赖，使国家经济朝多元化方向发展，提高国民生活水平，安哥拉政府一直把农业作为战后重建和国家发展战略中优先发展的部门，畜牧业也是安哥拉重点扶持的行业之一。近年来政府对畜牧业提供了很多支持，包括资金、技术引进等方面。虽然内战以来畜牧业发展迅速，但安哥拉畜牧业的发展无法满足国内的需求，肉类需要依赖进口。除此之外，安哥拉畜牧业的产业链结构相对脆弱，国内作为饲料原材料的农产品产量不足，需要进口，其饲料生产技术也需要进一步的提升，这些因素限制了畜牧业的进一步发展。

四、通信产业

为提高国家信息技术水平，改善国民生活，促进国家经济朝多元化方向发展，安哥拉政府将通信产业作为国家重点发展行业之一。

随着安哥拉经济的高速增长，国内通信方面的需求渐渐增大，但安哥拉的通信产业相对落后，国内的需求渐渐出现缺口。内战结束以后，为改变国家信息技术落后、人民精神文化落后的现状，安哥拉政府推出"安哥拉在线"计划，具体措施有改善现有通信网络基础设施的运行现状、发射安哥拉第一颗人造卫星等。

但该计划推行并不顺利，由于基础设施落后，部分地区出现长时间的网络中断；除此之外，其通信卫星的发射计划也遇到了困难。2009 年，安哥拉与俄罗斯达成一项地球同步轨道通信卫星项目的合作协议，目的是为了改善安哥拉的通信服务质量和电视广播服务质量，同时降低通信服务的使用成本，该项目于 2012 年开始实施。该通信卫星名为 Angosat‑1，可为安哥拉及周边地区提供电视、互联网、无线电等服务，服务期限为 15 年。这颗卫星的信号覆盖范围包括非洲大陆和部分欧洲地区，安哥拉计划在未来利用这颗卫星与国外的电信运营商合作，

参与国际卫星市场的竞争。该卫星由俄罗斯 RSC Energia 公司制造,控制和任务中心设在罗安达省北部。2017 年 12 月,俄罗斯在哈萨克斯坦的拜科努尔发射场用一枚"天顶 - 2SB"运载火箭将卫星发射升空,送进预定轨道。但是在卫星进入轨道后不久,因电力供应系统存在技术问题导致卫星失联,恢复联系希望渺茫。2018 年 4 月,相关方面正式宣布,Angosat - 1 卫星无法正常运行。随后安哥拉与俄罗斯签署新合同,俄方在 18 个月内提供 Angosat - 2 替代卫星,预计于 2021 年底前交付。

2001 年,安哥拉政府放弃国家对电信行业的垄断,允许电信公司私有化比例最高可达 40%。安哥拉主要的电信公司有国营安哥拉电信公司(Angola Telecom)、联合电信公司(UNITEL)和移动电信公司(MOVICEL),其中联合电信公司网络覆盖面积较大、信号较好、市场占有率高,基本垄断安哥拉通信行业市场。安哥拉引进先进数字系统,逐步升级国内电信系统。移动电信公司是安哥拉第一个 LTE[①] 商用网络运营商,2012 年 4 月,该公司推出新一代 LTE 服务,同年 12 月,联合电信公司推出 4G LTE 服务。尽管安哥拉政府大力发展网络通信技术,但由于本国技术水平落后,通信设施和核心技术仍由外国公司控制,为此安哥拉要支付高昂的专利费用和人力成本,也使得安哥拉通信成本偏高。根据世界银行公布数据,安哥拉手机用户增长速度很快,由 2002 年 14 万用户增长到 2012 年的 1 278.51 万,固定电话也由 8 万余一度增长到 30 余万,2002 年固网用户不足 1 万,2015 年用户超过 15 万。近年来手机、固话、固网用户有所下降,2017 年安哥拉手机用户为 1 332.40 万人,固定电话线路 16.11 万条,固网用户为 9.69 万人(见表 10),而安哥拉人口为 3 000 余万,通信产业仍有巨大的发展空间。

表 10　　　　　　　　　　2012～2017 年安哥拉通信用户数量　　　　　单位:万用户

通信类型	2012 年	2013 年	2014 年	2015 年	2016 年	2017 年
手机用户数量	1 278.51	1 328.52	1 405.26	1 388.45	1 300.11	1 332.40
固定电话线	20.83	21.50	28.74	28.49	30.45	16.11
固网用户数量	2.05	2.23	8.78	15.36	12.31	9.69

资料来源:世界银行。

根据《全球竞争力报告 2018》,安哥拉的通信产业仍相对落后。如表 11 所

---

① LTE:长期演进技术(long term evolution)是电信中用于手机及数据终端的高速无线通信标准,是高速下行分组接入(HSDPA)过渡到 4G 的版本,俗称为 3.9G。

示，安哥拉 ICT[①] 采用评分为 27.4，略高于尼日利亚和莫桑比克，但远不及南非和博茨瓦纳。每百人中，安哥拉移动电话用户为 37.3，略高于莫桑比克，但不及尼日利亚的 63.3，而南非和博茨瓦纳均达到 100。安哥拉每百人中固网用户为 0.7，优于莫桑比克和博茨瓦纳，但南非和博茨瓦纳分别为 6 和 4.3。安哥拉网络用户占中人口的 13%，同期尼日利亚为 25.7%，莫桑比克为 17.5%，南非为 54%，博茨瓦纳为 39.4%。总体而言，虽然安哥拉在通信技术普及方面取得良好成绩，但与其他国家相比，仍然存在一定的差距。为促进行业发展，增加行业竞争，安哥拉于 2017 年末宣布将为安哥拉第四家电信运营商进行国际公开招标，除此之外将对国营安哥拉电信公司进行重组，将其 45% 的股份进行私有化，以保障必要的投资有机会进入安哥拉的移动通信领域。

表 11	非洲各国通信产业对比				
通信产业	安哥拉	尼日利亚	莫桑比克	南非	博茨瓦纳
ICT 采用评分	27.4	26.2	26.3	46.1	42
移动电话用户人数/100 人	37.3	63.3	33.4	100	100
固网用户人数/100 人	0.7	0.1	0.3	6	4.3
网络用户占总人口百分比	13	25.7	17.5	54	39.4

注：评分 0 = 十分糟糕，100 = 非常好。
资料来源：The Global Competitiveness Report 2018.

　　在安哥拉通信产业的发展中，中国的华为、中兴等企业早已进入安哥拉电信设备市场开展业务，其中华为于 1998 年进入安哥拉市场。2013 年，华为获得安哥拉政府颁发的"最佳技术奖"，除此之外华为于 2015 ~ 2018 年间通过 ICT 人才培养计划资助安哥拉学生赴华学习实践，同时捐资修建的信息技术培训中心为安哥拉培养通信人才。而在手机市场上，根据 Canalys 公布的"2018 年非洲智能手机出货量"显示，深圳传音控股有限公司旗下三款产品占据前五位，市场总份额累计高达 38%，华为手机排名第四，占市场份额 7%，第一名为三星，但其市场份额占比 23%，不及传音。2019 年初，小米宣告即将进入非洲市场。相信未来中国的手机企业在安哥拉也会有好的表现。
　　尽管安哥拉通信产业发展势头较好，在 ICT 的投资显著增加，但是安哥拉贫困率、文盲率较高，在农村地区，超过半数的人不会使用安哥拉的官方语言葡

---

　　① ICT：信息与通信技术（Information Communications Technology），信息技术与通信技术相融合而形成的一个新的概念和新的技术领域，是一个涵盖性术语。

语，加上电网覆盖率较低，都会对安哥拉通信产业的发展造成影响。

五、旅游服务业

安哥拉的旅游资源非常丰富，传统文化多样，有美丽的沙滩，茂密的原始森林，明净舒缓的河流，具有较好的旅游业发展潜力，尤其是中部沿海地区，有海滩、山丘、岩洞、大小瀑布、森林、动物、部族等旅游资源，但尚未得到合理开发，利用率较低。专家强调，只要对旅游业进行规划，增强人力资源，加大基础设施建设的投资，通过贷款给国民企业资金支持，旅游业有可能成为仅次于石油和钻石的行业。

安哥拉建立了国家公园和保护区，如罗安达省奎卡玛国家公园、莱多角旅游区、马兰热省卡兰杜拉旅游区、宽多库帮戈省奥卡万戈旅游区、莫西科省卡米亚国家公园等。安哥拉与赞比亚、津巴布韦、博茨瓦纳和纳米比亚建立了跨境自然环境保护区[①]。

近年来，安哥拉旅游业得到了一定的发展。根据世界旅游业理事会（WTTC）公布的数据，2006～2014年，安哥拉旅游业对国内生产总值的总体贡献逐年上升（见图12），由2016年的17亿美元上升至2014年的62亿美元，2015年和2016年同比下降均超过20%，2017年同比增长30%，达50亿美元，对国内生产总值的总体贡献所占百分比为3.8%。根据世界银行公布数据，2013年国际入境游客人数达到峰值65万人，随后逐年下降，2017年全年入境旅游人数仅为26.1万人。根据世界经济论坛发布的《2017年旅游业竞争力报告》，从旅游目的地的角度看，在2006～2016年间，安哥拉是仅次于印度的消遣旅游收入增长最快的国家。目前全球旅游业收入占全球国内生产总值的10%，而安哥拉仅为3.8%，仍有很大的发展空间。

为促进本国旅游业的发展，安哥拉政府采取了一系列措施，如兴建酒店、培养酒店和旅游管理人才、开发新的旅游项目等。1989年，安哥拉加入了世界旅游组织（UNWTO）。2018年3月30日开始，安哥拉对包括中国在内的61个国家公民实施落地签证政策。2018年4月19日，安哥拉通过新《私人投资法》草案，对国内外投资进行鼓励，其中包括旅游业投资领域。

---

① 中华人民共和国驻安哥拉共和国大使馆：《安哥拉国家概况》，最后浏览日期：2019年6月23日，http：//ao. china-embassy. org/chn/agljj/aglgk/。

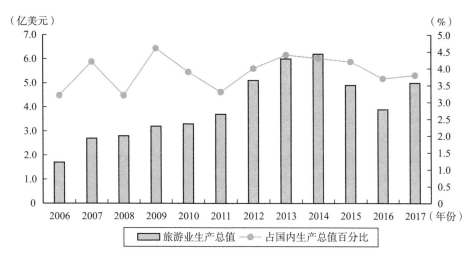

图12 2006～2017年安哥拉旅游业生产总值及占国内生产总值百分比

资料来源：World Travel and Tourism Council Data.

中国对安哥拉的投资主要集中在基础建设领域，而在旅游业，中国与安哥拉还没有建立正式的合作关系。2018年11月，安哥拉旅游促进局主管西蒙马努埃尔佩德罗在中国国际进口博览会上表示，希望吸引中国投资者在安哥拉旅游业投资。

参考文献

[1] MACAUHUB：《安哥拉政府开放炼油业市场》，2009年10月5日，https：//macau-hub. com. mo/zh/2009/10/05/%E4%B8%AD%E6%96%87 - %E5%AE%89%E5%93%A5%E6%8B%89%E6%94%BF%E5%BA%9C%E5%BC%80%E6%94%BE%E7%82%BC%E6%B2%B9%E4%B8%9A%E5%B8%82%E5%9C%BA/。

[2] 邓欣欣：《安哥拉庆祝钻石出产百周年》，2013年8月13日，https：//www. jewelle-rynet. com/sc/m。

[3] 上海钻石交易所：《安哥拉国家钻石贸易公司到访上海钻交所及澳门钻交所》，2019年3月15日，http：//www. cnsde. com/html/news/content40869. html。

[4] 联合国粮食及农业组织：《国家水产养殖部门概况·安哥拉》，检索日期：2019年6月23日，http：//www. fao. org/fishery/countrysector/naso_angola/zh。

[5] 李承伦：《钻石大全》，布克文化出版社2019年版，第113～115页。

[6] 中华人民共和国外交部：《安哥拉国家概况》，检索日期：2019年6月23日，https：//www. mfa. gov. cn/chn//pds/gjhdq/gj/fz/1206_2/1206x0/t9409. htm。

[7] 石油圈：《EIA报告：安哥拉油气行业现状分析》，2016年6月12日，http：//www. oilsns. com/article/47507。

安哥拉政治与经济环境

安哥拉政治经济改革给中国对安投资
带来的机遇和挑战

邓延庭*

摘　要：作为助推非洲经济发展的重要引擎之一，安哥拉当前正在新总统洛伦索的推动下，实施了一切旨在打击政治腐败、扭转经济滑坡、提升国际影响的政治经济改革措施，引发各界的高度关注。从实际效果来看，改革已经初步破除近年来长期制约安哥拉发展的内政、外交、产业、债务等方面的问题，为安哥拉以更为开放、包容、高效的形象融入国际社会，在制度和政策上进行了必要的准备。全面梳理和分析安哥拉政治经济改革的成就和意义，有利于全面认识在共建"一带一路"倡议的背景下，中国对安哥拉投资面临的机遇与挑战。

关键词：洛伦索　威权主义　葡语非洲　改革　"一带一路"倡议　中非关系

按照 2018 年国内生产总值（GDP）计算，安哥拉经济总量位于尼日利亚、南非之后，是撒哈拉以南非洲第三大经济体；在南部非洲共同体中，仅次于南非，是南部非洲次区域的第二大经济体；是葡萄牙语非洲的第一大经济体，经济总量高于莫桑比克、几内亚比绍、圣多美和普林西比、佛得角其他四个葡萄牙语非洲国家的总和①，是支撑非洲大陆经济发展的重要引擎之一。在中非合作中，安哥拉亦占有重要的地位，截至 2018 年，该国是中国在撒哈拉以南非洲的第三大贸易伙伴和重要的石油进口地之一。近年来，随着长期执政的统治集团日益暴露出政策僵化、腐败滋生等问题，加之国际油价大规模波动导致安哥拉石油经济发展不稳定，安哥拉既有政治经济制度暴露出的问题开始成为制约国家培育竞争

---

* 邓延庭，中国非洲研究院非洲研究室助理研究员，主要研究领域为中非关系、非洲一体化。
① 安哥拉 2018 年 GDP 总量为 1 145.04 亿美元，在非洲的排名参见：http：//statisticstimes. com/economy/african-countries-by-gdp. php。

力和实现可持续发展的严峻挑战。随着新旧国家元首在 2017 年 8 月实现权力的平稳更迭与过渡,安哥拉旋即开始推行全面的政治经济改革。至 2019 年,改革已进入第三个年头,政治、经济发展领域都出现了一些新的变化。

一、政治改革:威权主义统治下的渐进政改

与大多数通过非殖民化议会选举道路实现独立的非洲国家截然不同,安哥拉先行通过武装斗争摆脱葡萄牙殖民统治,而后通过长期内战实现国家统一的独特历史,造就了具有非洲特色的威权主义政治。在安哥拉当前的政治改革中,由威权主义向多元民主的过渡成为国家的施政重点。

(一) 威权主义:国家独立与统一进程中的权力集中

与大多数英语、法语非洲殖民地通过与殖民宗主国密切合作,利用复制英国、法国等议会制度的选举方式,以和平途径走向独立的模式不同,葡语非洲殖民地在面对殖民宗主国葡萄牙拒绝在非洲民族解放问题上让步的情况下,纷纷选择以武装斗争的方式争取独立,其中最具代表性的就是安哥拉。自 1961 年爆发反殖民武装斗争以来,安哥拉先后涌现出安哥拉人民解放运动(Movimento Popular de Libertação de Angola)、安哥拉民族解放阵线(Frente Nacional de Libertação de Angola)、争取安哥拉彻底独立全国联盟(Uniao Nacional Para Independencia Total de Angola)、卡宾达解放阵线(Frente para a Libertação do Enclave de Cabinda)等多支领导武装斗争的力量,使安哥拉解放战争成为整个葡语非洲规模最大的武装斗争,直接摧毁了葡萄牙在非洲的殖民体系。正是得益于这种彻底"决裂"的独立方式,葡萄牙的力量和影响被彻底逐出,安哥拉的统治权牢牢掌握在本国政治力量的手中。旋即于 1975 年爆发的长达 27 年的内战,又成为安哥拉国内各支政治力量重新博弈和洗牌的过程,随着对国家发展拥有不同诉求的安解阵、安盟以及争取卡宾达"独立"的卡解阵竞相被击溃,进而淡出国家政治的核心地带,安人运在维护国家统一的过程中,成为独掌安哥拉大权的唯一政治力量。

自 20 世纪 90 年代,在西方掀起的"第三波"民主化浪潮的冲击下,安哥拉并没有发生政权的更迭,后来虽然宣布改行多党制和多党大选,但执掌国家的核心力量既没有受到任何影响,也没有发生任何改变:一方面,包括放弃内战的安盟在内的多个政党虽然可以合法存在,并且能够参加大选,但始终无法对安人运

构成任何挑战。即便以 2017 年 8 月大选后的议会席位分配来看，安人运占比 68.1%，最大的反对党安盟占比只有 23.1%①，其他反对党的席位占比更低，几乎可以忽略不计；另一方面，安人运的领袖依然长期担任国家总统，特别是若泽·爱德华多·多斯桑托斯（José Eduardo dos Santos）自 1979 年继任总统以来，长期担任安哥拉总统职务，虽历经多次多党大选，但仍然长期执政，成为拥有最长执政记录的非洲领导人之一。即便是当前主张推进全面改革的新总统若昂·洛伦索（João Lourenço），仍然是来自议会第一大党安人运的领袖。此外，根据安哥拉 2010 年颁布现行宪法关于总统由议会第一大党推荐的候选人担任的规定，安人运当前在议会中的压倒性优势的地位，将成为在当前宪政体制下继续独享国家大权，主宰安哥拉政治的重要保障。

正是以安人运长期执政、多斯桑托斯长年担任总统为支撑，安哥拉构建起了独特的威权主义政治。这种政治模式避免了安哥拉在独立后陷入国家政治族群化、教派化、区域化的泥淖，对于维护国家的安定与统一，巩固民族独立成果，具有十分重要的意义。但与此同时，权力的高度集中也带来政治集团执政思维僵化等问题，也逐步暴露出制约经济进步和实现社会包容性发展的弊端。加之在南部非洲次区域一体化背景下，安哥拉的政治制度与政治文化与周边非洲国家存在一定的"不合群"的问题，周边的南非、纳米比亚、赞比亚、博茨瓦纳等邻近非洲国家要求安哥拉进行政治改革的呼声也日渐高涨。因此，当安哥拉所面临的主要议题已经从维护主权独立与领土完整的"革命"完全转向国家现代化发展与区域一体化的"建设"之时，威权主义政治在国内、国际呼声日益高涨的背景下，也走到了需要做出变革的地步。2017 年，洛伦索正式当选安哥拉总统，结束了安人运搭配多斯桑托斯数十年一成不变的政治局面，不仅为安哥拉政治发展注入了全新的血液，也拉开了安哥拉实施改革的大幕。

（二）内政改革：严厉打击腐败

作为当前安哥拉政治改革的推动者，洛伦索和多斯桑托斯一样，也是安人运的党员和忠实追随者，是从安哥拉解放战争到内战再到和平建设一路成长起来的政治家，但更为明显地代表着安人运中的改革派力量。由于洛伦索当前身兼安哥拉总统与安人运主席等要职，因此其政治改革的目的并不是动摇安人运当前的执政地位以及对安哥拉政治发展的主导权，而是通过整顿执政集团内部长期存在的

---

① Eleicoes gerais 2017：https：//web. archive. org/web/20170825184648/http：//eleicoesgerais. cne. ao/ 99LG/DLG999999. htm.

腐败问题，为国家的经济、社会发展提供良好的环境，进而确保安人运能在健康成长过程中，更好地发挥对国家的指导和引领作用。

长期以来，安哥拉以一元领导力量为核心的威权主义政治模式与其他非洲国家倡导和实践的以多元竞争性选举为特征的民主政治之间存在着显著的差别。权力高度集中在有效维护国家主权完整和领土统一的同时，也带来了因为监督缺失而滋生腐败的问题。以前总统多斯桑托斯为例，不仅其本人长期执掌国家大权，而且其直系亲属也在安哥拉国家石油公司（Sonangol）、安哥拉主权基金（Fundo Soberano de Angola）等国有企业或机构中身居要职，被其重用的其他党政官员也在其他"油水多"的国家部门和公司中担当重任①。执政群体的长期固化导致了社会阶层之间的流动性严重不足。广大国民无法真正享受石油开发带来的社会经济发展红利，社会贫富差距越来越大。在这种形势下，安哥拉的腐败问题日益成为掣肘国家发展的现实障碍：一方面，安哥拉的营商环境近年来逐年下滑，在南部非洲甚至是整个非洲位列倒数，导致外来投资额和项目数量远远少于相同经济体量的其他非洲国家，另一方面，石油收益并没有真正有效转化为支撑国家现代化发展的基础设施或其他公共服务资源。这也就充分解释了为什么安哥拉虽然在GDP 总量、人均收入等纸面统计数据上超过大多数非洲国家，但在基础设施建设、产业结构以及国民生活质量上却徘徊在非洲的平均水平。

正是着眼于国内积重难返的腐败问题，洛伦索将国内施政的重点放在通过全面深化改革来打击腐败，恢复民众对安人运的信心，重塑全党对国家政治发展的核心领导权以及继续执政的合法性。这种改革措施具体可以包括四个方面：其一，惩治原高层的腐败行为。在洛伦索的反腐败大旗下，许多曾经在党内或政府、军队高层中身居要职的违纪违法人员被取消党籍和开除公职，正面临着监察机关的反腐败调查和检察机关的起诉，违法获利将会被全部没收充公。其二，提拔新生力量进入权力核心。为了彻底打破阶层固化导致的腐败问题，洛伦索解除了高层中任职期限过长，年龄偏大，存在腐败等违法行为的官员的职务，同时大胆启用一大批年富力强、清正廉洁的中青年干部填补高层的职位空缺，为国家的权力核心及时补充进新鲜血液。其三，通过资产追讨来全面夯实反腐败成果。洛伦索推动成立国家资产追讨办公室，一方面负责清算党政军企高层人员非法侵吞的公共财富，另一方面重新评估之前实施的对外合作项目，特别是涉及能源合作的项目是否与政府腐败和舞弊存在直接关联，进而导致出现有损安哥拉国家利益的合作协议，力争在安哥拉国内以及世界范围内最大限度地追讨回属于安哥拉人

---

① 郝睿、沈子奕：《安哥拉政治经济在改革中艰难前行》，载于《非洲发展报告（2018～2019）》（张宏明主编），社会科学文献出版社 2019 年版，第 239～240 页。

民的资产，将国家的损失降低到最小程度。其四，以规范政府运行为契机来改善投资环境。洛伦索上台后颁布全新的《私人投资法》，在取消了对外国投资最低门槛、利润向外汇出的限制以及在安哥拉与外资合作时本国最低股权的规定的同时，严格限制政府不经法律程序对私营企业正常运营的行政干涉，将市场原则指导下的自由竞争作为构建良好投资环境的主要支柱。

（三）外交变化：重塑国家品牌

修复和加强与主要合作伙伴的外交关系，在国际社会中重新塑造安哥拉全新的国家品牌形象，成为洛伦索当前主推的政治改革的主要着力点。长期以来，安哥拉不仅与西方主要国家以及南部非洲周边国家的外交关系维持在时冷时热的不稳定状态，而且在各类国际组织特别是非洲的地区性国际合作组织中发挥的作用相对有限，进而导致其在国际政治特别是非洲政治中发挥的有限的政治作用与其庞大的经济体量之间出现严重的比例失调。洛伦索推行政治改革以来，高度重视重塑安哥拉与国际社会的关系，力争尽快恢复外界对安哥拉国家品牌形象的全面认可，使安哥拉能够以更为健康和积极的姿态全面融入国际社会。

具体而言，洛伦索当前着力安哥拉的外交改革主要为实现以下三个基本目标：其一，确保国际社会对安哥拉国内政治改革的认可。由于国内的反腐败触及大量既得利益者和阶层的利益，继续深化党政军企的改革势必将遇到巨大的阻力。为了确保改革的真实性、彻底性与可持续性，安哥拉新政府需要以更为开放的姿态与国际社会进行沟通，以打击腐败、保障民生、建设良政等议题为切入点，为国内政治改革赢得法理和道义上的国际支持，不断强化国际社会对现政府执政合法性的认知，彻底打破既得利益群体用"政治斗争""公报私仇"等口号①在国际社会中贬损政治改革的企图，用国际社会的认可作为支持国内反腐败斗争的外部保障。其二，最大限度地化解石油价格下跌对国家经济社会发展带来的不利影响。由于安哥拉目前仍未从根本上摆脱以石油出口为主的单一产业结构，因此石油价格下跌将直接导致其财政收入锐减，不仅使其履行与外国继续推进各类合作项目的能力大幅缩水，而且还会直接波及普通民众的日常生活。安哥拉目前需要通过加强与世界主要经济体、国际金融组织的关系，一方面协调财政收入下降可能导致的国际合作履约能力不可持续的问题，另一方面加快国际产能合作和农业现代化合作，尽快打破国民经济发展只依靠石油单一产业的畸形格

---

① Mail Guardian：Lourenço's first year：Angola's transitional politics：https：//mg. co. za/article/2018 – 09 – 26 – lourencos-first-year-angolas-transitional-politics/.

局，使全国的经济社会发展尽快走出油价下跌造成的阴霾，早日回到正常发展的轨道。其三，扩大安哥拉的政治影响。安哥拉不应局限于非洲"经济上的巨人"和"政治上的侏儒"这种不对称格局，应通过加强对外合作，广泛利用其在南共体、中部非洲经济共同体、非洲联盟、石油输出国组织、葡语国家共同体等多边机制和组织内的成员身份，积极参与各类相关的国际事务的协调和解决工作，将安哥拉的经济实力有效转化成为政治影响，为安哥拉在南部非洲以及葡语国家两个国际政治体系中，赢得更多的话语权和发展空间。

在以上三点基本考量的指导下，洛伦索主要在三个方面推动安哥拉的外交变革：其一，把修复与葡萄牙的关系作为巩固和提升其在葡语国家集团中地位的优先举措。作为全球葡语国家中仅次于巴西、葡萄牙的第三大经济体，安哥拉在葡语国家共同体（Comunidade dos Países de Língua Portuguesa）中的地位要远高于其在其他地缘政治圈和国际组织中的地位，因此葡语国家共同体被安哥拉列为加强国际政治影响的第一个平台。为实现这个目标，安哥拉必须优先与其中的核心力量葡萄牙展开对话，修复两国近年来因为对安哥拉政治经济改革出现严重的意见分歧而导致不断趋冷的双边关系。洛伦索上台之后，开始以加强反腐败国际合作为契机，全面重启与葡萄牙的关系。2018 年 10 月，洛伦索访问葡萄牙，推动两国在基础设施、教育、司法、医疗卫生、旅游等多个方面达成共计 13 份全面深化合作的协议。2019 年 3 月，葡萄牙总统马塞洛·雷贝洛·德索萨（Marcelo Rebelo de Sousa）出访安哥拉，不仅考察了本格拉铁路等重大项目，而且着力推动尽快实施双方的战略合作协议。安葡两国在短期内实现元首互访和一揽子合作协议的签署，不仅标志着两国的关系全面恢复了正常，而且预示着里斯本—罗安达合作关系将为葡语国家之间的联系互动增添全新的内涵。毫无疑问，与"帮主"葡萄牙的和解，将有助于安哥拉全面改善在葡语国家共同体中的形象，为其在葡语国家集团中赢得更多话语权，奠定了必要的基础。其二，把加强与主要经济合作伙伴的关系作为走出经济下滑阴影的解药。受油价下跌给石油经济发展带来的不利影响，安哥拉 2018 年 GDP 相比 2017 年缩水 120 亿美元，下降比例超过10%，进而导致 2018 年政府的债务总额达到 GDP 的 80.2%[①]，全国经济发展面临不可持续的风险。尽快从经济合作伙伴获得足够的资金支持，成为安哥拉摆脱经济发展困难的当务之急。得益于中安关系的快速发展，中国已经连续多年成为安哥拉最大的融资来源国。洛伦索执政以来，将继续深化中安关系作为外交的重要抓手之一，并于 2018 年 9 月参加中非合作论坛北京峰会和同年 10 月开展国事访问之际两度访华，就深化石油开发和基础设施建设与中国达成合作协议，并获

① Trading Economics：https：//tradingeconomics. com/angola/government-debt-to-gdp.

得中方 20 亿美元的融资支持用以开展基础设施建设和偿还债务。国际货币基金组织目前主要为安哥拉的经济改革提供融资支持，洛伦索规范政府行为、着力吸引外资的改革举措使安哥拉成功获得国际货币基金组织提供的 37 亿美元优惠贷款，用以推动安哥拉国内经济结构调整。在硬件和软件建设融资支持下，安哥拉的经济下滑给国内发展带来的压力可以在一定程度上得到缓解，为改革的持续提供充足的发展空间。其三，将深化与英语、法语非洲的关系作为谋求进一步参与非洲政治的多元化渠道。安哥拉地处英语南部非洲与法语赤道非洲的交界过渡地带，是两大次区域诸多合作组织和机制的成员国，是极少数同时与英语非洲和法语非洲同时保持着密切联系的非洲国家之一。由于葡语非洲的规模空间相对有限，洛伦索执政以来，积极谋求发挥安哥拉自身地缘优势，提出分别加入英联邦和法语国家组织（Organisation Internationale de la Francophonie）的计划，谋求以此作为提升自己在非洲两大次区域合作机制和组织中国际地位的关键性跳板。如果计划成功，安哥拉将成为非洲首个联系葡语、英语、法语集团的非洲大国，在非洲政治中的重要意义不言而喻。

总体而言，洛伦索政府在坚持安人运领导下的威权主义统治不变的总体格局下，对安哥拉内政和外交的渐进式变革，已经在很大程度上获得安哥拉民众和国际社会的充分认可，为执政党和领导人赢得了更多公信力，为全国政局的稳定扫除了潜在的不安定因素。在可预见时期内，安哥拉将会继续沿着安人运领导下的渐进式政改道路前行，用更为灵活的政策推动改革步入深水区，为国家的发展提供可靠的政治保障。

二、经济改革：应对石油经济衰退的振兴计划

国际油价波动导致的安哥拉石油经济的大规模下滑，是洛伦索执政之后面临的另一个棘手的现实问题。如何能够尽快确保安哥拉全面摆脱单一石油产业格局对国民经济和社会可持续发展的不利影响，是主导洛伦索当前经济改革的核心线索。从近期来看，洛伦索主要通过实施货币贬值政策、缓解债务压力以及系统谋划发展战略等方式来应对经济衰退。

（一）本国货币贬值：撬动经济复苏的支点

在本国石油经济尚未进入本轮衰退期之前，安哥拉采取本国货币宽扎（Kwanza）钉住参考锚货币美元的制度，将美元兑宽扎的汇率稳定在 1∶97 左右。

但随着 2014 年国际大宗商品价格出现大规模波动,安哥拉的石油经济发展开始逐步受到波及,石油出口量以及利润率的下降导致本国外汇收入大幅度跳水,给本国货币带来了巨大的贬值压力。为确保国内经济环境的总体平稳,安哥拉起初使用抛售外汇储备来换取宽扎的币值稳定,但由于经济下行压力增大,有限的外汇储备量决定了这种应对措施的不可持续性。2016 年 4 月,安哥拉为防止外汇流出而开始采取严格的外汇管制政策,并将美元兑宽扎的汇率固定在 1∶166 左右。

在经济衰退背景下,安哥拉继续采取对美元的钉住政策固然稳定了宽扎的币值和本国的宏观经济环境,但从长远来看仍然是一种带有饮鸩止渴性质的应对举措,给本国经济的可持续发展带来明显的不利影响:其一,严格的外汇管制措施限制了在安哥拉投资的外商自由汇出利润收益。在经济衰退的大背景下,安哥拉本应继续扩大外资的进入力度,依靠外源动力来缓解石油经济滑坡带来的负面影响,但严格的外汇管制措施实际上却消减了安哥拉市场的对外开放程度,大幅动摇了外商对安哥拉市场的信心,从而导致外商进入安哥拉市场或者继续加大对当地投资力度的意愿减弱,致使通过外资等外源动力刺激经济发展的道路基本被堵死。其二,严格的外汇管制措施导致外汇大规模通过非法渠道流出国内市场。由于在宽扎面临巨大贬值压力的背景下,安哥拉政府采取行政手段强行维持宽扎对美元的固定汇率,宽扎出现了官方规定的币值与实际市场币值严重脱节的情况。外资为了确保利润汇出以及不法商人为追求币值差价带来的高利润,致使大量外汇交易绕开安哥拉官方外汇市场以及商业银行等金融机构,直接涌向黑市,进而流向海外。黑市交易高峰时,曾将美元兑宽扎汇率炒到 1∶445,为官方固定汇率的 2.7 倍,不仅重创安哥拉本国的外汇体制,而且让国家财富遭受巨额损失。其三,严格的外汇管制措施导致政府偿还外债的能力减弱。由于在对外经济合作中,安哥拉接受的融资支持主要以美元计算,因而美元是其偿还国际债务的最主要支付手段。在石油经济下滑,外资进入减少,以及国内财富大量通过黑市流出海外的情况下,安哥拉的外汇储备从 2014 年经济衰退前的 315 亿美元缩水到 2017 年底的 175 亿美元,缩水幅度超过 50%。在外汇储备本已捉襟见肘的情况下,安哥拉仍然坚持用外汇储备力挺宽扎高币值的做法,大幅度透支了用美元偿还国际债务的能力,严重破坏了开展对外经济合作的信誉形象以及实际执行能力。

为了给本国经济发展松绑减负,2018 年 1 月安哥拉政府决定取消外汇管制,主动放弃宽扎对美元的固定汇率制,采取浮动汇率制,利用货币贬值来刺激经济发展。截至 2019 年 9 月,美元兑宽扎汇率 365.5,相较于之前固定汇率的币值,贬值幅度已超过两倍。事实上,安哥拉并非第一个主动通过本国货币贬值来渡过经济难关的非洲产油国,作为非洲第一大产油国和欧佩克成员的尼日利亚,曾在

2016 年 6 月放弃本国货币奈拉对美元的固定汇率，以应对石油经济衰退带来的挑战。作为洛伦索政府推行的经济改革的重要支点，安哥拉的汇率制度改革被外界视为是安人运全新领导集团释放出的一个积极信号。经过一年多的运作，浮动汇率带来的宽扎主动贬值已经初步遏制了黑市外汇交易对国家金融的干扰，为安哥拉国内市场的进一步开放，进行了必要的前期准备工作。

（二）缓解债务压力：确保经济平稳的砝码

由于石油经济波动带来的不利影响，近年来安哥拉债务总额不断上升，其中 2018 年政府债务总额已经超过当年 GDP 总量的 80%，在非洲主要经济体中属于高负债率水平。加之实施浮动汇率之后，宽扎出现大规模贬值，近期安哥拉的债务总量以及所占 GDP 的比重不会明显下降。目前，世界主要评级机构对安哥拉主权信用和经济发展展望的评级普遍属于中等偏下，对该国沉重债务负担下的社会经济发展前景持谨慎乐观。

但总体来看，安哥拉的债务水平仍然处于可控范围之内，在可预见时期内成为导致经济发展不可持续的债务负担的可能性相对较低。其一，近期国际油价的回升将会增加安哥拉的财政收入。进入 2019 年以来，受全球局势发展不确定性增强的影响，国际原油价格呈现逐步上涨的趋势，特别是 2019 年 9 月沙特阿拉伯石油设施遭到也门胡塞武装袭击之后，全球原油供应量下降 5%，直接导致当日国际油价上涨 6%[①]。受中东局势走向不确定的影响，未来油价存在继续上涨的空间。对于严重依靠石油经济的安哥拉而言，国际油价的回升将为其经济复苏注入一针短期的强心剂，由此增加的石油美元收益将增强其直接使用外汇偿还债务的能力；其二，安哥拉主要经济合作伙伴对其经济发展前景仍然表示乐观。除了作为安哥拉最大债权方的中国以及作为安哥拉经济改革主要合作对象的国际货币基金组织继续向安哥拉提供贷款以外，安哥拉政府向世界其他经济体的融资努力也收到了广泛的认可，其发行的主权债券在国际市场上仍然十分受欢迎，认购率基本可以达到 100%，在非洲乃至世界高风险经济体发售的债券中属于较为抢手的品类，足见国际社会在相当程度上仍然认可安哥拉的经济发展潜力，特别是对其全面改革之后的发展前景仍然抱有信心。其三，安哥拉的主要债务为还款周期长的中长期类型的债务。以中国、国际货币基金组织为代表的债权方近两年提供给安哥拉的贷款，基本上都是还款周期长、利息低的优惠贷款，主要目的是为

---

① EIA：Saudi Arabia crude oil production outage affects global crude oil and gasoline prices：https：//www. eia. gov/todayinenergy/detail. php？id＝41413。

了给安哥拉的现代化建设和政治经济改革提供融资支持，而非赚取商业利润。即便是中国提供的部分普通商业贷款，其还款周期也普遍都在 10 年以上。目前，旨在促进安哥拉发展生产和推动改革的各类中长期贷款已经成为安哥拉债务的最主要构成部分，考虑到这些贷款还贷周期长，且本身也能够推动产生相应的经济和社会效益，因此短期内不会给安哥拉造成过重的压力。

为确保债务始终维持在政府可控的范围内，洛伦索把在积极推动对外关系变革的过程中，把加强对外合作作为缓解当前债务负担的重要抓手。其一，通过加强国际能源合作来振兴石油产业。洛伦索执政后先后出访包括前宗主国葡萄牙、最大债权国中国、欧盟中主要贸易伙伴德国、南部非洲最大经济体南非等多个国家，并与上述各国分别签订了深化双边合作的协议，其中的核心议题都涵盖了继续推进与安哥拉的能源合作。通过外交上的努力，洛伦索不仅为安哥拉的能源出口发掘了更为宽广的潜在国际市场，而且也在向全世界证明政改引领下的石油经济收益将会真正转化成为服务于安哥拉人民的国家财富，增强世界主要经济体对安哥拉能源产业的信心。其二，加大在世界范围内的融资力度。除了向传统的经济合作伙伴提出融资要求之外，安哥拉还积极通过发行债券的方式进行国际融资。2015 年 11 月，安哥拉曾首度发行欧洲债券，顺利筹集 15 亿美元融资。洛伦索政府继续推行债券融资政策，于 2018 年 5 月再度发行 30 亿美元欧洲债券，并再次获得巨大成功。继续不定期发行欧洲债券，未来将继续成为洛伦索政府缓解债务压力的重要举措。

（三）编制发展规划：谋划经济的可持续发展

在非洲各国分别于 21 世纪第二个十年内提出各自的发展战略，特别是非洲联盟提出指导整个非洲发展的《2063 议程》的背景下，安哥拉也迫切需要提出和实施自己系统的发展规划战略。洛伦索执政以来，以稳定石油经济下滑给国民经济造成的冲击、通过发展多元产业两大方面为基本着眼点，结合其他非洲国家以及非盟发展战略里的相关议程，于 2018 年 4 月正式启动《2018～2022 年国家发展计划》。

该规划并非安哥拉独立编制的第一个发展规划，多斯桑托斯政府曾编制过《2013～2017 年国家发展计划》，但因政治腐败和石油经济下滑等多重因素的掣肘，计划的实际执行完成度和所发挥的效益并不理想。作为安哥拉历史上的第二个五年规划，洛伦索将预期的政治、经济改革目标全部打包进《2018～2022 年国家发展计划》，将其作为落实《安哥拉 2025 长期战略计划》的关键性组成部分。本规划的突出特点是强调安哥拉通过发展多元产业来实现全社会的包容性发展。根据规划，安哥拉将采取 25 项战略政策和 83 项行动计划，将民生改善、多元化产业与经济可持续发展、基础设施建设、民主政治建设、区域发展、贸易一体化列为六大核心议题。在规划实施期间，农业、渔业、制造业、建筑业、服务业、旅游业等非石油行业将逐步承担更多的国家发展权重，为全国经济的发展贡献3%的增长率①。此外，政府行政部门需要努力平衡公共账户，力求在符合国家能力范围内控制国家的财政需求，合理支配和使用国家财富，同时要积极改善投资和营商环境，为积极发展私营经济以及外资的进入创造良好的条件。在此发展计划的引领和带动下，洛伦索政府希望在执政期内初步实现在安哥拉构建起多元产业格局和良好投资环境的目标，用更为自由和健康的经济发展巩固政治改革的成果。

总体来看，洛伦索政府的短期经济改革政策已经初步取得成效，取消外汇管制、采取浮动汇率、缓解债务压力等举措相继落实，在很大程度上及时应对了石油经济滑坡给安哥拉经济发展造成的不利影响，增强了国际社会对安哥拉的信心，为同步开展的政治改革奠定了必要的物质基础和外部环境。但在落实长期经济改革政策方面，洛伦索政府面临的最大挑战仍然是如何切实推动产业的多元化发展。从目前的实际状况来看，安哥拉仍然缺乏系统的产业规划和配套引领政策，未来五年经济发展的亮点仍然可能只局限于石油经济领域内的改革与复苏，其他产业发展按计划完成任务的可能性相对较低。

三、中国对安哥拉投资的风险与机遇

安哥拉是中国在非洲第二大贸易伙伴，中国是安哥拉最大的贸易伙伴，双方的伙伴关系既是中非合作的写照和缩影，又是中非关系的重要助推器。2018 年 9 月洛伦索在访华出席中非合作论坛北京峰会之际与中国签订若干深化两国共建"一带一路"的合作文件，为中安两国在传统友好合作不断注入全新动力。在安哥拉全面深化政治经济改革的背景下，中国对安哥拉投资面临风险与机遇并存的局面。

（一）潜在风险依然存在

在当前中安共建"一带一路"的进程中，安哥拉在推进全面政治经济改革时

---

① https：//www.info-angola.com/attachments/article/4867/PDN%202018－2022_MASTER_vf_Volume%201_13052018.pdf，pp：5－7.

可能出现的发展不确定性，将是直接影响双方合作的最为核心的变量。由于政治层面的改革更多只涉及执政党内反腐，短期内并不会给现有政治体制和政局带来较大变动，因此改革带来的发展不确定性更多集中在经济层面。

当前，洛伦索政府的经济改革新政已经初步实现了刺激安哥拉经济发展的功效，但由于其产业基础尚未发生实质性的变化，局部应急修整性的经济改革措施能否大规模承接全面深化的中安合作，仍然有待进一步观察。具体而言，中国在加大对安哥拉的投资时，会面临以下不确定因素的挑战。其一，国际油价未来的走势仍然具有不确定性。推动当前安哥拉经济出现起色的重要原因之一，是自2018年底以来全球部分地区局势紧张导致的油价上扬，直接拉动了安哥拉石油经济的复苏。但从长远来看，全球主要经济体特别是发达国家经济增长乏力，新兴市场国家力量在世界范围内的分化与重组、产油国之间的同质化竞争，以及新型清洁能源的广泛运用等因素，也同时给油价的稳定带来诸多不确定性影响。作为可预见时期内安哥拉的经济命脉以及长期以来中安合作的优势领域，如果未来继续周期性的出现因油价波动而导致石油经济发展受挫，则不仅中安能源合作可能会遭到重创，安哥拉的宏观经济发展环境也会再度亮起红灯。其二，政府对其他产业的发展缺乏有效引导。洛伦索政府清楚认识到依靠单一石油产业是导致安哥拉经济发展抗风险能力差的主要原因，因此将包括农业、制造业在内的其他产业的发展列入包括中安"一带一路"合作在内的对外合作的"补短板"项目。但从实际执行层面来看，安哥拉当前经济改革的主要精力和措施仍然是围绕着救急石油产业而展开，对其他产业的发展仍然缺乏落实到具体政府部门的具体引领和支持性政策。此外，受制于政治改革进度的影响，安哥拉未来数年内的整体投资环境难以摆脱非洲末流的榜单，这也会在很大程度上限制和影响抗风险能力相对较弱的中小型中国企业，特别是私营企业进入安哥拉市场的意愿。其三，浮动汇率的影响有待进一步观察。自安哥拉政府主动采取宽扎贬值政策后，宽扎已经在浮动汇率机制下实现两倍贬值，未来在安哥拉政府旨在构建更为开放市场的改革措施影响下，存在着继续大幅度贬值的可能性。这种情况不仅可能会减弱安哥拉国内非石油产业发展对国家外债偿还能力的支撑力度，导致全国的债务压力出现一定程度的反弹，而且可能会影响已经在安哥拉市场投资的包括中国企业在内的外国投资者的积极性，甚至可能会直接导致大量进口日用品乃至食品的价格大幅上涨，直接影响广大普通民众的日常生活，给全社会带来潜在的不安定因素。

（二）合作空间十分广阔

随着洛伦索政府的改革步伐逐步加大，中安合作的机遇总体上将呈现出增多的态势。在双方构建战略伙伴关系的框架下，中国将继续在融资、基础设施建设、多元化产业发展等多个方面给予安哥拉以重点支持，推动安哥拉的改革与发展进程全面搭上"一带一路"倡议的快车，使中安合作的规模不断扩大，质量不断提高。

结合安哥拉当前以及未来一段时间内的施政重点，以下三个方面有望成为中安合作以及中国对安哥拉投资的主战场。其一，与周边非洲国家的基础设施互联互通。洛伦索政府的外交变革，特别是通过深度融入所在次区域的合作机制，提升安哥拉政治地位的战略谋划，对安哥拉与周边非洲国家的经济合作提出了更高的要求。作为推动实现这一目标的基础性硬件前提条件，安哥拉继续加强与周边刚果（金）、刚果（布）、赞比亚、纳米比亚等非洲国家的铁路、公路、航空连通将显得尤为迫切。中国是安哥拉最大的工程承包方，曾经先后中标改建过洛比托－卢奥的本格拉铁路、罗安达－马兰热的罗安达铁路等重大基础设施工程，构建了连接安哥拉内陆与大西洋沿岸的干线交通动脉。以这些工程为基础，建设通向周边邻国的公路、铁路连接线，将为中安基础设施建设提供充足的发展空间。其二，石油开采的上下游延伸产业聚集。短期内，安哥拉经济发展依靠石油产业驱动的格局不会发生根本性变化，因此应以该产业的深度开发作为推动安哥拉全面迈过工业化和现代化门槛的敲门砖。具体而言，中国在开展与安哥拉的能源合作进程中，可大规模推动国内石油化工产业的相关技术、标准、设备以及环保理念落地安哥拉油田采掘区附近区域或者邻近中心城市，率先形成健全的产业聚集区和优势产业发展的隆起地带，使安哥拉不仅成为南部非洲最大的原油输出国，而且成为配套化工产品的制造和出口国，在将优势产业做大做强的过程中逐步拉动其他产业的发展，形成助推安哥拉现代化进步的合力。其三，专业技术人才的培养和储备。长期缺乏足够的专业技术人才以及有限的人才全部集中于石油产业的问题，是限制安哥拉实现石油产业的升级发展以及承接多元化产业合作的最主要现实障碍之一。在中安合作全面深化的背景下，中方应在推进产能合作的过程中，利用中国国内或者当地的高教、职教资源，大力培养专业的技术人才，并且在各个单体项目之间推动专业人才的信息共享，为承载程度更高、范围更广的中安合作，提供必要的智力支撑。

洛伦索政府推动的安哥拉政治、经济改革，是非洲国家在充分总结20世纪独立以来发展道路成就和经验基础上，对如何实现发展的提质增效的新一轮探索的重要组成部分。改革措施实施的时间虽然只有短短两年，但基本已经触碰到了安哥拉原有政治、经济发展模式中长期遗留的顽疾，赢得了安哥拉国内民众以及国际社会的广泛关注和积极赞誉。随着改革的持续推进，安哥拉在洛伦索政府执政期间有望释放出新一轮的发展动力。中国作为安哥拉最为重要的合作伙伴之一，应该在推进中安共建"一带一路"的进程中准确把握安哥拉改革释放出的红利，有效规避风险，同时结合安哥拉的优势与短板，提出因地制宜、顺应时代的合作项目、模式，不断巩固和发展中安新型合作伙伴关系，为构建更加紧密的中非命运共同体不断注入全新的内涵。

参考文献

［1］刘海芳：《列国志：安哥拉》，社会科学文献出版社 2010 年版。

［2］Victor Antonio Morris. Governance and Adjustment：Neo‐liberal Economic Reform in Angola 1989‐1998，University of Portsmouth，2010.

［3］David Birmingham. A Short History of Modern Angola，C Hurst & Co Publishers Ltd，2015.

［4］W. Martin James. A Political History of the Civil War in Angola，1974‐1990，Taylor & Francis Inc，2011.

［5］Inc Ibp. Angola Investment and Business Profile‐Basic Information and Contacts，IBP USA，2017.

［6］USA International Business Publications：Angola Foreign Policy and Government Guide，Intl Business Pubns USA，2009.

安哥拉对外贸易现状、特征与风险

宋雅楠　许艳真军*

摘　要： 安哥拉是撒哈拉以南非洲的第三大经济体和最大吸收外资国家之一。安哥拉是中国第三大石油进口来源国、主要对外承包工程市场和重要劳务合作伙伴。本文分析了安哥拉的贸易现状和特征及与中国和其他葡语国家的贸易往来，并介绍了安哥拉相关的贸易政策情况。虽然，安哥拉一直维持贸易顺差，但近年来由于国际油价的波动和油井资源枯竭的趋势，使得安哥拉国际收支状况持续恶化，安哥拉不得不动用更多的贸易管制政策，试图维护本国生产能力和促进出口。以安哥拉为出口和投资市场的企业必须关注安哥拉的贸易相关政策变化带来的潜在风险。

关键词： 安哥拉　对外贸易　中安贸易　贸易风险

一、安哥拉对外贸易现状

安哥拉是撒哈拉以南非洲的第三大经济体和最大吸收外资国家之一。1975～2002 年，虽然安哥拉连年内战，但安哥拉于 1998 年开始经济改革。安哥拉主要的出口商品包括原油、钻石、成品油、天然气、咖啡、剑麻、鱼和鱼制品、棉花等；主要进口商品包括，机电设备、车辆和零配件、药品、食品、纺织品、军用物资等。2008 年第一季度，安哥拉成为中国原油主要出口国。2010 年，中国与安哥拉建立战略伙伴关系，双边经贸合作深化发展。目前，安哥拉是中国第三大石油进口来源国、主要对外承包工程市场和重要劳务合作伙伴。

---

* 宋雅楠，澳门科技大学商学院副教授，博士生导师。研究方向为国际贸易与投资、中葡经贸关系等。许艳真军，澳门科技大学商学院研究生。

（一）安哥拉进出口贸易

1. 货物贸易现状

从图 1 可以看出，安哥拉的货物贸易出口额从 2013 年开始增加，直到 2017 年才有所下降，同比 2016 年减少 5.3%。与出口额不同是，进口额从 2014 年开始减少，一直到 2018 年。说明安哥拉的经济和技术在进步。

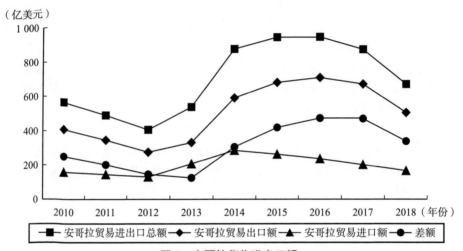

（亿美元）

图 1　安哥拉货物进出口额

资料来源：世界银行。

据安哥拉国家统计局统计，2018 年安哥拉出口总额达 102 823.19 亿宽扎，进口总额达 40 474.44 亿宽扎，贸易顺差为 6.234 万亿宽扎（189.94 亿美元）。出口的年变化率为 76.87%，进口的年变化率为 58.69%。由于国际油价下跌，宽轧 2018 年贬值 47%，所以以美元计价的安哥拉货物贸易进出口总额约为 672.6 亿美元，同比 2017 年下降 23.2%，其中出口额 505.94 亿美元，下降 24.8%；进口额 166.66 亿美元，下降 17.6%。但仍处于贸易顺差状态。

截至 2019 年 10 月底，因为安哥拉政府采取了扶持国内（进口替代）生产的措施以防止安哥拉与外界的贸易平衡持续恶化，安哥拉进口总货值较年初下降了 10%，至 13.39 亿美元。在用于进口商品的 13.39 亿美元中，有 2.05 亿美元用于大米、2.04 亿美元用于鸡肉、1.86 亿美元用于棕榈油、1.37 亿美元用于糖、1.24 亿美元用于小麦粉。与 2018 年同期相比，食品进口货值下降了 21.7%。

图 2 显示，安哥拉的商品贸易占 GDP 的百分比从 2010 年开始到 2017 年一直

处于下降的阶段，直到 2018 年才有回升的迹象。2010 年贸易依存度最高，达到 80.27%，直到 2017 年达到最低 40.19%，2018 年又回升到 54.44%。

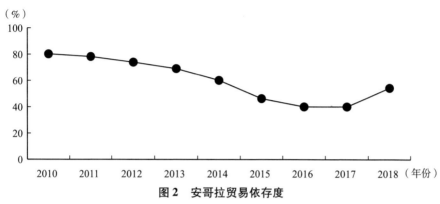

图 2　安哥拉贸易依存度

资料来源：世界银行。

2. 石油贸易现状

石油是安哥拉主要的出口产品之一，安哥拉的经济与原油的出口额有着密不可分的关系。如图 3 所示，2010～2012 年安哥拉原油出口额总体呈现上升趋势，然而受国际油价的影响，2012～2014 年安哥拉原油产品出口额急剧下降，由 22.3 亿美元下跌至 14.6 亿美元。2015 年开始出现好转，安哥拉石油产品出口也有了明显的增长，有 15.5 亿美元。2017 年国际油价回升，石油出口额有 18.2 亿美元，2018 年石油出口额为 12.7 亿美元。

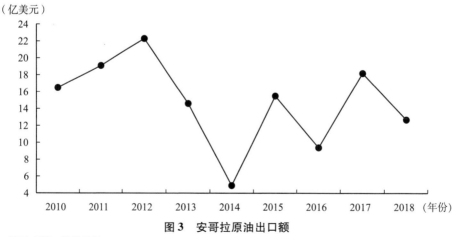

图 3　安哥拉原油出口额

资料来源：世界银行。

3. 钻石贸易现状

2019 年第三季度安哥拉钻石销售 294 万克拉，与 2018 年第三季度相比增长 46%（即增长 722 800 克拉）。2019 年第三季度钻石收入 2.985 亿美元，与 2018 年同期相比增长 11.7%（即增长 3 070 万美元）。

阿拉伯联合酋长国仍然是安哥拉钻石销售的最重要市场，安哥拉钻石贸易公司 Sodiam 拥有钻石切割设备合同和拍卖销售的独家渠道。Sodiam 从 12 个矿山出售了 840 万克拉钻石，总价值为 12 亿美元，平均价格为每克拉 145.5 美元，该数量令安哥拉跻身世界钻石生产国前五名。

图 4 列示了 2009 ~ 2015 年安哥拉钻石出口额。

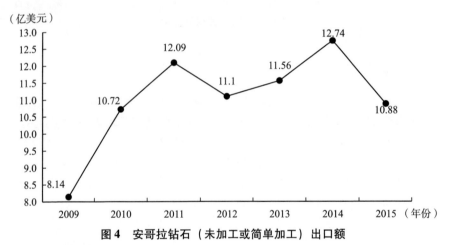

图 4　安哥拉钻石（未加工或简单加工）出口额

资料来源：世界银行。

4. 十大进出口商品

从出口产品种类来看（见表 1），原油是 2018 年安哥拉主要出口商品。原油出口量极大，出口额 9.837 万亿宽扎。燃料类产品出口占总出口额的 95.89%，其次是农业类出口较多，但也仅占总量的 0.25%。

表1　　　　　　　　　　　　　**2018 年安哥拉十大出口商品**

出口商品	出口额（百万宽扎）	所占百分比（%）
农业类	25 824	0.25
食物	10 252	0.10

出口商品	出口额（百万宽扎）	所占百分比（%）
燃料类	9 837 340	95.89
化学类	3 564	0.03
塑料和橡胶	2 095	0.02
机器、设备和电器	30 954	0.30
木材和软木	38 367	0.37
纤维素产品和纸	556	0.01
矿物和矿石	8 646	0.08
其他产品	301 789	2.94

资料来源：INE.

从货物贸易进口种类来看（见表2），农业类，燃料类，机器，设备和电器与车辆和其他运输材料，成为安哥拉主要的进口产品。由于安哥拉对原油的加工技术不足，还需进口一些其他燃料以及机器设备。其中，机器、设备和电器进口额为7 882.72亿宽扎，占比21.22%，其次是燃料类以及农业类，分别占比16.44%和16.30%。车辆和其他运输材料进口金额5 635.78亿宽扎，占比15.17%。

表2　　　　　　　　　　2018年安哥拉十大进口商品

进口商品	进口金额（百万宽扎）	所占百分比（%）
农业类	605 477	16.30
食物	244 298	6.58
燃料类	610 925	16.44
化学类	311 585	8.39
机器、设备和电器	788 272	21.22
车辆和其他运输材料	563 578	15.17
纤维素产品和纸	71 387	1.92
普通金属	248 039	6.68
矿物和矿石	55 189	1.49
其他产品	216 460	5.83

资料来源：INE.

5. 十大贸易伙伴

从表3和表4中可以看出，中国是安哥拉最大的贸易伙伴，出口额为6.198兆宽扎，出口占安哥拉出口总额的60.28%，同比增长90.87%。进口额为5894.3亿宽扎，进口占安哥拉进口总额的14.56%。同比增长62.27%。其中，安哥拉出口增幅最大的国家是泰国，同比增长417.76%；进口增幅最大的国家是比利时，同比增长389.42%。

表3　　　　　　　　　　　　　**2018年安哥拉主要出口国家**

国家	出口额（百万宽扎）	占比（%）
中国	6 198 038	60.28
印度	952 999	9.27
加拿大	163 639	1.59
美国	344 055	3.35
葡萄牙	268 710	2.61
西班牙	312 401	3.04
意大利	76 786	1.15
泰国	164 262	1.60
阿拉伯	217 261	2.11
其他	961 656	9.35

资料来源：安哥拉国家统计局。

表4　　　　　　　　　　　　　**2018年安哥拉主要进口国家**

国家	出口额（百万宽扎）	占比（%）
中国	589 430	14.56
葡萄牙	553 161	13.67
新加坡	390 085	9.64
比利时	264 759	6.54
巴西	192 412	4.75
多哥	240 816	5.95
美国	199 315	4.92
南非	152 713	3.77

国家	出口额（百万宽扎）	占比（%）
印度	124 955	3.09
其他	1 011 991	25.00

资料来源：INE.

6. 服务贸易情况

2018 年安哥拉服务贸易出口额为 631 百万美元，进口额为 9 769 百万美元，同比出口额下降 36%，进口额下降 24%。其中旅游业占服务贸易出口 86.2%，占服务贸易进口 5.7%；运输占服务贸易出口 4.4%，占服务贸易出口 34%；货物服务占服务贸易进口的 1%。

2018 年，运输业出口额 28 百万美元，同比 2017 年上升 21%；进口额 3 320 百万美元，同比 2017 年上升 7%。旅游业出口额 544 百万美元，同比 2017 年下降 38%；进口额 554 百万美元，同比 2017 年下降 43%。

二、安哥拉的贸易政策

（一）对外贸易政策概览

安哥拉于 1996 年加入世界贸易组织，并于 2015 年 9 月完成了对该成员资格的第二次为期 5 年的审查。安哥拉是世界贸易组织（WTO）的创始成员。作为最不发达国家，安哥拉已被豁免在农业、制造业和服务业的实质性谈判领域作出削减承诺。与大多数最不发达国家一样，安哥拉缺乏执行许多世贸组织义务的人力和机构能力，需要国际机构及其贸易伙伴提供技术援助。

在区域上，它是非洲联盟，南部非洲发展共同体，中非国家经济共同体（ECCAS）和非洲，加勒比和太平洋国家（ACP）的成员。安哥拉是南部非洲发展共同体（SADC）的成员，但不是南部非洲关税同盟（SACU）的成员国，该联盟涉及 15 个南部非洲发展共同体成员国中的 5 个，目的是减少相互之间的贸易壁垒。该地区的国家。安哥拉已采取步骤审查未来的潜在参与。

在南部非洲发展共同体的框架内，安哥拉一直在与欧洲联盟谈判一项经济伙伴关系协定。像其他南部非洲发展共同体国家一样，安哥拉拒绝承诺签署临时协定，由于有争议的悬而未决的问题而达成协议，包括"基本上所有贸易""最惠国条款""发展合作""双边保障""原产地规则"。"一揽子"发展合作计划是欧盟说服非洲国家的主要卖点如安哥拉，以谈判经济伙伴关系协议。

2018年3月21日，安哥拉签署了非洲大陆自由贸易区（AfCFTA），而欧盟提出的"一揽子"发展合作计划是说服安哥拉等非洲国家签订经济伙伴关系协议的主要卖点。此外，安哥拉还与邻国纳米比亚、赞比亚和刚果民主共和国讨论海关协定的问题，并与赞比亚签署了一项执行《联合行动计划》的协议，以采取旨在加强对共同边界的控制的战略①。

安哥拉享有优惠的市场准入，主要是其石油出口，来自欧盟除武器之外的一切计划（EBA），《美国非洲增长与机会法》（AGOA），以及来自中国和印度的免税和免配额贸易（DFQF）市场准入计划。安哥拉的主要出口市场是中国和美国。尽管尚未签署经济伙伴关系协议，但作为最不发达国家的安哥拉仍继续受到欧洲银行管理局（EBA）的青睐，尽管其对欧盟的出口不及对美国和中国的出口。

安哥拉政府决心克服对单一商品作为其经济增长主要来源的依赖。因此，它采取了一些举措和计划，其中一些与贸易伙伴合作，以恢复和转变其农业部门，发展其中小企业并鼓励在农业、渔业和制造业部门增加价值。它还开始放松对服务业的管制和自由化。

（二）出口政策

目前，安哥拉国产商品的出口零关税，且出口服务费为0.5%；非国产商品的出口须征收20%的关税。此举旨在防止用于国内最终消费的进口商品被再出口，从而造成外汇储备损耗。

安哥拉政府认为进出口关税是一项财政政策工具，政府可结合关税采取措施鼓励和保护本国生产性行业的发展。对于目前安哥拉无法生产的基本商品，将征收最低程度的进口关税，以消除饥饿和贫困。对于安哥拉已经能够生产的蔬菜、酒精饮料、冷饮、矿泉水、牛肉、羊肉等基本食品，将提高进口关税以促进经济多元化、扩大国内生产。教科书和药品同样免征进口关税。国内设立的汽车组装行业在进口工业用途的汽车零部件时也可免征进口关税。

（三）进口政策

安哥拉海关关税制度已于2018年8月更新。进入安哥拉的产品的进口税费

---

① Angola and Zambia sign agreement to strengthen control of the common border. https：//africabusinesscommunities. com/news/angola-and-zambia-sign-agreement-to-strengthen-control-of-the-common-border/.

是根据产品的到岸价（CIF）计算，进口关税目前平均为 10.9%，范围为 2% ~ 50%。包括：进口税从 2% ~50% 不等；一般海关费用 2%；经纪费平均 0.5% ~ 2%；港口费 20 英尺集装箱为 90 美元，40 英尺集装箱为 153 美元；码头装卸港费最高相当于每 20 英尺集装箱 278 美元或每 40 英尺集装箱 473 美元；印花税 1%。

根据世界贸易组织（WTO）对安哥拉 2014 年关税的分析显示，安对农产品的进口关税平均翻了一番，达到 23.3%，而对非农产品的关税平均增长了 2%，达到 9.1%。制成品的进口关税平均为 10%，采矿产品的进口关税平均为 14.3%。最高的进口关税反映了安哥拉致力于国内生产发展的部门，即咖啡（50%）、饮料（43.7%）、水果和蔬菜（43.3%）、鱼和鱼制品（25.3%）、糖（18.6%）、谷物（17.3%）和木材（17%）。原材料是进口税最高的产品类型，平均为 20.5%，制成品的平均进口税为 10.5%。

2019 年 1 月 14 日，第 23/19 号总统令生效，要求进口国证明其在国内找不到产品或已经在国内购买产品，从而优先考虑在安哥拉生产的商品。该法令旨在通过增加 54 种产品的本地产量来减少对进口的依赖。产品包括：玻璃器皿（包装用）、小麦粉、菠萝、糖、矿泉水、豆类、鸡蛋、油、洋葱、盐、水泥等。其目的是加速国内生产代替进口。该清单规定，安哥拉企业如进口这 54 种产品中的任何产品，都需要符合以下两个条件：（1）该商品国内生产不足；（2）进口商需要出示一份与国内生产商签订的合同，购买打算进口的产品。这些措施旨在帮助安哥拉本地小型企业和生产商，以保证他们的产品销售。在消耗完安哥拉国内生产、确定采购合同和未来国内生产后，如果还有产品供应不足的情况，安哥拉才可以进口该类产品。

三、安哥拉对外贸易特征和风险

（一）出口商品结构单一，依赖石油贸易

安哥拉有着丰富的石油资源，为非洲第二大产油国，也是全球油气储量增长最快、油气勘探最热的地区之一，其深水开发被公认为是世界上最具潜力的地区，一直是各大石油公司竞相投资的宠儿。2017 年石油天然气产值预计占安哥拉国内生产总值的 27.29%，原油产量为 163 万桶/日。

石油为安哥拉的主要出口商品，占比高达 95.89%，足以看出安哥拉贸易对石油的依赖性以及石油对安哥拉贸易的重要性。安哥拉石油主要出口目的地为中国、

美国、印度、南非、葡萄牙和其他欧亚国家。中国是安哥拉原油的最大出口国。

供应和生产能力的结构性缺陷会严重抑制生产和增值，这可能是导致非传统产品表现不佳的主要因素。

此外，出口市场上的非关税壁垒（NTB）可能也限制了出口，尽管必须加以证实，因为安哥拉的原咖啡等出口产品在美国和欧盟享有零关税的贸易优惠。

（二）国内进出口地区结构单一

图 5 显示，2018 年安哥拉主要进口省份是卢旺达省，进口额为 31.66 万亿宽扎，占安哥拉总进口额的 78.2%，卡宾达省进口额为 5 052 亿宽扎，占安哥拉总进口额的 12.5%。

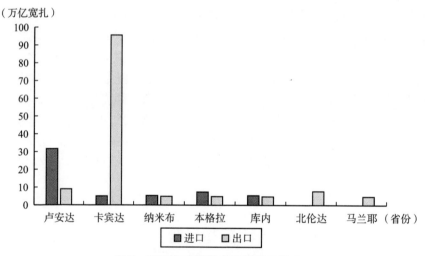

图 5　2018 年安哥拉各省进出口情况

出口省份主要是卡宾达省，出口额为 95.47 万亿宽扎，占安哥拉总出口额的 92.8%，卢旺达出口额为 4 168 亿宽扎，占安哥拉总出口额的 4.1%。

安哥拉的所有进出口全部集中在卢旺达和卡宾达两个省内，进出口地区相对单一。

（三）贸易依存度高且保持顺差

由图 2 可知，安哥拉的贸易额占 GDP 的百分比基本在 50% 以上，前几年甚至高达80%，说明安哥拉贸易依存度较高。

且安哥拉是为数不多的非洲国家之一连续记录贸易顺差。例如，2008年的贸易顺差为510亿美元，在2000年达到50亿美元。2013年，贸易顺差为430亿美元。虽然受国际原油价格影响，2018年贸易顺差下降，但仍为189.94亿美元。

贸易顺差的下降，也提醒了安哥拉，依赖单一商品对其经济的长期发展威胁。近年，安哥拉也在不断寻求扩大生产能力，并升级必要的价值增值和多元化，以促进出口。

（四）汇率波动对进出口影响大

2014年国际原油价格下跌曾使安哥拉收入锐减，外汇储备不足，宽扎汇率大幅贬值，国家元气大伤。2018年1月3日，安哥拉宣布放弃宽扎汇率锚定美元的政策，自2018年一季度末起，采用浮动汇率制。之后，宽扎兑欧元贬值9.18%，宽扎兑美元价格为185.513美元，前一年价格为166美元，宽扎兑美元贬值10.5%。并且，安哥拉采取严格限制企业利润汇出、配额限制等政策以改善国际收支情况。2019年10月23日，安哥拉国家银行打破规定，不再对外汇拍卖实施2%的最大浮动汇率限制，从而使宽轧汇率随市场变化的波动幅度更大，更加速了宽扎的贬值，因此也影响了安哥拉的进口能力和增加了出口国企业的汇率风险。

（五）贸易壁垒较高

安哥拉有较复杂的贸易壁垒，使得将货物进口到安哥拉的过程既耗时又高度官僚化。世界银行《2019年营商环境报告》将安哥拉列为"跨境贸易"类别中全球进口程序最耗时的国家之一，在190个评估国家中排名第174。安哥拉的进口程序估计需要460美元，并需要96个小时才能符合进口文件的要求。而撒哈拉以南非洲地区合规进口文件的平均时间为283.5美元和97.7小时。安哥拉的进口法规可能会定期更改，使得外国的出口商必须与安哥拉当地的进口商/分销商保持密切联系，以避免海关入境延误。同时，诸多的限制，如外汇管制等，也为市场的进入和货款的收回带来了更多的挑战。

（六）部分商品优先国内生产，非满足部分才可以进口

特别需要注意的是，安哥拉加速国内生产代替进口的政策对进口的影响。要

求进口国证明其在国内找不到产品或已经在国内购买产品，从而优先考虑在安哥拉生产的商品。

四、安哥拉与其他葡语国家贸易情况

1996 年 7 月，葡萄牙、巴西、安哥拉、莫桑比克、佛得角、几内亚比绍、圣多美和普林西比、东帝汶组成了葡语国家共同体。葡萄牙是安哥拉的前殖民宗主国，同安哥拉在政治、经济、社会各领域一直保持着较深的联系。2010 年，两国建立战略伙伴关系。目前，葡萄牙在安哥拉有侨民约 20 万人，是外资在安哥拉非石油领域最大投资国。

葡萄牙是安哥拉主要贸易伙伴之一。图 6 显示，2012～2015 年间，安哥拉的出口能力远高于葡萄牙，2014 年出口额达到近十年峰值的 59.75 亿美元。2016 年开始，由于葡萄牙的债务和经济情况改善，货物贸易出口额呈增长趋势，2018 年为 37.51 亿美元。如图 7 所示，葡萄牙的进口额明显低于安哥拉。2018 年，葡萄牙进口额为 22.49 亿美元，为安哥拉的 8.7%。安哥拉进口额从 2010～2018 年从 228.16 亿美元到 257.99 亿美元，整体呈平稳状态趋势。

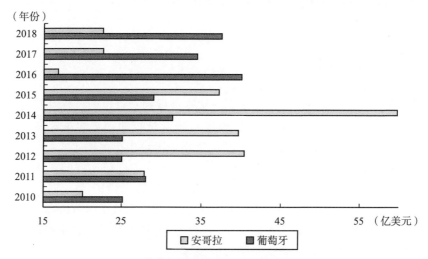

图 6 葡萄牙与安哥拉货物贸易出口总额

资料来源：世界银行。

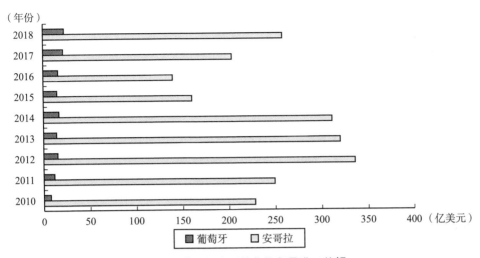

图7　葡萄牙与安哥拉货物贸易进口总额

资料来源：世界银行。

图8、图9显示，巴西的出口额远超安哥拉，而进口额则是安哥拉大于巴西。

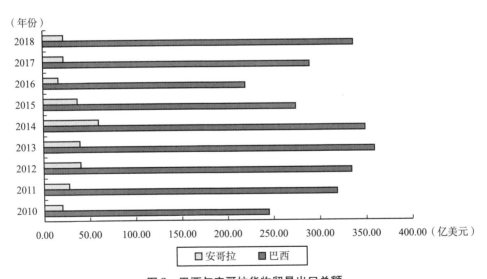

图8　巴西与安哥拉货物贸易出口总额

资料来源：世界银行。

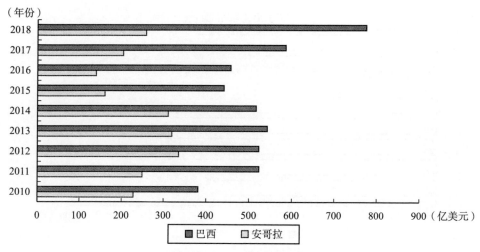

图9　巴西与安哥拉货物贸易进口总额

资料来源：世界银行。

2017 年巴西—安哥拉双边贸易额约达 10 亿美元。巴西出口往安哥拉的商品主要是糖（占总出口货值的 28.7%）、鸡肉（14%）和面粉（7.9%）。巴西在安哥拉进口来源国中排第七位（2017 年为第四位），进口货值为 98 165.81 亿美元。另外，过去 15 年巴西在安哥拉投资了共 40 亿美元；透过巴西政府提供担保的"国家经济和社会发展银行"（BNDES）向安哥拉提供了 20 亿美元的信贷额度。

圣多美与普林西比也是安哥拉的主要出口国家，2018 年出口额达 6 563 百万宽扎，同比增长 65.05%，占安哥拉总出口额的 1.73%。

五、中国与安哥拉贸易现状与特征

2017 年中安贸易额为 226.09 亿美元，同比增长 44.6%。其中，中方出口 22.57 亿美元，同比增长 34.3%；中方进口 203.52 亿美元，同比增长 45.7%。2018 年 9 月 3 日，中非合作论坛北京峰会在人民大会堂隆重开幕。中国国家主席习近平提出实施产业促进、设施联通等"八大行动"，擘画了新时代中非合作美好蓝图，为中国与安哥拉经贸合作注入了新的活力，为双方企业创造了新的机遇。

如表 5 所示，2018 年，中安双边贸易额约为 280.53 亿美元。其中，安哥拉对中国出口商品额约为 257.99 亿美元，从中国进口额约为 22.54 亿美元。安哥拉是中国在非洲的第二大贸易伙伴，也是非洲各国中对中国石油出口最多的国家。

表5   2013～2018年中国和安哥拉贸易统计

年份	进出口总额		中国出口		中国进口	
	金额（亿美元）	增幅（%）	金额（亿美元）	增幅（%）	金额（亿美元）	增幅（%）
2013	359.35	-4.4	39.65	-1.8	319.70	-4.7
2014	370.71	3.2	59.76	50.7	310.94	-2.67
2015	197.16	-46.82	37.19	-37.75	159.96	-48.56
2016	156.28	-20.70	16.80	-54.80	139.48	-12.80
2017	226.09	44.6	22.57	34.3	203.52	45.7
2018	280.53	24.08	22.54	-0.1	257.99	26.76

资料来源：中国海关。

2018年，安哥拉向中国出口的石油总金额约为249亿美元。2019年第二季度安哥拉出口1.219亿桶原油，中国和印度是向安哥拉购买石油最多的国家，分别占69%和10%。

中国对安哥拉出口商品主要类别包括汽车及零配件（12.57%）、家具级产品（12.29%）、机电产品（12.2%）等。中国从安哥拉进口商品主要为原油（99.85%），其他类别则包括：矿物燃料、矿物油及其产品、沥青等；盐、硫黄、土及石料、石灰及水泥等；木及木制品、木炭；矿物材料的制品；电机、电气、音像设备及其零附件。

六、结论

由于世界经济形势变化及汇率的波动，国际收支可能会进一步恶化，优先国内生产，非满足部分才可以进口政策可能会持续甚至加强。安哥拉政府为了改善国际收支，会继续努力开拓包括石油、天然气、钻石、渔业、旅游业等的出口市场。

未来若干年内，国际能源供求依旧紧张，中国对海外油气的依存度将持续上升，拓展中安，乃至中非石油合作，实现中国石油进口多元化具有战略意义。目前中安在石油领域的合作正处于蓬勃发展期，两国良好的政治关系、经济上的互补性是推进合作的基础。但随着中国在安哥拉影响力的增强，西方大国的疑虑将越发严重，中安石油合作面临的挑战也更加严峻。中国应将扩大本国利益与促进产油国的长远发展相结合，辅之以相应的文化外交，实现互利互惠、共同发展的目标。而面对欧美的有力竞争，中国更要探求合作经营的可能，向对方学习，取长补短，提升中国石油公司投资海外的能力。

此外，对于安哥拉改善国内产业结构和拓展出口能力的需求也需要予以重视，可以加强对安哥拉的技术许可、培训等服务贸易类型，避免因安哥拉贸易政策变化而产生的壁垒和风险。

参考文献

［1］宋雅楠：《葡萄牙投资环境报告》，经济科学出版社 2018 年版。

［2］宋雅楠：《巴西投资环境报告》，经济科学出版社 2019 年版。

［3］中国驻安哥拉大使馆经济商务参赞处：《对外投资合作国别（安哥拉）指南》2018 年版。

［4］中国政府网："中国和安哥拉经贸合作开辟新天地"，http：//www. gov. cn/xinwen/2016 – 10/13/content_5118457. htm。

［5］公共外交网："安哥拉：经济多样化发展机遇"，http：//www. pdcec. com/bencandy. php？fid = 205&id = 41089。

安哥拉直接投资现状、特征与趋势

宋雅楠　许恩慈*

摘　要： 安哥拉是撒哈拉以南非洲第三大经济体和最大引资国之一，是中国在非洲仅次于南非的第二大贸易伙伴，也是葡语国家共同体在非洲最大的经济体。深化与安哥拉的贸易合作、扩大对安哥拉直接投资对于中国开发非洲大陆具有较大的吸引力。本文通过分析安哥拉直接投资的现状以及特征，对未来中国对安哥拉直接投资趋势进行预测，并针对中国在安哥拉的直接投资提出相关建议。

关键词： 对外直接投资　安哥拉　中国　葡语国家

一、安哥拉外国直接投资的背景

（一）国际环境

近几年，全球经济处于新旧规则交替的动荡期，GDP 增速在 2.5% ~3% 波动，较之以前略有放缓。2018 年，世界最大经济体之间的贸易摩擦明显加剧，这种局面的长期存在将给全球贸易前景带来重大风险。世界经济可能受到投资放缓、商业信心下降等方面的严重影响。虽然由国际贸易带来的世界经济增长的动力逐渐弱化，但是新兴市场国家的投资增长对世界经济具有不可忽视的作用。在发展中经济体中，东亚和南亚地区继续保持相对强劲的增势，2018 年增长率分别达到 5.8% 和 5.6%。非洲大陆整体经济表现较为抢眼，经济实现了 3.4% 的增

---

* 宋雅楠，澳门科技大学商学院副教授。研究方向为国际贸易与投资、中葡经贸关系等。
许恩慈，澳门科技大学商学院硕士研究生。

长。到 2019 年，增速预计可达 3.7%。2018 年非洲吸收外国直接投资（FDI）约为 400 亿美元，较 2017 年增长 6% 左右。在全球 FDI 大幅下滑近 20% 的背景下，流向非洲的 FDI 仍保持增长，可见非洲大陆自贸区成立、中小企业快速发展、工业转型升级等因素为非洲经济带来了更多活力，非洲仍将继续受到各大经济体的青睐[①]。

在非洲 61 个国家和地区中，安哥拉是撒哈拉以南非洲第三大经济体，经济总量排在非洲第五，是非洲主要直接投资目的地国。2002 年内战结束后，安哥拉政府将工作重点转向经济恢复和社会发展，努力调整经济结构，加大基础设施建设，优先投资关系国计民生的社会发展项目。同时，积极开展同其他国家的经贸互利合作，为国家重建吸引外资。安哥拉同时也是非盟、南共体、西共体、几内亚湾委员会等地区组织中的成员。

（二）安哥拉国内经济环境

安哥拉位列联合国最不发达国家序列，有一定的工农业基础，但连年战乱使基础设施遭到严重毁坏，经济发展受到较大影响。因此在 2002 年内战结束之后政府将工作重点转向经济恢复和社会发展，安哥拉现已成为撒哈拉以南非洲第三大经济体和最大引资国之一。石油产业是安哥拉国民经济的支柱产业。2006 年 12 月，安哥拉加入石油输出国组织（欧佩克）。前几年国际市场原油价格攀升，安哥拉石油出口收入大幅增加，国内经济趋势良好。近几年由于国际局势剧变以及安哥拉国内政局更迭，GDP 处于波动期，目前 GDP 在千亿美元左右浮动。根据世界银行数据显示，安哥拉 2018 年 GDP 为 1 057 亿美元，较 2017 年 1 221 亿美元下降 13.4%，人均 GDP 约为 3 669 美元，较之 2017 年 4 304 美元下降 14.7%[②]。

2016 年，安哥拉外来直接投资流入量由 2015 年的 100.282 亿美元缩减至负 1.795 亿美元，并在 2017 年再次锐减至负 73.97 亿美元，出现连续负增长的情形，安哥拉石油出口下滑、经济不稳定导致外来直接投资巨幅下降。为了改善安哥拉营商环境、提高安哥拉市场对私人投资和直接外商投资的吸引力，安哥拉政府也与 2015 年和 2018 年推出《私人投资法》（LIP）试图更加开放安哥拉的营商环境，吸引投资者进入安哥拉市场。

---

① 联合国：《世界经济形势与展望 2019》，2019 年 1 月 21 日，http：//www. un. org/development/desa/dpad/publication/2019 年世界经济形势与展望。

② 数据来源：世界银行数据库。

二、安哥拉对外直接投资现状

（一）外来直接投资额

由于石油和天然气资源丰富，安哥拉历来是一个具有强大吸引力的外国直接投资目的地。然而，2016 年以来，流入安哥拉的外国直接投资一直为负数。截至 2018 年底，安哥拉吸收外来直接投资流量为负 57.325 亿美元，吸收外来直接投资存量为 120.75 亿美元。投入到安哥拉的绿地直接投资项目也呈现出下降趋势，2017 年以及 2018 年每年仅有 5 个项目落地。尽管落地项目数量较少，但是项目价值较高，因此仍然可以认为安哥拉具有一定的投资潜力（见图 1 ~ 图 3）。

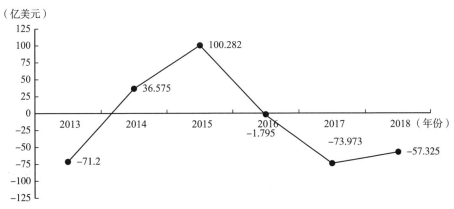

图 1　2013 ~ 2018 年安哥拉外来直接投资流入量

资料来源：世界银行。

（二）对外直接投资现状

如图 4 所示，受惠于黄金十年的经济发展，2011 年安哥拉对外直接投资流出（OFDI）规模最大，达到 20.9 亿美元。2015 年受国际原油价格波动的影响，安哥拉对外直接投资流出额（OFDI）为负 7.8 亿美元，但同年安哥拉对外直接投资流入量达到近年的峰值，为 100.3 亿美元。2018 年从安哥拉流出的对外直接投资流量（OFDI）则几乎停滞，仅有 300 万美元。毛里求斯是安哥拉海外投资的

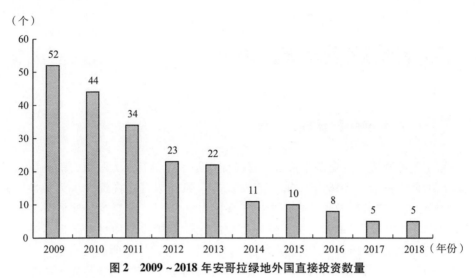

（个）

图2　2009～2018年安哥拉绿地外国直接投资数量

资料来源：世界银行。

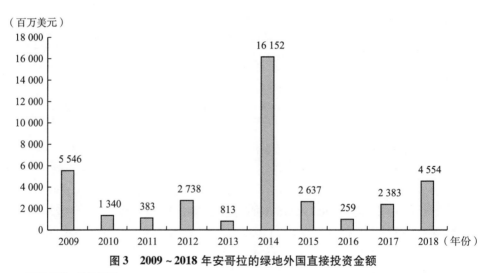

（百万美元）

图3　2009～2018年安哥拉的绿地外国直接投资金额

资料来源：世界银行。

最大目的地，安哥拉在该国累计投资达32.3亿美元，其次为新加坡（11亿美元）。安哥拉对中国投资合作项目较少，2014年投资额约609万美元。

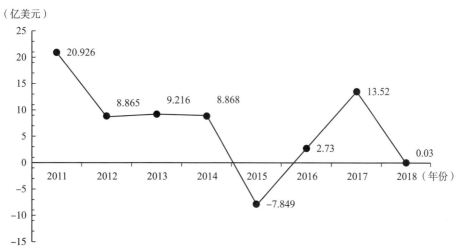

图 4　2011～2018 年安哥拉对外直接投资（流出）规模

资料来源：世界银行。

（三）外来直接投资来源及投资领域

安哥拉外资来源国家及地区主要有中国、美国、法国、意大利、比利时、英国、葡萄牙、德国、西班牙、日本、巴西、南非、韩国等。由金融时报发布的 2016 年《非洲投资报告》显示，2015 年安哥拉最大一笔外来直接投资是来自法国的道达尔公司（Total S. A.），投资额为 22 亿美元，意大利埃尼公司（Eni S. p. A.）以及巴林的 Terra Sola 公司位居第二、第三位。

而受到非洲大陆整体趋势的影响，2018 年安哥拉外来直接投资较 2017 年有所增长，其中大部分投资来自中国、葡萄牙、美国、法国以及荷兰。近年，世界主要国家纷纷加强与安哥拉的合作。如，2019 年日本私营部门在安哥拉的第一笔投资也已经签署协议，该项目位于安哥拉纳米贝湾，投资约 6.5 亿美元，由日本贸易公司丰田通商集团与出口信贷机构日本国际合作银行（JBIC）合作进行[①]。俄罗斯也表示，俄罗斯政府和私人投资者准备投资 100 亿美元，资助在安哥拉具有社会经济影响的大型项目[②]。

首都罗安达（Luanda）是外资最集中的投向地，此外北宽扎（Cuanza Norte）、南宽扎（Cuanza Sul）、万博（Huambo）、威拉（Huíla）、扎伊尔（Za-

---

① 腾讯网："6.5 亿美元安哥拉第三大港口项目，日企拿下！" https：//new. qq. com/rain/a/20190112A05JOP。最后检索时间 2019 年 11 月 28 日。
② 新浪新闻："重返非洲"？俄罗斯宣布在安哥拉投资 100 亿美元。https：//news. sina. com. cn/o/2019 - 11 - 26/doc-iihnzahi3553671. shtml。最后检索时间 2019 年 11 月 28 日。

ire）和卡宾达（Cabinda）等省也吸引了较多外资。

（四）外来直接投资领域

1. 石油行业

安哥拉是能源出口国家，经济结构较为简单。2018 年石油产量达到 5.398 亿桶，石油出口相关税收达 106.81 亿美元。石油产业是安哥拉国民经济的支柱产业，是带动安哥拉国内经济增长和社会发展的龙头。外来直接投资大多也集中在石油相关领域。安哥拉在发展石油工业中实行对外开放和充分利用外资的政策，因此世界知名的石油公司源源而来。

目前在安哥拉能源领域投资经营的主要石油公司有：法国道达尔公司（Total S. A.）、英国石油公司（BP p. l. c.）、美国雪佛龙石油公司（Chevron）、意大利埃尼公司（Eni S. p. A.）、巴西石油公司（BRASPETRO）、中国石油化工集团（Sinopec Group）等。这些企业通过商业公司、联合经营或产量分成的合同形式与安哥拉国有石油公司（Sonangol）合作，目前在安哥拉石油的勘探、开发、储运、加工等领域都有广泛的业务活动（见图 5）。

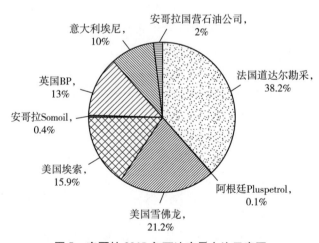

图 5　安哥拉 2018 年石油产量占比示意图

资料来源：安哥拉国营石油公司。

2. 钻石行业

钻石开采是安哥拉石油产业之外的另一个支柱产业。安哥拉已探明钻石储量超过 10 亿克拉,为世界第五大产钻国。2018 年安哥拉共开采出钻石 943 万克拉,创汇达 12 亿美元。目前活跃在安哥拉的主要的外国钻石公司有,俄罗斯 Alrosa 公司、巴西 Odebrechet 公司、澳大利亚 Lucapa 公司等。

3. 其他行业

随着安哥拉经济的好转,安哥拉政府也有意调整经济结构。在 2018 年 8 月至 2019 年 8 月 31 日期间,安哥拉私人投资和出口促进局(Aipex)收到了 178 份投资意向,其中大部分来自中国、葡萄牙和厄立特里亚。项目主要选择在罗安达(Luanda)和本戈(Bengo)两省落户,总价值约为 16 亿美元。已经实施的项目有 44 项,正在实施的项目有 126 项。这些投资针对建筑、教育、卫生、酒店和旅游、渔业、服务、农业、贸易和工业等行业。可见外来投资在安哥拉非石油领域有所增长,预计未来安哥拉国家经济结构将由此得到进一步调整与优化(见图 6)。

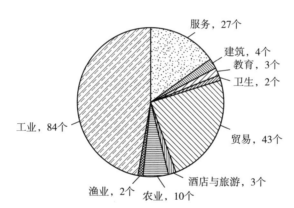

图 6 安哥拉 2018 年 8 月~2019 年 8 月外来直接投资意向数
资料来源:安哥拉私人投资及出口促进局。

三、安哥拉与中国直接投资现状与特征

(一)中国对安哥拉的直接投资

1. 中国对安哥拉直接投资额

中国政府和企业积极参与安哥拉战后重建。目前,中国已成为安哥拉 2002

年内战结束以来主要的投资国之一，超过了葡萄牙、巴西、法国和美国等传统投资国。2010 年，中国与安哥拉建立战略合作伙伴关系，双边经贸合作深化发展。安哥拉是中国在非洲仅次于南非的第二大贸易伙伴，主要对外承包工程市场和重要劳务伙伴。同时，中国也是安哥拉在全球的最大贸易伙伴、第一大出口目的国、第二大进口来源国。自 2006 年起，安哥拉连续 10 年位居中国在全球第二大原油进口来源国，仅次于沙特阿拉伯。

据统计，自 2002 年中国加强在安哥拉的各项投资建设以来，中国对安哥拉的投资已经超过了 200 亿美元。从投资流量上看，中国对非洲投资也主要流向安哥拉、南非、肯尼亚等国家。如图 7 所示，截至 2017 年末，中国对安哥拉直接投资流量 6.38 亿美元，同比增长 3.9 倍，占当年中国对非洲投资的 15.5%，对安哥拉直接投资存量为 22.6 亿美元，占中国在非洲地区投资存量的 5.2%。

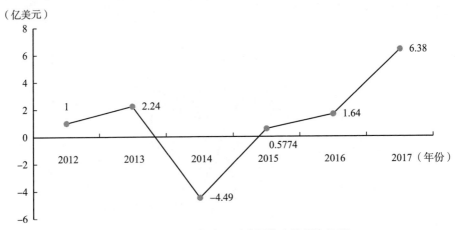

图 7　2012 ~ 2017 年中国对安哥拉直接投资流量

资料来源：中国商务部。

2. 中国对安哥拉直接投资领域

目前在安哥拉经营的中资企业有 200 余家，根据麦肯锡的研究发现，中资企业在安哥拉的贸易行业占比约为 15%，轻型劳动力承包行业（电信基建）约为 9%，密集型劳动力承包行业（建筑工程）约为 31%，轻资本行业（服务）约为 18%，资本密集型行业（制造业）约为 27%，可见企业主要集中在建筑、商贸、地产和制造业等领域（见图 8）。

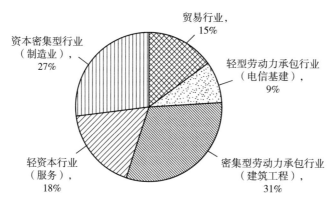

图8 中资企业在安哥拉各领域占比

资料来源：麦肯锡。

　　在安哥拉经济发展的黄金时期，由中国石油化工集团为主的中资企业以广为人知的"安哥拉模式"进入了安哥拉市场，开始了中国在安哥拉的石油项目建设。在顺利开发石油领域之后，中资企业还对安哥拉的建筑、农业、饮用水、渔业、加工等领域也进行了投资。2012年由中国中信建设有限责任公司建设的面积约为331万平方米的社会住房项目凯兰巴·凯亚西（KilambaKiaxi）一期工程顺利竣工，由中国中铁四局集团有限公司建设的 Cacuaco 新城项目一期工程424栋住宅楼共计9 808 套住房也于同年全部交验完毕。中国企业这些年为安哥拉重建了约2 800 公里的铁路、2 万公里的道路，建造了超过10万套社区住房、100余所学校以及将近50所医院，极大缓解了安哥拉的民生生活环境。受惠于这些投资合作，中国也成了唯一获得安哥拉优先采矿权的亚洲国家①。

　　在此之后，中资企业的投资方向也发生了一些转变。2016年中国中铁四局集团有限公司在罗安达省（Luanda）建设完成安哥拉首都首座现代化污水处理厂，并且在2019年顺利建设完成安哥拉比耶省（Província de Bié）LCC 城市供水工程项目，该项目有效地解决沃加市、库恩巴市和尼亚雷阿市3个城市约7万人的饮水不足和饮水安全问题。中国中铁二十局集团有限公司则承建了卡宾达省供水工程，该工程作为卡宾达省供水系统主要组成部分，工程建设完成后将与既有供水设施为卡宾达省60余万人提供健康饮水。

　　在农业领域，中资企业也十分活跃，单是在罗安达省，中资企业近些年的投

---

　　① 人民网：《崔爱民大使：打造中非共同发展的典范》，2018 年 8 月 1 日，http：//world. people. com. cn/n1/2018/0831/c1002 - 30262299. html。

资便已达到 50 亿美元①。

3. 中国对安哥拉直接投资方式

中资企业在安哥拉投资建设仍是以国企为主导，民营企业为辅。由于能源行业是安哥拉的支柱产业，世界各国能源企业早先已经开始了布局，因此中资进入安哥拉能源领域大多是采取收购外资或本地资产这一方式。

在基建领域，安哥拉薄弱的基础设施建设使得中资企业主要采取绿地投资模式进入市场。民营企业由广德国际等较早进入安哥拉市场的企业为主，大多涉及的是商贸等传统行业。

另外从投资领域及金额来看，渔业农业等产业也开始被中国投资者关注，未来相关领域投资有望保持良好的增长势头（见表 1）。

表 1   部分中资企业 2017～2019 年安哥拉投资项目

中国企业	安哥拉合作方	所处行业	资金规模	进入模式
中国石油化工集团	道达尔石油公司	能源	13 亿美元	并购/收购
江西铜业股份有限公司	VDM 集团有限公司	能源	—	并购/收购
中国路桥公司（CRBC）	Adisandra、Feront 和 ENPA	基础设施	200 万美元	并购/收购
广德国际集团	—	商务建筑	1 260 万美元	合资公司
猎豹汽车	Super Palanca Automovel Companhia LDS	汽车	—	合资公司
中国农业发展集团有限公司	Nortus Aquacultura e Pesca	渔业	—	合资公司
江苏省建设集团有限公司	安哥拉 TAMAR 有限公司	房地产	5 000 万美元	合资公司
江州农业科技发展有限公司	—	农业	1 500 万美元	绿地投资
中信集团及其下属公司	—	基础设施	4 000 万美元	绿地投资
中国国际基金（CIF）	—	能源	5 500 万美元	绿地投资

资料来源：本文作者整理。

---

① Macauhub 新闻中心：《中国商界计划到安哥拉投资》，2019 年 1 月 10 日，https：//macauhub.com.mo/zh/2019/01/10/pt-empresarios-da-china-pretendem-investir-em-angola/。

四、中国对安哥拉直接投资趋势

2002 年，结束了内战的安哥拉开始了国家重建的过程，安哥拉政府在十分困难的情况下借助中国开发金融 ODF（official development finance）迅速重建了大量基础设施和生产性项目，实现了经济的复苏。

中国对安哥拉的直接投资流量以及存量也呈现出上升趋势。2017 年中国对安哥拉直接投资流量 6.38 亿美元，同比增长 3.9 倍，直接投资存量达到 22.6 亿美元，在安投资总额已经超过了 200 亿美元。而在出口贸易方面，2017 年中安贸易额也是达到 226.09 亿美元，同比增长 44.5%，其中中方出口 22.57 亿美元，同比增长 34.3%；中方进口 203.52 亿美元，同比增长 45.7%。中安经贸合作蓬勃发展，前景十分广阔。

但是，过去中资企业投资安哥拉的管理方式相对比较粗糙，随着中国国内经济的增长，经营成本特别是人工成本大幅提升，原本的承包承建方式的利润率难以再负担成本，因此大量的中国企业已经开始转型。除过去的传统基础设施建设投资外，中资企业开始寻找在非洲大陆和安哥拉有发展潜力的物流配送、农业等行业进行投资。

相关资料表明，在安中资最大民营企业海山集团有限公司近些年投资建设了安中国际物流商贸园区，打造了一条中国与非洲之间便捷高效的贸易通道。电子和通信产业方面，随着安哥拉经济的发展，通信领域的需求日益增大，目前华为技术公司在安哥拉的投资金额达到了 6 000 万美元，中兴通讯也签订了 3 800 万美元的固定网络建设合同，这些项目促进了安哥拉 4G 网络的发展，相信更多信息科技企业会在华为等先驱者的带领下继续开拓安哥拉广阔的移动通信领域市场。而来自青岛的佑兴集团则积极参与了安哥拉林业相关项目，未来有望形成砍伐、加工、收购、出口一条龙服务的产业链，其他中资民企也在安哥拉各行各业生根发芽，民营企业开始崭露头角，散发光彩。

中国驻安哥拉前任大使崔爱民指出"增加对农业和工业的扶持力度，将是下一阶段中国对安投资的重点。"[①] 可以预料未来中资企业在安哥拉的发展局面将由原先的国有企业主导逐渐转变为国有企业与民营企业并驾齐驱的格局，民营企业将逐渐成为中国对外投资的主力军。

---

① Macauhub 新闻中心：《中国驻安哥拉大使宣布新一轮对安投资》，2019 年 2 月 13 日，https://macauhub. com. mo/zh/2019/02/13/pt-embaixador-da-china-em-angola-anuncia-novo-ciclo-de-investimentos/。

五、中国企业在安哥拉直接投资建议

(一) 加强媒体沟通，强化企业社会责任履行和形象宣传

中国投资一方面改善了安哥拉人民生活，另一方面也遵守当地政府的规则。但是由于中方投资项目实施中的信息披露不够透明，以及不重视与安哥拉当地媒体的沟通，使得一些惠民的善举没有被安哥拉民众所了解和认可，反而产生了误会，大大损害了企业乃至中国对外的形象。

例如，中铁四局建立了净水厂，解决了居民饮水资源匮乏的问题，保证了居民的饮水质量，尽管这些举措得到了政府的肯定，但民众基本很少知道。新疆生产建设兵团等许多企业在安哥拉投资的农场、砖厂等许多项目在当地雇佣率实际达到 70% ~90%，但是安哥拉绝大多数民众并不知情，在西方媒体舆论引导下，当地人笼统地认为中国公司只用中国人，认为中国对安哥拉的投资是所谓的"新殖民主义"。更严重的有香港中基公司（CIF）由于对外信息披露较少，在较长时间内以中国政府的影子公司自称，大肆招摇撞骗。不仅导致中资企业获得安哥拉项目得通过其转手而多付成本，而且使中国政府为此背了黑锅。因此如果不及时增加中资企业在商业和政治活动中的透明度，外界已然形成的怀疑和由此产生的恶劣影响恐怕难以消除[1]。

这些情况不仅影响了中安外交，也损害了中国的国际形象，值得高度警惕和深刻反思，在安中资企业应该引以为鉴。因此，中资企业可以考虑加强与当地的媒体部门之间的合作，通过传媒、互联网等渠道实时发布相关新闻信息，提升企业对外沟通能力，提高企业整体形象。

(二) 增强中资企业风险意识，防范投资风险

因为中国对于安哥拉的投资是以国企为主，民营企业为辅。在此种情况下，国企可以依赖国家支撑，他们有稳定的信息来源、雄厚的经济资本合作开发安哥拉市场。但是民营企业没有此种优势，大多数民营企业受限于企业规模，对安哥拉等非洲国家的国情研究稍显缺乏，对其中潜伏的各类投资安全风险缺乏充分的

---

[1] 参考《媒体揭露中国掮客"中基公司"非洲掘金路》，财新《新世纪》，2011 年 10 月。

认识和准备。这使得民营企业在投资过程中缺乏一个健全的信息评估体系，从而在安哥拉市场运作中照搬国内经验，即依赖于高层政治关系。在面对安哥拉民间社会时，往往准备不足，对来自民间社会的风险要么看不到，要么视而不见。

民营企业是推行国家"走出去"战略的中流砥柱之一，从近些年的投资也可以看到民营企业已经越来越多地参与到安哥拉的经济发展之中。因此建议中资民营企业在安哥拉开展投资、贸易、承包工程和劳务合作的过程中，要特别注意投资前的调查，要分析、评估相关风险，在运营过程中要做好风险规避和管理工作，切实保障自身利益，企业也应该积极利用保险金融机构和其他专业风险管理机构的相关业务保障自身利益。在安哥拉已经开展的既有项目也可以尽量弥补之前的空缺，强化风险调查和评估。中资企业必须了解的一个情况是，任何企业在社会责任以及管理方面的投入都必然会涉及更多的成本，但是如果慑于成本而不行动，那么企业就会面临更大的风险并要承担因此带来的恶劣后果。

（三）重视安哥拉法律，做到"合规"发展

安哥拉总统洛伦索自 2017 年 9 月上任以来，反腐败成为总统任期内的首要任务之一。安哥拉目前的反腐败调查较为深入，涉及面也广，既打虎，也拍蝇。截至目前，已有安哥拉前主权基金主席和前国家银行行长等八个重量级高官落马，中下层官员不计其数，营商环境较之过去有所改善。但是目前安哥拉仍然实行外汇管制，对外汇汇出非常保守。中国企业仍不可直接使用人民币在当地开展跨境贸易和投资合作，中资在安哥拉经营的公司必须使用当地的银行以宽扎来支付所有的费用，因此在安投资的企业想要将所得利润带出安哥拉便十分困难。并且 2018 版新《私人投资法》（LIP）中明确提到，投资者需为安哥拉劳动力创造新的就业岗位。在投资过程中必须雇用安籍员工，向其提供必要的职业培训。

由于目前正处于安哥拉政府的改革时期，政府管理和投资相关法规变更的频率较过去有所不同，安哥拉政府目前反腐败态势不减。而每一个具体项目背后涉及复杂的政治、经济利益因素，风险和不确定性都很高。中资企业应该重视和主动去了解安哥拉现行法律法规，恪守并遵照法律法规完善企业的有关行为，在法规的框架下进行相关的商业活动，尽量避免出现与法规不符的行为，从而使企业能够做到合理合规发展，塑造一个良好的企业形象。避免浑水摸鱼给企业带来的法律和经营风险。

（四）合理利用经贸资讯平台，促进相关资源共享

2018 年 9 月，中非合作论坛北京峰会在人民大会堂隆重开幕，中国国家主席习近平提出实施产业促进、设施联通等"八大行动"，擘画了新时代中非合作美好蓝图。

从经济互惠与共同发展方面来看，"贸易便利行动"提出扩大进口非洲的非资源类产品，加强中国与非洲的生产标准对接。中国制造企业可以借此加大在安哥拉的直接投资力度，建设一批生产性项目，提升安哥拉的制造业水平，助推安哥拉的工业化进程。从农林牧渔产业来看，新一届安哥拉政府期望中国企业积极参与有关项目建设，推进安哥拉经济多元化。从电商行业来看，中国的中兴、华为等通信类公司已进入安哥拉电信设备市场开展业务，这为跨境电商的发展打下了良好基础，为中方对安输送中国产品或是对华输送安哥拉产品都提供了便捷的途径，中国电商企业可以抓住这一"蓝海市场"提供的机遇，积极开发海外市场。深化互利合作，推动"八大行动"有关举措早日落地。

中国与安哥拉还可以通过京交会、进博会、广交会等展会，通过"一带一路"国际合作高峰论坛、中非合作论坛北京峰会等多边平台，扩大中安双方的贸易往来，促进经贸资讯与经济资源共享，特别是利用中葡论坛等"一带一路"框架下中国和葡语国家合作的澳门平台，持续加强双方经贸合作交流。为进一步加强中安双方的投资合作创造更多的可能。中安两国企业应充分了解并利用中国澳门在中国内地和葡语国家经贸、文化等各领域合作交流中的平台作用，借中葡平台来深化中安双方乃至与其他葡语国家间的经贸、文化交流合作，促进相关重点合作项目的建设，从而达到以点带线、以线带面的效果，为中国内地、中国澳门与安哥拉等葡语国家深化区域经济合作、谋求共同发展提供新的机遇，促进各方共同发展。

参考文献

[1] 宋雅楠：《巴西投资环境报告》，经济科学出版社 2019 年版。

[2] 曹海涛、叶日嵩：《中国对非洲的直接投资：不同所有权形式企业之考察》，载于《全球政治评论》，2014 年第四十八期，第 95～122 页。

[3] 瓦雷里·尼盖：《中国的非洲战略》，载于"Politique etrangere"，2006 年第 2 季度。

[4] 徐强：《国际对非投资》，载于《非洲黄皮书：非洲发展报告 No. 20（2017～2018）》。

[5] 中华人民共和国驻安哥拉共和国经济商务参赞处：《安哥拉营商环境指南》，2018 年 8 月 20 日。

[6] 汪峰：《中国再安哥拉投资开发石油资源的现状及发展策略》，载于《江南社会学院

学报》2015 年第 17 卷第 1 期。

　　［7］周瑾艳：《中国在安哥拉：不仅仅是石油——以中安农业合作为例》，载于《亚非纵横》2014 年第 5 期。

　　［8］中华全国工商业联合会、中国商务部国际贸易经济合作研究院、联合国开发计划署驻华代表处：《2019 中国民营企业"一带一路"可持续发展报告》。

中非关系视域下的中国与安哥拉关系

邓延庭[*]

摘 要：中国与安哥拉关系虽然起步晚，发展历程曲折，但内涵丰富，成果显著，目前已经成为中非关系框架下较具代表性的中国与非洲双边关系。当前，安哥拉正在深入推进国内政治改革，并力图以优先发展与非洲以及世界范围内的葡语国家的关系为契机，实现外交多元化的战略目标，同时中国亦在积极倡导以共建"一带一路"作为推动中非合作提质增效的支点，这些变化正在深刻影响中安政治、经济、外交等多个方面的合作，给中安关系的持续健康稳定发展指明了方向。在 2018 年中非合作论坛北京峰会开启新时代中非合作的历史背景下，中国与安哥拉将通过深化全方位多层次的合作，持续为两国战略伙伴关系注入全新的时代内涵，为构建更加紧密的中非命运共同体，贡献出应有的力量。

关键词：安哥拉 中非关系 葡语国家 中安关系 政治改革

一、中安关系：中非关系发展史的典型缩影

由于安哥拉独立后政治演进历程的特殊性，中安关系尽管是中非关系中出现较晚的双边关系，但发展脉络却异常跌宕起伏，基本触及了冷战结束前后中国与非洲国家的利益诉求及其内在的变化逻辑所涵盖的各个方面。一部中安关系史，不仅系统体现了中国对非洲政策的变化，而且承载了以安哥拉为代表的非洲国家对发展道路的探索，是中非关系发展史具有代表性的缩影。

---

* 邓延庭，博士，中国非洲研究院安全研究室副主任，助理研究员，主要研究领域为中非合作、非洲一体化。

（一）中安关系的成型：从意识形态分歧到务实对话

在经历 20 世纪 60 年代的解放浪潮后，非洲的非殖民化进程在南部非洲始终无法取得突破性进展，根本原因之一就是作为非洲最后的西方殖民宗主国，葡萄牙长期拒绝在非洲政治解放问题上做出让步，葡属西非（安哥拉）、东非（莫桑比克）两块面积巨大的殖民地，将非洲解放力量牢牢地挡在刚果河、赞比西河流域。在葡属非洲殖民地体系内，安哥拉面积最大，人口最多，资源最为丰富，特别是合并了卡宾达之后，成为向北可控制刚果河河口，向西可控制绕道好望角的南大西洋航线，向南可勾连白人种族主义统治下的南非、西南非洲（纳米比亚）、罗德西亚（津巴布韦）的战略要地，加之具有丰富的石油资源，因此被葡萄牙视为在非洲最重要的殖民据点。也正是因为自身具有这种极为重要的意义，自联合国发布《非殖民化宣言》以及非洲统一组织成立以来，安哥拉被非洲国际社会特别是前线国家当作瓦解葡属非洲殖民体系和解放南部非洲的最重要窗口和桥头堡。在安哥拉民族解放思潮的感召以及世界进步力量的支持下，安哥拉人民解放运动（Movimento Popular de Libertação de Angola）、安哥拉解放阵线（Frente Nacional de Libertação de Angola）、争取安哥拉彻底独立联盟（Uniao Nacional Para Independencia Total de Angola）等组织和政党，逐步成为以武装斗争抗击葡萄牙殖民者，推动安哥拉实现完全政治解放的中坚力量。

中国与安哥拉的关系发轫于安哥拉民族解放斗争兴起时期中国对安哥拉人民的支持。自 20 世纪 60 年代以来，中国积极支持安哥拉各支民族解放力量，对于推动安哥拉最终取得国家解放，发挥了重要的作用。但随着 70 年代苏联势力在非洲的大肆扩张，安人运在意识形态上逐步靠近苏联，并最终成为苏联在非洲重点支持的政治力量。1974 年，葡萄牙殖民当局被迫同意安哥拉独立，但安哥拉三大政治力量却没能就如何实现国家权力分配达成一致，进而导致 1975 年在安哥拉在政治分裂中走向独立。政治上的严重分歧，令安人运建立的安哥拉人民共和国（República Popular de Angola）与安解阵、安盟建立的"安哥拉人民民主共和国（República Democrática Popular de Angola）"为权力争夺而大打出手，引发长达二十多年的内战。在冷战两极格局下，美苏双方迅速成为内战双方的幕后支持者，使战争的规模和剧烈度不断升级。内战双方势均力敌，但在苏联物资和古巴出兵的支持下，安人运很快便夺取了战争的主动权，并逐步开始牢牢掌控安哥拉政局的走向。安人运在政治和军事上的胜利，使其进一步倒向苏联，不仅全面加强与苏联的政治经济军事合作，而且将苏联模式的社会主义确定为安哥拉的发展道路①，俨然成为勃列日涅夫主义在非洲取得的最重要成果之一。由于中苏交恶的历史原因以及 70 年代中期以来中美苏战略大三角的成型，因此，安哥拉虽然于 1975 年正式宣布独立，但中国并没有与安哥拉建交，既没有承认安人运执政的合法性，也没有否认安盟、安解阵抗争的合理性。在中非关系蓬勃发展的背景下，中国与安哥拉维持了八年的外交空白，成为中非关系史中较为特殊的案例。

进入 20 世纪 80 年代，随着安人运对安哥拉的控制力进一步加强，以及美苏双方加紧斡旋，扎伊尔、南非等政治力量开展对话，推动外国军事力量逐步撤出安哥拉，安哥拉内战的烈度逐步下降，冷战格局下的代理人战争的色彩逐步淡化，令横亘在中安两国间的意识形态障碍逐步松动。1983 年 1 月 12 日，中国正式与安哥拉建立外交关系。中安建交后，两国经济技术合作迅速展开。1983 年 2 月，安哥拉正式向中国派出贸易代表团，着手商讨与中国加强经贸合作的相关工作事宜。至 80 年代末，中安双方多次互派专业使团，并相继签订了双边贸易协定，成立了经贸混合委员会，确定将能源开发、基础设施建设、农业现代化发展等多个方面作为双方经贸合作的重点。除此之外，中国在力所能及的情况下，积极援助安哥拉民生。自 1984 年首次向安哥拉提供 1 000 万美元的援助之后，中国在 80 年代多次向安哥拉提供包括粮食、资金、车辆、药品、医疗设备在内的支持，有效地支持了安哥拉经济社会的发展，树立了中国的良好形象。中安经贸合作的有序开展，为中安政治关系的改善奠定了必要的物质基础和前提条件。

(二) 中安关系的发展：在平等互利合作中走向成熟

20 世纪 80 年代末，苏联不仅放弃了扩张主义和大国沙文主义，而且与包括中国在内的世界主要国家实现了关系正常化。苏联的变化以及在非洲力量的收缩，对安哥拉的政治发展进程产生了深远影响，进一步加强了安哥拉走独立发展道路的理念，同时也彻底扫除了制约中安政治关系深入发展的所有障碍。1988 年 10 月，时任安哥拉总统若泽·爱德华多·多斯桑托斯 (José Eduardo dos Santos) 访华，实现了中安关系史上首次高访，充分表现了安哥拉主动加强与中国政治对话的意愿。作为中方的积极回应，1989 年 8 月，时任中国外长的钱其琛访安，继续推动中安政治关系稳定发展。90 年代初先后发生的东欧剧变与苏联解体再次加快安哥拉的政治变革速度。1990 年，安人运在其第三次全国代表大会上正式放弃苏联模式的社会主义，转而致力于民主社会主义建设，探索建设适合

---

① S. Neil MacFarlane, Soviet – Angolan Relations: 1975 – 1990, National Council for Soviet and East Europe Research Occasional Paper, 1992.

本国以及非洲实际情况的社会主义道路。1991年，安哥拉决定放弃自1975年独立以来一直施行的以安人运为核心的一党制。1992年，安哥拉将国名从安哥拉人民共和国改为安哥拉共和国（República de Angola），并举行独立以来的首次多党大选，安人运获胜继续执政①。90年代初的一系列变革，掀起了安哥拉全面探索自主发展道路的大幕，为中安政治关系发展注入强大动力。在此基础上，中安两国政治互信进一步加强。中方充分尊重安哥拉对自身发展道路的探索，并祝贺安人运在首次多党大选中获胜。1995年8月，时任中国国务院副总理的朱镕基访问安哥拉；1998年10月，安哥拉总统多斯桑托斯第二次访华。此外，安人运主席、国民议会议长等党政高官也在同期密集访华，共同推动中安关系不断迈上全新的台阶。

随着中安政治关系发展全面步入正轨，中安关系发展调整逐步进入稳定阶段，形成了政治对话与经济合作双轮驱动的良好格局。从政治方面来看，中安两国政治互信日益巩固，坚定地尊重和支持彼此的核心利益。在安哥拉内战中后期，中国毫不动摇地支持安人运和安政府组建联合政府的和平努力，积极支持安人运分别于1991年和1994年与安盟签订的《比塞斯和平协议》和《卢萨卡和平协议》。安哥拉同样在重大问题上给予中国坚定的支持。安哥拉始终坚持"一个中国"原则，始终与中国保持着牢靠的外交关系，成为支撑中国在非洲外交阵地的重要支柱之一。此外，在西方国家在国际社会中炮制有关中国人权、西藏等议案时，安哥拉无论是在中安双边交往中，还是在联合国等多边机制之中，都坚定地支持中国的立场，对于中国维护国家核心利益，发挥了重要的作用。对于多极格局下，中国维护国家利益，发挥了重要的作用。此外，中安双方在一系列国际重大问题上都持有相同或者相似的看法，反对外部势力干涉他国内政，赞同国际关系的民主化，认可国家不分大小一律平等，发展中国家应该合作推动建设更为合理的国际政治经济新秩序。

中安两国政治关系的稳定发展，为经贸合作的深入发展提供了良好的外部环境和必要的前提条件。至2000年中非合作论坛成立之时，安哥拉已经成为中国在撒哈拉以南非洲最重要的贸易伙伴之一，而中国也成为安哥拉第三大贸易伙伴。一系列中安合作项目与中国援助工程在安哥拉顺利落地，有效地助推了安哥拉经济社会发展。2002年内战结束后，中安经贸合作迎来全新的发展机遇：一方面，内战战火的结束使安哥拉国内局势整体走向稳定，令安哥拉政府可以将更多的精力和资金投入国民经济与社会发展的领域，从而能够为承载中安合作提供更多的空间；另一方面，随着安政府全面控制先前被安盟反政府武装的中南部地

①　Ibid.

区，如何通过增进当地民众的福祉来巩固和平成果，成为安哥拉政府面临的重要挑战。面对长期饱受战火摧残的南方地区民生凋敝、基础设施落后的实际情况，安哥拉急需通过开展国际合作来解决资金和技术的匮乏，进而为中安经贸合作的深入发展提供了更为广阔的空间。

20 世纪 90 年代形成的中安合作模式奠定了当前中安关系的基础。2008 年，安哥拉实现内战全面结束后的首次多党大选，安人运获胜继续执政。进入 21 世纪第二个十年，中安关系成果丰硕。2010 年，中安一致同意将两国关系提升为战略伙伴关系。中国逐步成为安哥拉最大的贸易伙伴，安哥拉也成为中国对非经贸合作最重要伙伴之一。在中非合作论坛框架下的中非多边合作机制中，安哥拉扮演着推动中非关系不断朝向纵深发展的重要角色。

二、中安关系：安哥拉走向现代化的重要抓手

为了进一步增强安哥拉实现全面现代化的能力，若昂·洛伦索（João Lourenço）就任安哥拉总统和安人运主席后，对安哥拉既有的政治、经济、外交等方面进行了大刀阔斧的改革，力图使安哥拉在法治和对外开放的双重加持下，能够迎来全新的发展机遇。作为安哥拉最重要的对外合作对象之一，中国在中安关系框架下的积极支持，对于安哥拉稳定地推进以改革为支点的发展战略，具有不可替代的重要意义。

（一）为国内政治改革寻求坚定支持

洛伦索当选安哥拉总统和安人运主席之后，将全面整顿全党、全国的腐败行为，作为其施政的焦点，以便为安哥拉的政治经济发展提供更好的外部环境，增强安人运在安哥拉政治中的竞争优势和生存能力，确保其在安哥拉的发展中，能够始终扮演核心领导者的角色，进而能够实现长期在安哥拉执政的目标。

自 1975 年独立以来，安哥拉在安人运的领导下，为了彻底摆脱非洲殖民地经济对宗主国经济的严重依赖，建立起了国家掌控之下的国有经济体系。无论是相比非殖民化阶段的非洲各国的经济去殖民化运动，还是与当前实施新一轮现代化发展战略的非洲国家相比，安哥拉的国有经济体系是非洲国家建立的最为成功的独立经济体系之一。不管是在内战的摧残下，还是在西方经济组织的压力之下，安哥拉的国有经济体系始终没有崩溃，确保了全国的经济命脉始终掌握在安哥拉人自己的手中。作为支撑安哥拉国有经济的命脉，石油经济牢牢掌握安人运

以及安政府手中，给全国带来源源不断的经济收入，不仅成为安哥拉推动国家现代化建设的主要财富来源，也是安哥拉承载对外合作的最主要领域之一。

然而，国有石油经济在给安哥拉带来经济独立的同时，也成为滋生腐败的重灾区。在前总统多斯桑托斯长期担任国家元首的背景下，涉及石油经济的多个要害部门长期被极少数官员把持着，逐步形成了脱离安哥拉广大民众，甚至是游离于执政党和政府领导的日益固化的特权阶层。这种日益蔓延的腐败不仅消耗了大量的国家财富，而且成为导致社会阶层固化的最主要障碍之一。在国际社会批评声音此起彼伏，国内民众不满情绪日益高涨的形势下，洛伦索采取以打击腐败为核心的政治改革。在追缴国有财富流失、清算多斯桑托斯家族违法获利、党政军企人事大调整等多措并举下，安哥拉的政治改革已经初获成效，得到非洲各国以及世界主要国家的认可。与反腐措施相配合的一系列旨在加强"放管服"的政策，也在以石油为核心的国有经济之外，为私营经济的发展创造了更为有利的宏观政策环境。

为确保安哥拉的政治改革能够稳步有序地开展，洛伦索的主要抓手之一就是确保安人运必须牢牢地掌握着改革的主导权。在 2018 年当选安人运主席的时候，洛伦索就表示安哥拉的改革应该是对本国发展的一次独立的探索①。为避免以西方大国为代表的外部势力借机插手改革的领导权和方向，洛伦索急需争取国际社会对安哥拉独立政治改革的支持。对于安哥拉而言，中国的支持具有不可替代的重要意义。其一，中国的经济结构与安哥拉类似，都是国有经济占据国民经济发展的命脉。通过改革开放 40 多年的探索和发展，中国为国有经济的发展开拓出全新的途径，实现了走向世界第二大经济体的奇迹。这种变化不仅证明了华盛顿共识并不是发展中国家政治经济改革的唯一方向，进而佐证了安哥拉以改革促发展道路的可操作性与可持续性，而且也为改革本身提供了可向中国学习和借鉴的机会。其二，作为安哥拉当前最重要的经济合作伙伴，目前中安落地投产的大量的合作项目都是多斯桑托斯执政时期的成果，与安哥拉的国有经济存在着密切的联系。当前深入推进的改革势必会波及甚至会冲击众多中安合作项目的管理和运作，因此需要最大限度减小对中国在安投资的影响，避免减弱中国继续加强对安经贸合作的信心。

基于以上两方面的考虑，安哥拉政治改革目前成为中安关系的焦点之一，也是安哥拉对中安关系的重要期待。在洛伦索 2018 年访华之际，安哥拉政治改革也成为中安领导人交流的重要议题之一，中方表示充分尊重和支持安哥拉对发展道路的探索，并将继续加强中安双方的合作。

---

① Alex Vines, Lourenço's First Year: Angola's Transitional Politics, African Center, 2018 – 9 – 20.

(二) 为国家崛起拓展广阔外交空间

受制于自身政治与历史发展的原因，安哥拉无论是与周边的非洲国家还是西方国家的关系发展，都具有一定的特殊性。

从非洲葡语国家范围来看，并未形成以安哥拉为核心的紧密合作集团。在以和平道路实现非殖民化后，大多数非洲国家仍然按照与前宗主国的密切联系，组成了相应的合作集团，如英国主导下的英联邦和法国主导下的法兰西共同体。这些合作机制与平台往往为拥有同一个宗主国以及使用同一种西方语言的非洲国家提供了广阔的合作空间。相比英语和法语非洲，葡语非洲具有诸多特殊性：其一，同为宗主国的葡萄牙政治经济实体远弱于同期的英国和法国，加之当时国内实施独裁统治并采取抗拒非殖民化的政策，因此被排斥在欧洲以及世界核心舞台之外，无论是对非洲的控制程度和影响力都要稍逊一筹；其二，由于葡萄牙抗拒实施和平的非殖民化，因此葡语非洲国家普遍最终采取武装斗争的形式走向独立，彻底切断了与葡萄牙的政治经济联系，使殖民时代的葡非关系继续维系的基础不复存在；其三，葡语非洲国家独立后，普遍采取了社会主义制度，且普遍与苏联保持着密切的联系，没有给葡萄牙的力量再度进入留下充足的空间；其四，非洲葡语国家情况差异较大，几内亚比绍、佛得角、圣多美和普林西比三国较小，对非洲发展的影响力微乎其微，而安哥拉、莫桑比克两个国家自独立以后，就陷入了长期内战，国家施政的重点始终围绕着和平进程的推进，外交的重点也局限于与内战相关的各方力量。在上述多个方面的影响下，"葡语非洲"更多地表现为在语言层面存在的地理概念，本身并不是一个安哥拉深度参与的多边政治经济合作机制。

从非洲范围来看，安哥拉对非洲政治的参与程度也相对较弱。从历史角度来看，安哥拉内战期间，与之接壤的周边国家或多或少地都以各种程度参与其中，尤其是刚果（金）、南非以及南非控制下的西南非洲（纳米比亚）不仅大力支持反政府武装，甚至是直接派兵参与安哥拉内战，成为迟滞安哥拉和平进程的重要障碍。作为回应，安哥拉对上述国家也分别采取了不同程度的武装报复，较为典型的是武装占领刚果（金）的沙巴地区①。冷战结束后，特别是安哥拉内战结束后，南部非洲政治形势的变化使安哥拉与周边国家的关系在很大程度上得到了缓和，但受制于长期交恶的历史，仍然没有得到根本性的解决。其中，安哥拉与刚

---

① 为报复时任扎伊尔（现刚果（金））总统蒙博托支持安盟，1977 年安人运在苏联和古巴的支持下出兵占领扎伊尔铜矿带沙巴省。

果（金）长期紧张的关系，至今仍然是构成广义大湖地区复杂安全形势的重要基本矛盾。此外，从地缘政治的角度来看，由于安哥拉地处法语赤道非洲与英语南部非洲的过渡地带，因而同时参与两大次区域的国际合作组织。但由此带来的问题是，安哥拉在两大次区域的地缘政治圈子中均处于边缘化地位，既无法在由加蓬、刚果（布）等法语国家主导的中部非洲享有话语权，也无法在由南非主导下的南部非洲中发挥主导作用。此外，由于安哥拉的经济支柱为石油开采与出口，与周边非洲国家的互补性相对较低，因此在很大程度上也弱化了其与非洲国家合作的基础。总体而言，在以非洲联盟和非洲各个次区域组织为核心的非洲政治发展进程中，安哥拉的参与程度以及发挥的作用上要明显弱于南非、尼日利亚、肯尼亚、塞内加尔等地区大国，与其在非洲的经济地位存在严重的不对等发展局面。

此外，由于意识形态和政治经济制度的原因，安哥拉与以美国为代表的西方世界的关系长期处于不温不火的局面，虽然经济来往不断，但政治层面始终存在隔阂。特别是进入 21 世纪以来，随着西方世界对安哥拉一党长期执政和国有经济过分庞大的批评之声越来越多，安哥拉与西方深化政治互信面临着严重的挑战。

然而，近年来，随着世界经济一体化特别是非洲区域一体化发展趋势逐步增强，加之安哥拉石油经济受国际油价下跌而出现滑坡，安哥拉在非洲政治与经济发展中的不平衡的弊端日渐暴露。正是着眼于这方面的现实挑战，洛伦索的改革将拓展安哥拉的外交空间作为提升该国在国际政治中的重要抓手。为了实现这一目标，洛伦索政府主推外交多元化战略，不仅以实施政治改革为契机，积极推动修复或增进与包括前宗主国葡萄牙在内的西方国家的关系，同时提出加入法兰西共同体、英联邦的计划。中国作为安哥拉最重要的对外关系对象，在洛伦索的外交战略中占有重要的地位。作为中非关系的有机组成部分，在中安关系的发展进程中，始终存在着经贸合作为先导的问题。在这本质上反映出安哥拉对华关系的先导依然是分享中国经济发展的红利，而对中国所承载的巨大国际政治的价值的挖掘有所欠缺。随着中国在成为世界第二大经济体的同时，也在国际政治中发挥着越来越重要的作用，中国对于安哥拉实现外交多元化的战略具有不可替代的重要意义：其一，在成熟运作近 20 年的中非合作论坛机制的支撑下，中国成为世界上唯一与非洲建立起涵盖所有非洲国家以及非洲联盟的多边对话与合作机制的国家。在 2018 年北京峰会的推动下，中非合作论坛正在逐步由一个着力推进经贸合作与政治对话的多边机制，逐步升级为涵盖政治、经济、人文、安全等多个方面深度合作的综合性多边合作机制。进一步夯实与中国的关系，有助于更好地借助中国与非洲的多边合作关系网络，不断推进与其他非洲国家以及非洲合作组织的关系，更好地提升自身在非洲政治中的地位。其二，作为世界最重要的大国之一，中国除了在发展与非洲关系之外，近年来也在世界其他重要的多边机制中扮演着越来越重要的角色。除了继续在联合国框架下发挥积极作用之外，中国近年来还在金砖国家、G20、亚太经合组织等合作机制中所发挥的建设性作用也日益明显，已经成为联系发展中国家、发达国家、新兴市场国家几大集团的节点性国家。借力与中国的外交关系，安哥拉不仅将获得进一步优化与西方大国关系的更为广阔的空间，而且可以迎来与巴西、印度等国家更多的合作机遇。

基于以上考虑，中安关系在安哥拉对外关系中成为一环不可或缺的链条，更好地拓展外交空间，更为积极主动地参与非洲政治以及世界政治的一个重要的立足点。

（三）为经济社会可持续发展争取牢靠后盾

自 2002 年内战结束以来，安哥拉政府一直致力于产业多元化的发展，但受制于各类现实条件的制约，成效并不明显，至 21 世纪第二个十年中期，石油经济依然是安哥拉的经济命脉，原油出口及其收入依然占据安哥拉全国出口的 90％以上。强大的石油经济在短时间内给安哥拉带来大量财富的同时，其抗风险差的弊端也逐步暴露出来。2014 年以来，随着国际原油价格的大幅下跌，安哥拉的石油经济滑坡导致国民经济发展遇到严重困难，曾经辉煌一时的非洲经济神话转瞬即逝。为了避免石油经济退坡给国民经济带来不利影响，安哥拉竭力稳住本国货币宽扎兑美元的固定汇率制度，并且配套采取严格的外汇管制措施，旨在防止国家财富进一步缩水。但在实际操作层面，这种措施不仅导致了国家财富从黑市等非法渠道流向海外，还进一步挫伤了外资进入安哥拉市场的信心，反而给全国的可持续发展带来更为沉重的负担。作为安哥拉经济发展下滑所带来的最为直接的后果之一，就是其承担国际合作的物质力量大幅度减弱，特别是在偿还外债的能力方面存在着较大的缺口。洛伦索目前采取的以放弃外汇管制以及宽扎兑美元的浮动汇率为主要内容的经济新政，一方面是为了迅速摆脱国家财富的迅速缩水，进而维持其偿还债务的能力；另一方面是增强外资继续进入安哥拉的信心，为国家度过经济困难提供必要的外部支持。目前，作为安哥拉最大的贸易伙伴和最大的债权方，中国对安哥拉经济发展的预期以及所采取的相应的政策，都将对安哥拉的经济发展产生深远的影响。因此，争取中国对安哥拉经济发展政策的支持，特别是继续维持对安哥拉投融资支持，成为安哥拉对中国经济关系的一个焦点。

另外，随着近年来世界范围内掀起以落实联合国《2030 年可持续发展目标》

为契机的新一轮发展热潮，非洲联盟制定了旨在增强非洲可持续发展能力的《2063 议程》，各个非洲国家也分别制定了以肯尼亚 2030 愿景为代表的系统的发展规划和倡议，为本国下一阶段的发展谋划好了基本方向。在非洲各国和次区域间竞争与协作并存的格局下，洛伦索政府也相应出台了《2018 ~ 2022 年国家发展计划》，将其作为全面落实《安哥拉 2025 长期战略计划》的具体行动方案。本规划基本体现了非盟以及其他非洲国家发展方略的重点，将持续加强基础设施建设、构建多元化产业格局、协调国有经济与私营经济发展等多个方面，列为未来施政的重点，力争用五到十年时间，使全国初步具备可持续发展的基本能力。然而，和众多非洲国家一样，安哥拉实现上述目标同样面临着资金、技术、设备、人才等多个方面的现实障碍，特别是在本国石油经济不景气的背景下，这种挑战显得更为艰巨。中国提出的"一带一路"倡议为安哥拉解决上述发展挑战带来了机遇，不仅"五通"理念完全高度契合安哥拉本国发展方略对于推动实现可持续发展的逻辑的梳理，而且也为安哥拉提供了突破上述现实发展障碍掣肘的宝贵机遇。通过将《安哥拉 2025 长期战略规划》，特别是《2018 ~ 2022 年国家发展计划》与"一带一路"倡议实现深度对接，中安关系将会在中非共建"一带一路"的倡议的大潮之中寻找到全新的发展契机。

洛伦索在出席 2018 年中非合作论坛北京峰会时表示，"一带一路"倡议符合安哥拉以及非洲发展的需求，安哥拉将更为积极地在"一带一路"倡议框架下与中国全面加强经济合作[1]。在可预见时期内，中安共建"一带一路"将成为承载双方经贸合作的最重要平台，为安哥拉的现代化建设提供不竭的发展动力。

三、中安关系：中国推动中非关系转型升级的优先着力点

中安关系是中非关系的有机组成部分和较为典型的代表，面对回答如何推动中非关系实现高质量发展的时代命题，充分挖掘中安合作模式的经济和政治价值，优化中安经贸合作，推动中安开展高层次党政交流，对于优化和提升中国与其他非洲国家的合作水平，具有一定的指导和借鉴意义。

（一）助推中非经贸关系提质增效的动力

自内战结束以来，安哥拉的石油产业成为推动中安关系特别是经贸合作快速

---

① 央广网：《中非合作高端说——安哥拉总统洛伦索："一带一路"为安哥拉发展带来机遇》，2018年9月2日。

发展的最主要推手。在这种快速发展的双边关系中，逐步形成了以安哥拉石油资源换取中国支持下的基础设施建设或公共服务资源供给的模式，被外界普遍称作中非合作的"安哥拉模式"。"安哥拉模式"并非西方前殖民宗主国与非洲国家间维持的以"剪刀差"为主要内容的不对等经济关系，而是中安双方在平等协商基础上达成的优势互补协议，一方面可以解决安哥拉无法从西方以及国际金融机构及时获得融资的问题，为安哥拉的战后重建以及现代化发展提供充足的中国资金的支持，另一方面可以有效丰富中国的海外能源供应，在中东海湾地区之外寻找到了新的石油供给地，有效确保中国的能源安全。安哥拉模式不仅适应了安哥拉当时的发展需求，而且为同时期的其他非洲国家如何在中非合作的基本框架下，因地制宜地将自身的自然资源优势切实转化为现实的发展动力，进行了卓有成效的探索，对于推动中非关系的深入发展，发挥了十分重要的作用。

但随着中安合作的逐步深入，安哥拉模式的不足之处也在日益暴露。用石油资源换来的基础设施往往只是"交钥匙"工程，最终会因人员和技术支撑的匮乏，而无法发挥出应有的效果。此外，部分非洲国家往往不具备高价值的自然资源，产业基础只有简单的农产品生产，往往无法兑换成为丰厚的利润，用以投入国家现代化建设。自 2015 年中非合作论坛约翰内斯堡峰会召开以来，中非关系面临顺应时代转型升级的巨大压力，诸多传统的合作模式需要找到全新的突破。作为中国对非经贸合作重要对象之一的安哥拉，没有被列为首批中非产能合作先行先试示范国，在一定程度上表现出安哥拉模式并不能完全满足新时代中非合作的需求。也正是着眼于这个基本事实，在当前中非构建更为紧密的命运共同体的语境下，安哥拉模式的价值应该被进一步挖掘，被赋予顺应时代发展的全新内涵。从当前中非关系的整体发展态势来看，安哥拉模式仍然在不同程度上被赞比亚、刚果（金）等国作为推进对华合作的主要抓手，无论是从经济合作的体量以及所产生的影响来看，依然在中非关系中占据相当的比重。作为安哥拉模式的诞生地，中国需要在中安合作中继续引领和支持安哥拉的现代化建设，结合安哥拉的政治经济改革进程，深挖资源+发展传统合作模式的价值，并可通过结合中国与其他非洲国家合作的成功经验，积极引入以投建营一体化、三方合作等模式为代表的全新合作理念，逐步在此基础上探索出一条适应安哥拉乃至其他非洲国家可持续发展需求的合作模式，为中非关系的转型升级和提质增效贡献全新的中安合作方案。

（二）撬动中非治国理政交流的焦点

2018 年中非合作论坛北京峰会为中非关系发展提出八大计划，其中包括旨在补齐中非关系中短板的人文交流。作为人文交流中的深层次内涵，中非双方在治国理政方面的交流互动更是远远落后于同期中非经贸关系的发展水平，在很大程度上制约了中非关系的深入、全面发展。究其原因，一方面，在于中国和非洲同属发展中世界，生产力水平落后以及居民平均生活水平较低始终是制约经济和社会进步的最主要障碍，因而中非双方在开展交流合作的过程中，长期把经贸合作列为优先和重点推进的着力点；另一方面，非洲的传统文化与中国差异较大，加之近代普遍在被西方殖民统治的过程中深受宗主国的影响，因而当非洲国家取得政治独立后，无论是其民众的集体意识、国家政治制度、政治文化都与中国迥然不同。加之语言障碍的存在，中非政治关系发展仅仅局限于主权国家之间的交流与协作，而基于相同或相似的传统文化和政治文化而形成的有关国家治理的交流十分有限。在当前中非关系面临提质增效压力的背景下，这种经济合作突飞猛进与深层次政治交流裹足不前的不平衡发展的弊端愈发明显：一方面，经济合作的深入发展可以推动中非双方进一步密切基础，但并不能必然地提供可供中非双方开展治国理政交流的文化或制度基础；另一方面，治国理政交流的缺失也在日益制约中非政治互信的深化，进而无法为双方经贸合作的可持续发展提供必要的软件支持。在中非构建更加紧密的命运共同体的背景下，中国需要在非洲尽快找到强化中非治国理政交流的窗口。

在非洲各国中，安哥拉具备成为推动中非治国理政交流窗口的必要条件。自独立以来，安哥拉一直在安人运长期执政的前提下，建立起稳定的政治架构和强大的国有经济，并在此基础上强力推进国家意识建构和民族共同体意识建设。总体而言，安哥拉的政治文化与安人运自身的政党建设以及推进国家和社会治理的实践密切联系。环顾非洲大陆，在绝大多数非洲国家都继承宗主国政治制度和政治文化的情况下，安哥拉成为全非洲，尤其是中国对非经贸合作对象中，与中国政治发展最为相似的国家之一。在可预见的时期内，安人运依然将是主导安哥拉发展的最核心政治力量。无论是从中安建交以来的合作发展史，还是从未来两国在"一带一路"倡议框架下的关系走势来看，中安战略伙伴关系的稳步推进，将为两国以及两国执政党之间有关治国理政的交流对话搭建必要的平台。当前洛伦索领导的安哥拉改革与中国共产党领导下的中国全面深化改革具有诸多相似性，都是发展中国家强有力的执政党顺应新的时代形势，对本国独立自主发展道路进行的新一轮探索与实践，因而可以为双方有关加强执政党建设、扩大对外开放、国有制和公有制改革、社会治理能力和体系现代化等多个方面开展深入交流，提供丰富的素材和翔实的材料。在中国积极通过加强中非治国理政交流来补齐中非人文交流短板的背景下，安哥拉有望在中非政治合作中率先探索出一条以治国理政为驱动的中非政党间、政府间交流道路，为新时代中非关系的发展增添一抹亮色。

参考文献

［1］刘海方:《列国志:安哥拉》,社会科学出版社 2010 年版。

［2］张宏明主编:《非洲黄皮书:非洲发展报告（2018～2019）》,社会科学文献出版社 2019 年版。

［3］葛佶主编:《简明非洲百科全书（撒哈拉以南）》,中国社会科学出版社 2000 年版。

［4］S. Neil MacFarlane. Soviet – Angolan Relations: 1975 – 1990. National Council for Soviet and East Europe Research Occasional Paper, 1992.

［5］Adrien Fontanellaz, Tom Cooper. War of Intervention in Angola, Volume 2: Angolan and Cuban Forces, 1976 – 1983. Helion & Company, 2019.

［6］Marcus Power. China and Angola. Pambazuka Press, 2012.

安哥拉产业与市场环境

安哥拉基础设施发展与投资风险防控

宋雅楠　郑祯远*

摘　要： 近年来世界经济下行压力不断累积，全球国际投资疲软，但非洲吸引外资逆势上涨。内战结束以来安哥拉经济发展较快，但严重依赖石油，经济结构单一脆弱。安哥拉政府致力于经济多元化发展，但落后的基础设施严重阻碍了安哥拉经济的健康发展。近年来安哥拉出台多项吸引外国投资的政策，国际投资者纷纷将目光转向安哥拉。本文对安哥拉基础设施建设和投资现状进行概述，并对投资中的风险和难点给出相关建议。

关键词： 安哥拉　基础设施　投资　合作模式

一、引言

基础设施是指为社会生产和居民生活提供公共服务的物质工程设施，是一个国家或地区正常运行和健康发展的物质基础，是社会赖以生存发展的一般物质条件，在国家或地区的经济发展中有着不可或缺的作用。

基础设施的经济学分析开始于 20 世纪 40 年代，如今"基础设施"成了重要的经济学概念，但是人们对"基础设施"的含义有着多种理解和认识。基础设施定义分为广义和狭义两类。狭义的基础设施则是公共事业的硬件设施，如交通运输工程、水利工程、通信工程、电力工程等。广义的基础设施涵盖了狭义的基础设施，还包括科研与技术服务、商业服务、文化教育、环境保护和公共卫生等。本文中的基础设施是指狭义上的基础设施。

---

* 宋雅楠，澳门科技大学商学院副教授。研究方向为国际贸易与投资、中葡经贸关系等。
郑祯远，澳门科技大学商学院硕士研究生。

平衡增长理论的先驱罗森斯坦·罗丹认为基础设施在工业化过程中起决定性作用，是"社会先行资本"，在一般的产业投资之前，一个社会应在基础设施方面有着一定的积累。艾伯特·赫希曼把资本划分为直接生产资本和社会间接资本，而基础设施属于社会间接资本，是其他产业开展活动不可缺少的基本服务。

基础设施具有基础性、自然垄断性、长期收益性等特点。基础性表现在它是其他生产部门进行活动的基础，其使用成本构成了其他部门活动的成本；自然垄断性表现在其需要大规模的一次性投资，提高了市场进入门槛，大规模的投入容易形成规模经济，加上其他产业对其有依附性，让基础设施出现了自然垄断性；长期收益性表现在基础建设的长期成本呈递减趋势，加上具有一定的垄断性，使其收益为长期且稳定的。

在当今社会，经济发展使得对基础设施的要求越来越高，完善的基础设施对一个国家或地区的经济发展有着巨大的推动作用。

二、安哥拉基础设施发展概况

在遭受数个世纪的殖民统治后，安哥拉于 1975 年独立，独立后陷入了长达 27 年的内战，2002 年内战结束，安哥拉政府致力于经济的发展，一度成为世界上经济增长最快的国家。但由于长期的战乱，基础设施等遭到了严重的破坏，至今仍然是世界上最不发达的国家之一。

安哥拉是个典型的石油经济国家，石油部门的出口额占国家总出口额的 90% 以上，GDP 增长有将近一半是来自石油产业。安哥拉经济的发展严重依赖石油，经济结构脆弱，经济发展受制于国际石油市场。近年来石油危机频频出现，加上汇率波动较大，安哥拉的经济受到严重的冲击。

（一）安哥拉交通基础设施

根据表 1 数据，2017 年安哥拉全国客运量为 18 337.2 万人。公路运输是安哥拉最重要的旅客运输方式，2017 年公路客运量为 17 658.0 万人，占总客运量的 95% 以上。其次是铁路运输和空运，分别为 307.3 万人和 356.7 万人。海运运输客运量最少，为 15.2 万人。2018 年上半年安哥拉客运总量为 8 610.3 万人，相比 2017 年同期下降了 3%。

表1	安哥拉旅客运输方式及客运量		单位：万人
运输方式	2017 年	2017 年上半年	2018 年上半年
公路	17 658.0	8 539.0	8 250.7
铁路	307.3	157.2	176.9
海运	15.2	7.8	6.7
空运	356.7	169.6	176.1
共计	18 337.2	8 873.6	8 610.3

资料来源：INE.

海运是安哥拉主要的货物运输方式，将近95%的货物运输通过海运来完成。2017 年安哥拉全年货运量为 1 133.9 万吨，其中海上货运为 1 071.7 万吨，公路货运 37.7 万吨，铁路货运 19.2 万吨，空运货运为 5.3 万吨（见表2）。2018 年上半年安哥拉货运总量为 508.3 万吨，与 2017 年同期相比下降 10% 左右，主要原因是海上货运量大幅度下降，2018 年上半年安哥拉海上货运量为 471.4 万吨，2017 年上半年为 543.4 万吨，下降 72 万吨，下降幅度 13.2%。但铁路货运增长明显，2018 年上半年为 17.8 万吨，而 2017 年上半年仅为 3.5 万吨。

表2	安哥拉货物运输方式及货运量		单位：万吨
运输方式	2017 年	2017 年上半年	2018 年上半年
公路	37.7	16.7	16.7
铁路	19.2	3.5	17.8
海运	1 071.7	543.4	471.4
空运	5.3	2.3	2.4
共计	1 133.9	565.9	508.3

资料来源：INE.

1. 港口

安哥拉水路总长约 1 300 公里，均为海路，无内河运输。安哥拉海运船队总吨位 10 万余吨，有港口 41 个，主要港口有卡宾达港、罗安达港、洛比托港、纳米贝港等。安哥拉的港口基本建于殖民地时期，规模小，设施陈旧、损坏严重，靠近尘世的港口纵深有限，缺乏规范的经济产业规划等。随着战后重建和社会发展，安哥拉的港口需要进行修复扩建来满足经济发展的需要①。

（1）罗安达港

罗安达港（港口代码：AOLUA）是安哥拉最大的海港，位于安哥拉西海岸北部的本戈湾东南岸，濒临大西洋东侧，也是西非主要的港口之一。罗安达港始建于 1575 年，曾经是葡萄牙贩运黑奴的出口港。成为南部非洲最早的殖民据点和向巴西贩卖奴隶的主要口岸。

罗安达港是天然良港，港区宽阔，码头长达 4 000 米，港口海湾宽度 200 米，水深 10 米以上，最深达 30 米，可停泊远洋轮船。罗安达港港内设有五个远洋轮码头和一个沿海货运码头，年接待国际船只 2 000 余艘，年吞吐量达 200 万吨。港区仓库容积有 4 万立方米，装卸设备有装卸设备有各类集装箱起重机，有岸吊、可移式吊等、浮吊等。

从罗安达港出发的船公司包括法国达飞海运集团（CMA）、马士基航运公司（MSK）、商船三井株式会社（MOL）、地中海航运公司（MSC）等大型船运公司。罗安达港公路连接安哥拉多个主要城市，距离罗安达国际机场 8.3 公里，有前往欧洲、非洲等地的定期航班。罗安达港可通过铁路连接恩达拉坦多、马兰热等主要城市。罗安达新国际机场即将投入使用，该港口与其他城市的连通性将有所提高。

（2）卡宾达港

卡宾达港（港口代码：AOCAB）位于安哥拉飞地卡宾达省的西南沿海，海岸线长约 90 公里，濒临大西洋东侧，坐落于贝尔河右岸。卡宾达地区有丰富的石油储备，得益于地理位置的优势，卡宾达港成为安哥拉最大的油港。卡宾达港大船锚地水深达 40 米，有两个主要的海上泊位，一个泊位最大可泊 10 万载重吨的油船，另一个泊位最大可泊 15.5 万载重吨的油船。卡宾达港备有直径为 203.2 毫米至 406.4 毫米的输油管，自流装速每小时为 4 000 吨。目前有法国达飞海运集团（CMA）、马士基航运公司（MSK）、地中海航运公司（MSC）、太平船务有限公司（PIL）等船运公司在卡宾达港运营。

卡宾达港没有与安哥拉的铁路连接，以公路运输为主，港口距离卡宾达机场约 6 公里，每天有定期航班飞往首都罗安达。

中国葛洲坝集团在卡宾达港建设中有着活跃的表现，2010 年中标承建卡宾达码头项目，该项目由趸船、活动钢引桥、固定墩台、架空固定引桥、实体引桥等组成。在完建的卡宾达应急码头后，又承建了海洋客运站建设项目及防波堤码

---

① 中华人民共和国驻安哥拉大使馆经济商务参赞处：《安哥拉国家概况》，http：//ao. mofcom. gov. cn/article/ddgk/201801/20180102694151. shtml，2018 年 1 月 4 日。

头建设项目。防波堤码头建设项目内容为建设一个总长度为 654 米的防波堤码头工程，由海上道路，码头泊位两部分组成，建成后可停靠客运轮船、滚装货船及万吨级集装箱远洋船。客运站建设项目包括三层客运服务大楼、摆渡区平台、停车场、接入道路与环岛以及供水、供电、消防、监控系统、雨污水设施等配套工程。

（3）洛比托港

洛比托港（港口代码：AOLOB）位于安哥拉本格拉省，西海岸中部，濒临大西洋东南侧，是安哥拉第二大港，南部主要的商港之一，也是非洲最好的自然港之一。在 16～17 世纪，横贯安哥拉全境的本格拉铁路建成以后，洛比托港通过本格拉铁路连接赞比亚、津巴布韦、博茨瓦纳、刚果（金）等周边内陆国家，成为本格拉铁路的唯一出海口，为本格拉经济走廊的繁荣做出了巨大的贡献。

洛比托港距离卡班贝拉机场约 13 公里，距离本格拉机场距离约 33 公里。洛比托港设有转口区，通过本格拉铁路与刚果（金）及赞比亚的铁路相接，成为刚果（金）和赞比亚等内陆国家部分物资的中转港。转口区始建于 1961 年，未设有转口货物专用仓库。洛比托港港区主要码头泊位有 6 个，岸线长 1 130 米，最大水深超过 10 米，装卸设备有岸吊、浮吊、铲车、拖船等，其中浮吊最大起重能力达 100 吨。洛比托港每年处理超 200 万吨货物，接待船舶近 400 艘，随着安哥拉对外贸易的发展，港口设施也在不断扩大和完善①。

洛比托港通过铁路与本格拉走廊相连，拥有广阔的经济腹地，洛比托湾内波浪掩护条件好，回淤量小，水深条件良好，大量海岸线未开发，东侧有广阔台地，具备发展为现代化大港的条件。本格拉铁路开始修复后，本格拉经济走廊国家和地区的矿产资源等不断地从洛比托港输送至世界各地，洛比托港逐渐难以满足持续增长的出口需求。

2007 年 6 月，安哥拉国家重建委员会与中国港湾工程责任有限公司签署了关于修复及扩建洛比托港的备忘录，由中交第四航务工程勘察设计院有限公司规划和设计，采用 EPC 模式，正式开展洛比托港的规划和建设工作。

目前有法国达飞海运集团（CMA）、马士基航运公司（MSK）、商船三井株式会社（MOL）、地中海航运公司（MSC）、尼罗河航运船公司（NDS）等船运公司在洛比托港运营。

（4）纳米贝港

纳米贝港（港口代码：ANNAM）位于安哥拉纳米贝省的首府纳米贝市，是

---

① 苗辉、王汝凯、孙英才、詹广才、梁桁、沈迪洲：《安哥拉洛比托港规划与一期工程设计》，载于《水运工程》2014 年 2 月第 2 期。

安哥拉第三大重要港口。纳米贝港有码头 870 米，分为三个区域：一区 260 米，二区 130 米，三区 480 米，港区配置一艘拖轮，起重设备 3 台，起重能力 5~15 吨，及 40 吨集装箱装载机，每年处理 20 余万吨货物，包括食品、建筑材料及设备、鱼类和农产品等，主要为大理石和花岗岩等出口①。

纳米贝港连接安哥拉主要铁路干线纳米贝铁路，距离纳米贝机场约 7 公里。未来有望通过铁路连接邻国纳米比亚。目前有法国达飞海运集团（CMA）、马士基航运公司（MSK）、地中海航运公司（MSC）等船运公司在洛比托港运营。

2. 机场

安哥拉是国际民航组织成员国，1997 年加入八个国际民航组织公约，客货运输量居非洲前列。安哥拉全国共有 32 个机场，其中大型机场 5 座，有多条国内航线和国际航线。根据世界银行最新公布资料，2017 年安哥拉航空客运量 158.12 万人次，货运量 6 791.38 万吨/公里②，全球出港量 16 679 次。

罗安达国际机场是安哥拉最大的机场，原有面积 1.23 万平方米，改扩建面积 3.75 万平方米，耗资 1.53 亿美元，于 2010 年开始使用。罗安达国际机场可起降大型客机，有通往葡萄牙、法国、英国、德国、阿联酋、美国，以及莫桑比克、埃塞俄比亚、南非、纳米比亚、赞比亚、尼日利亚、中非等国际航班。2008 年中安双方签署《中华人民共和国政府和安哥拉共和国政府航空运输协定》，安哥拉国家航空公司开通的从罗安达到北京的直航航班，后来因故停运，但可以通过中转到达北京、上海、广州等中国城市③。

安哥拉主要的航空公司有安哥拉国家航空公司（TAAG）和 SONAIR 航空公司，安哥拉航空公司是安哥拉最大的航空公司，运营数条国内航线，连接国内各个主要城市，除此之外开辟了多条国际航线，客运量和货运量在非洲前列。安哥拉国家航空公司将致力于将罗安达打造成为撒哈拉以南非洲的航运中心。而 SO-NAIR 航空公司运营罗安达至美国休斯敦直航，以及国内、地区和国际包机。

3. 铁路

安哥拉全国铁路总长度约为 2 800 公里，有三条东西走向的主干线，分别为本格拉铁路、罗安达至马兰热铁路、纳米贝铁路，目前这三条铁路基本具备通车能力。

---

① 通用运费网：《纳米贝港》，2018 年 10 月 26 日，https：//www.ufsoo.com/port/namibe/。
② 万吨/公里：航空货运量单位。
③ 中华人民共和国驻安哥拉大使馆经济商务参赞处：《安哥拉国家概况》，2018 年 1 月 4 日，http：//ao.mofcom.gov.cn/article/ddgk/201801/20180102694151.shtml。

根据《全球竞争力报告 2018》公布数据显示，安哥拉的列车服务效率评分较低，仅为 2.0 分（见表 3），在参与排名的 140 个国家中，安哥拉列车服务效率排名 117 名，同期南非评分为 3.3 分，排名 65 名。

表 3 　　　　　　　　　　　　2018 年各国铁路设施评分比较

评分	安哥拉	莫桑比克	尼日利亚	南非	巴西	葡萄牙	中国
列车服务效率评分（1~7）	2.0	2.5	1.7	3.3	2.5	4.6	4.5

注：评分 1 = 十分糟糕，7 = 非常好。
资料来源：The Global Competitiveness Report 2018.

安哥拉的铁路是葡萄牙殖民时期的产物，年代久远，技术落后，建设标准低。内战结束以来安哥拉经济发展较为迅速，既有铁路已不能满足安哥拉社会经济快速发展的需求。安哥拉的铁路主干线除本格拉铁路外，其余干线均不与邻国铁路接轨；三条主干线互不连通，分属不同的运营单位，没有构成铁路网络，铁路设备重复购置情况突出，严重影响铁路运输效率①。

（1）本格拉铁路

安哥拉最长的铁路干线为本格拉铁路，长度约为 1 344 公里，西起非洲西海岸最佳良港之一洛比托港，东至刚果（金）边境，连接多个重要城市，横贯安哥拉全境，是安哥拉洛比托经济走廊的重要通道②。该铁路通过刚果（金）的铁路网与赞比亚铁路相连，成为大西洋与印度洋之间的国际铁路大通道。本格拉铁路为单线、1 067 毫米轨距的窄轨铁路（部分路段为双线），共设车站 85 个，平均站间距约为 16 公里。本格拉铁路于 20 世纪初修建完成，但是在内战中遭到破坏，内战结束后安哥拉政府斥资 18.3 亿美元重建，该重建项目由中国上海铁路城市轨道设计院设计，中国铁建二十局承建施工，于 2015 年实现通车③。

（2）罗安达至马兰热铁路

罗安达至马兰热铁路全长 538 公里，为 1 067 毫米轨距的窄轨铁路，西起首都罗安达，途经恩达拉坦多，东抵马兰热。该铁路在内战中被毁，于 2011 年重建完成实现通车④。其中西部起点邦戈至巴亚路段长度 36 公里，按城际铁路标准

① 杨元明：《安哥拉铁路现状、规划发展及建设必要性分析》，载于《铁道标准设计》2011 年第 3 期。
② 中国新闻网：《中国铁建海外最长铁路竣工，打造安哥拉"第一速度"》，2014 年 8 月 13 日，http：//www.chinanews.com/gn/2014/8 - 13/6488587.shtml。
③ 人民网：《坦赞铁路与本格拉铁路首次实现客运联通》，2019 年 7 月 31 日，http：//world.people.com.cn/n1/2019/0731/c1002 - 31267892.html。
④ 搜狐网：《中国铁建助非洲在"一带一路"建设中发展》，2017 年 8 月 16 日，https：//www.sohu.com/a/165032386_ 99907935。

修建，双线路基，单线铺轨，设 12 个车站，由中国四川国际经济技术合作有限公司（34 公里）和巴西 EMSA 路桥公司承建；仁热至卡库索路段、巴亚至栋多路段、卡库索至马兰热路段均由来自中国的勘察设计院设计，由中国铁建二十局承建施工，该路段共设车站 16 个，平均站间距为 28 公里。

（3）纳米贝铁路

纳米贝铁路全长 907 公里，连接安哥拉第三大港口纳米贝港和梅农盖市，途经卢班戈、马塔拉、栋戈、库万戈等城市，贯穿安哥拉南部地区。该铁路为单线、轨距 1 067 毫米的窄轨铁路，共设车站 59 个。该项目的大修工程由中国太原铁路设计院设计，由中国浩远集团承建。该项目于 2015 年完成，目前已实现通车①。

4. 公路

安哥拉全国公路总长度约为 7.7 万公里，干线总长度约 2.5 万公里，其中有 1.9 万公里为柏油路面，有 5.6 万公里为砂石土路面，西部沿海地区道路状况较好，内陆地区的道路状况较差。

尽管内战结束后安哥拉道路建设得到一定的发展，但在世界范围内仍处于相对落后的状态。由表 4 可以看出，安哥拉道路连通性指数为 56.2 分，而同在非洲的尼日利亚、南非分别为 66.6 分和 94.2 分，同为葡语国家的巴西、葡萄牙分别为 63.7 分和 90.1 分。安哥拉公路质量评分较低，仅为 2.1 分，而莫桑比克、尼日利亚、南非的公路质量评分分别为 2.4 分、2.4 分、4.3 分。

表 4 2018 年各国公路设施评分比较

评分比较	安哥拉	莫桑比克	尼日利亚	南非	巴西	葡萄牙	中国
公路连通性指数（0～100）	56.2	56.2	66.6	94.2	63.7	90.1	88.4
公路质量评分（1～7）	2.1	2.4	2.4	4.3	3	6.1	4.6

注：评分越高越好，评分越低越糟糕。
资料来源：The Global Competitiveness Report 2018.

根据《全球竞争力报告 2018》公布数据显示，在参与排名的 140 个国家中，安哥拉公路连通性指数排名为 83 名，但公路质量评分排在 138 名。

---

① 新华网：《中企承建安哥拉南部主干铁路正式交工》，2017 年 10 月 31 日，https://3g.china.com/act/news/10000166/20171031/31617519.html。

（二）安哥拉能源基础设施

安哥拉的水力资源丰富，河流密布，雨水充足，水力发电是安哥拉主要的发电方式之一。安哥拉水电站建设始于20世纪五六十年代，建成了坎贝巴（Cambembe）、马布巴斯（Mabubas）、马塔拉（Matala）等水电站。截至2015年安哥拉共有9座水电站可正常发电。但安哥拉的水力资源仍然开发不足，根据美国能源信息管理局统计数据，安哥拉2016年的净发电量仅为102亿千瓦时，远低于南非（2 345.1千瓦时）、阿尔及利亚（668.9千瓦时）等国家。

安哥拉国家整体供电不足，根据全球竞争力报告，安哥拉用电普及率仅有34.7%，而尼日利亚和南非分别为60.6%和86.3%，中国、巴西、葡萄牙等国家接近或等于100%。安哥拉的输配电损耗率业相对中国、葡萄牙、南非等国家而言较高，为11.3%，但低于巴西、莫桑比克、尼日利亚等国家（见表5）。

表5　　　　　　　　　　　　　　　2017年各国供电服务对比　　　　　　　　　　　　单位：%

供电服务	安哥拉	巴西	中国	莫桑比克	尼日利亚	葡萄牙	南非
用电普及率	34.7	99.6	100.0	28.6	60.6	100.0	86.3
输配电损耗率	11.3	15.1	5.1	19.3	16.7	9.0	8.0

资料来源：The Global Competitiveness Report 2018.

电力供应行业是安哥拉经济发展的关键领域之一。安哥拉电力部门的改革始于1996年，旨在促进安哥拉电力生产和配电市场的竞争，鼓励私人投资进入电力行业。根据安哥拉《国家电力发展规划2018~2022》，预期到2022年，安哥拉将大幅提升发电能力，通过扩建改善发电输电设备，用电普及率将提高至50%。

2017年安哥拉政府通过了《PNA–国家水务规划》，预计到2040年，安哥拉将投资1 100亿美元在水务领域，其中水电站建设一项达398.64亿美元。该规划中，2025年安哥拉将在水电站建设一项中投资196.24亿美元。

根据规划，2015~2025年，安哥拉共拟建19座水电站，截至2017年有5座水电站已中标或已完工，包括达拉水电站、坎班贝二期水电站项目、拉乌卡水电站、卢阿西姆水电站二期、凯古路·凯巴萨水电站等。其中凯古路·凯巴萨水电站、卢阿西姆水电站二期由中资企业葛洲坝集团中标承建，中国工商银行均为两个项目提供了85%的融资。

截至2017年，还有14座水电站的工程没有明确授标（见表6）。

表6   截至2017年安哥拉未授标的拟建水电站项目

项目名称	水文区域	项目金额（亿美元）
Aproveitamento Hidroeléctrico Jamba – ia – Mina	威拉省上库内内（Alto Cunene）	7.1
Aproveitamento Hidroeléctrico Jamba – ia – Oma	威拉省上库内内（Alto Cunene）	5
Aproveitamento Hidroeléctrico Baynes	纳米贝省下库内内（Baixo Cunene）	6.5
Aproveitamento Hidroeléctrico Cacombo	本格拉和万博省卡通贝拉（Catumbela）	3.19
Aproveitamento Hidroeléctrico Lomaum Ⅱ	本格拉和万博省卡通贝拉（Catumbela）	3.85
Aproveitamento Hidroeléctrico Quissuca	南宽扎省龙戈（Longa）	5.67
Aproveitamento Hidroeléctrico Cuteca	南宽扎省龙戈（Longa）	7.34
Aproveitamento Hidroeléctrico Cuelei	宽多库邦戈省库邦戈（Cubango）	—
Aproveitamento Hidroeléctrico Liapeca	宽多库邦戈省库邦戈（Cubango）	0.25
Aproveitamento Hidroeléctrico Zenzo	南宽扎省中宽扎河（Médio Kwanza）	12
Aproveitamento Hidroeléctrico Chicapa Ⅱ	北隆达省（Kassai）	—
Aproveitamento Hidroeléctrico Luapasso	北隆达省（Kassai）	2.05
Aproveitamento Hidroeléctrico Genga	南宽扎省库沃河（Queve）	—
Aproveitamento Hidroeléctrico Quilenga（Balalunga）	南宽扎省库沃河（Queve）	4.75

资料来源：根据安哥拉公开资料整理。

1. 凯古路·凯巴萨水电站项目

2017年8月4日，凯古路·凯巴萨（Caculo Cabaca）水电站在安哥拉北宽扎省栋多市举行奠基仪式，安哥拉前总统多斯桑托斯出席开工仪式，并为水电站奠基。

凯古路·凯巴萨水电站位于宽扎河中游流域，该水电站主坝高103米，项目规划装机容量217.2万千瓦，建成后将满足安哥拉40%以上的供电需求。该水电站是中资企业在安哥拉承建的最大水电站，也是安哥拉最大的水电站，被誉为"非洲三峡工程"。

该项目是安哥拉第四大项目，合同金额为45.32亿美元，同时该项目也是南部非洲第七大项目，由中资企业中国能建葛洲坝集团承建。该项目工期为80个月，在项目高峰能为当地带来近万个就业岗位。

该水电站建成后，将满足安哥拉50%以上供电需求，每年可减少不可再生的石油和煤炭资源的消耗273.3万吨，减少温室气体排放量720万吨。该水电站库区形成后，能够大幅改善水资源利用条件，为项目周边城市提供优质的水源。

该项目是中资企业的重点海外项目之一，于 2015 年 6 月签订 EPC 总承包项目合同，于 2017 年 8 月动工，根据中国对外承包工程商会的信息，凯古路·凯巴萨水电站的首台涡轮机有望在 2024 年开始发电[①]。

2. 劳卡水电站工程

劳卡水电站工程（Lauca Hydropower Project）是安哥拉有史以来最大的土木工程项目，也是仅次于凯古路·凯巴萨水电站的非洲第二水电站。

劳卡水电站位于宽扎河 307.5 公里处，距离卡潘达水电站下游 47 公里处。劳卡水电站工程占地 2.4 万公顷，包括 1.8 万公顷的水库和高达 130 米的大坝[②]。

该水电站工程是安哥拉合同金额第五大的工程，合同金额达 43 亿美元，也是南部非洲合同金额最高的项目工程之一。该项目工程始于 2012 年，由巴西 Odebrecht 集团承包，由巴西信托机构提供资金[③]。

（三）安哥拉通信基础设施

随着经济的不断发展，安哥拉通信市场的需求不断扩大，但安哥拉通信产业发展相对落后，通信服务的使用成本较高，部分地区还会出现长时间断网的情况。每改善国内信息科技落后局面，安哥拉政府推出了"安哥拉计划"，具体措施有改善现有通信网络基础设施的运行现状、发射安哥拉第一颗人造卫星等。但该计划的推行并不顺利，安哥拉的第一颗卫星在 2017 年末升空，但不久后因为技术问题与之失联。

安哥拉政府于 2001 年放弃对电信产业的垄断，开放私人投资，目前安哥拉主要的电信公司有国营安哥拉电信公司（Angola Telecom）、联合电信公司（UNITEL）和移动电信公司（MOVICEL）。安哥拉联合电信公司（UNITEL）早年投资 17 亿美元投资通信基础设施建设，不久后又新建了一张长达 9 000 公里的光纤网络，于 2015 年表示再投资约 19 亿美元建设安哥拉网络。

根据《全球竞争力报告 2018》资料显示，安哥拉 ICT 采用评分为 27.4，相

---

① 中国对外承包商会：《安哥拉 Caculo Cabaça 水电站有望在 2024 年开始发电》，2019 年 10 月 30 日，http：//www.chinca.org/CICA/info/19102814215411。

② MACAUHUB：《安哥拉省劳卡大坝已完成三分之二》，2016 年 4 月 10 日，https：//macauhub.com.mo/zh/2016/04/20/two-thirds-of-work-to-build-lauca-dam-in-angola-completed/。

③ MACAUHUB：《今年将建成安哥拉劳卡水电的设施》，2019 年 2 月 11 日，https：//macauhub.com.mo/zh/2019/02/11/pt-construcao-do-aproveitamento-hidroelectrico-de-lauca-angola-fica-concluida-este-ano/。

对尼日利亚、莫桑比克国家较好，但远不及南非、博茨瓦纳等国家。每 100 人中移动电话用户和固网用户人数也相对较少，仅为 37.3 和 0.7（见表7）。近年来安哥拉政府大力发展通信产业，也取得了一定的成就，据世界银行统计 2017 年安哥拉手机用户已经超过 1 300 万人，固话、固网用户也分别有 16.1 万人、9.7 万人，但相对其他发展较好的国家，安哥拉通信产业仍有待发展。

表7 非洲各国通信产业对比

通信产业细目	安哥拉	尼日利亚	莫桑比克	南非	博茨瓦纳
ICT 采用评分	27.4	26.2	26.3	46.1	42
移动电话用户人数/100 人	37.3	63.3	33.4	100	100
固网用户人数/100 人	0.7	0.1	0.3	6	4.3
网络用户占总人口百分比	13	25.7	17.5	54	39.4

注：评分 0 = 十分糟糕，100 = 非常好。
资料来源：The Global Competitiveness Report 2018.

中资企业早在 20 世纪开始投资安哥拉通信市场。目前进入安哥拉通信市场的中资企业有华为、中兴、上海贝尔等。1998 年开始华为开始安哥拉，2013 年获得安哥拉"最佳技术奖"，如今华为在安哥拉已有了三大板块的业务，分别是运营商业务（IoT、5G、品质家宽、华为云）、企业业务（能源、智慧城市、cloudlink、IT 平台）、终端业务（最新华为手机平板和电脑）[①]。2019 年在安哥拉电信和信息技术部主办的第 10 届全球信息和通信技术展览会上，华为携带 5G 产品参展，成为这次会展上的最大亮点。

（四）房地产行业基础设施

安哥拉首都罗安达人口密集，市场需求达，但住宅较少，房地产价格相对较高，在中心城区每平方米几千美元到两万美元不等。

建筑业在国民经济具有重要的地位，内战结束后百废待兴的安哥拉吸引了大量外资建筑商来投资房地产行业。根据《2018 年非洲基础建设动态》的资料，在南部非洲的项目中，房地产领域占项目总数的 25%，仅次于交通运输领域，按项目金额总数来看，房地产领域占 27.6%，金额为 346 亿美元，仅次于能源和

---

① 安哥拉华人报：《华为公司携 5G 产品亮相安哥拉全球通信展》，2019 年 6 月 24 日，http：//www.sohu.com/a/322713540_271142。

电力领域。

中资企业在安哥拉房地产建设中有着活跃的表现。中铁十七局集团在安哥拉首都罗安达南郊建设 K. K. 项目（凯兰巴·凯亚西社会住房项目），项目占地 8. 8 平方公里，合同总额约 35. 35 亿美元，是中国企业在国际上以 EPC 模式承建的单项合同额最大的社会住房项目①。该项目一期建设用时 4 年，工程主要包括 710 栋公寓楼及相关配套设施，项目于 2011 年 7 月成功通过验收交付，前总统多斯桑托斯亲自为移交仪式剪彩。该项目北安政府誉为"安哥拉重建王冠上最为璀璨的明珠"，还荣获中国建设工程领域最高荣誉——鲁班奖。

除此之外，中铁十七局集团还在罗安达省建设了安哥拉教育基金会"教师城"项目，该项目总占地面积 513. 6 万平方米，其中一期 534 套住房工程，总建筑面积 10. 8 万平方米，由住宅和商业配套设施组成。

安哥拉自 2014 年以来一直面临金融危机，安哥拉房地产专业人员协会（APIMA）表示，由于缺乏购买力，安哥拉房地产需求量下降 80%，市场几乎处于停滞状态，安哥拉放弃锚定美元的汇率制度、商业银行缺乏低成本贷款等都是房地产业停滞不前的原因。制度过度官僚、签发土地使用权证过慢、缺乏有力的住房政策、未赋予企业家足够自主权等，也造成了房地产的困局②。

三、安哥拉基础设施投资现状

（一）非洲基础设施投资概况

近年来，全球经济下行的压力在不断累积。2019 年 1 月开始至 2019 年 10 月，国际货币基金组织（IMF）四次下调世界经济增长速度预期，在 2019 年 10 月的《世界经济展望报告》中，2019 年世界经济增速预期已下调至 3%，为 2008 年世界金融危机以来最低水平。根据智库布鲁金斯学会的报告，有 20 个经济体在未来五年将以平均 5% 或更高的速度扩张，世界上增长最快的经济体中约有一半将位于非洲大陆③。

---

① 新华财经：《中信建设为安哥拉"建城"》，2012 年 12 月 5 日，http：//world. xinhua08. com/a/20121205/1079315. shtml。
② 腾讯网：《安哥拉房地产市场近乎停摆》，2019 年 11 月 5 日，https：//new. qq. com/omn/20191115/20191115A0BY6J00。
③ 华尔街见闻：《研究：2019 年增长最快经济体中非洲会有一席之地》，2019 年 1 月 17 日，https：//baijiahao. baidu. com/s？id=1622894667978364920&wfr=spider&for=pc。

2018 年世界 GDP 增长率排名前 20 名的国家中，非洲国家占了其中 9 个席位。非洲经济增长率相对其他地区较好，外国投资者纷纷将目光放在非洲。根据联合国贸易和发展会议（UNCTAD）的《2019 全球投资报告》显示，全球外国直接投资（FDI）连续三年下降，2018 年同比大幅下滑 13%，在此全球投资疲软的背景下，非洲吸引外资逆势上涨，2018 年非洲吸引 FDI 约 460 亿美元，同比增长 11%。

尽管非洲吸引外国直接投资不断增长，但是对非洲的基础设施投资仍然不足。据非洲开发银行估算，非洲基础设施投资存在巨大的缺口，约为每年 680 亿美元至 1 080 亿美元之间①。基础设施是经济社会发展的基础，一直以来基础设施在国家或地区的发展中扮演着至关重要的角色。然而非洲的基础设施建设发展落后，多数非洲国家的固定资本形成总额占 GDP 比重少于 30%，这意味着非洲各国对基础设施投资不足②。

2014～2018 年间，非洲基础设施项目数量增长近一倍，项目金额总数由 2014 年的 3 260 亿美元增长至 2018 年的 4 710 亿美元（见表 8）。非洲基础建设项目的主要领域是交通运输，根据《2018 年非洲基础建设市场动态》报告，非洲基础建设项目达 482 个③（见表 8），其中有 186 个项目与公路、桥梁或铁路相关，占比 38.6%，项目金额为 1 070 亿美元，占总额的 22.7%。

表 8   **2014～2018 年非洲基础设施项目数量及项目金额**

项目	2014 年	2015 年	2016 年	2017 年	2018 年
项目总数（个）	257	301	286	303	482
项目金额（亿美元）	3 260	3 750	3 240	3 070	4 710

资料来源：Deloitte.

在这 482 个项目中，大多数项目的所有权属于非洲国家的政府，项目资金的主要来源是政府、开发金融机构以及中国企业，非洲本土承建商承建项目数量占 24%，外国承建商承建的项目数量逐渐超过非洲本土承建商，其中中国企业所承建的项目占总数的 33%。

---

① 中国金融信息网：《非洲开发银行行长：非洲基础设施融资缺口每年达 680 亿至 1 080 亿美元》，2019 年 11 月 12 日，http://www.xinhuanet.com//finance/2019-11/12/c_1125223004.htm。

② Deloitte：《全球化领航：德勤发布〈2018 年非洲基础建设市场动态〉报告》，检索日期：2019 年 10 月 15 日，https://www2.deloitte.com/cn/zh/pages/international-business-support/articles/2018-africa-construction-trends-report.html。

③ 在《2018 年非洲基础建设市场动态》中，符合标准的项目是指 2018 年 6 月 1 日前开工，金额达 5 000 万美元的项目。

政府是基础设施建设项目的主要业主，在 482 个项目中有 364 个项目的业主是政府，占比 75.5%，同时也是主要的出资方，为其中 118 个项目出资。中国企业也是主要的出资方之一，为其中 91 个项目出资，同时也是主要的项目承建方，2018 年承建的项目有 160 个，相比 2017 年的 85 个增长了 33.2%。

（二）安哥拉基础设施投资环境

安哥拉基础设施的发展现状在世界范围内对比较差，根据《全球竞争力报告2018》数据显示，安哥拉基础设施评分为 40.7 分，在参与排名的 140 个国家中排名靠后，为 127 位。同期同在南部非洲的南非，基础设施评分为 68.6 分，排名为 64 位。同为葡语语系国家的巴西和葡萄牙的评分分别为 64.3 分和 83.3 分，排名分别为 81 位和 19 位，中国评分为 78.1 分，排名 29 位（见表 9）。

表 9　　　　　　　　　　2018 年各国基础设施评分及排名对比

评分及排名	安哥拉	莫桑比克	尼日利亚	南非	巴西	葡萄牙	中国
评分	40.7	37.3	42.3	68.6	64.3	83.3	78.1
排名	127	130	124	64	81	19	29

注：分值 0 = 十分糟糕，100 = 非常好。
资料来源：The Global Competitiveness Report 2018.

固定资本形成总额（GFCF）包括政府和私有经济在土地改良和基础建设方面的投入，可反映一个国家在基础设施建设方面的支出情况。世界各国固定资本形成总额占国家 GDP 比例的差别较大，通常来说，固定资本形成总额占 GDP 比例越高，国家在基础设施建设、改造方面的花费就越多。根据经验，固定资本形成总额占 GDP 比重 30% 左右最有利于经济增长[①]。

根据世界银行公布的数据，2017 年全球 GFCF 占世界 GDP 的比例为23.48%，撒哈拉以南非洲的 GFCF 占该地区 GDP 的 20.05%。2017 年安哥拉GFCF 占 GDP 比例为 23.24%（见表 10），接近世界水平，高于撒哈拉以南非洲的平均水平。同年尼日利亚、葡萄牙、巴西等国家 GFCF 占国家 GDP 的比例在15% 左右，南非占比接近 19%。

---

① Deloitte：《2018 年非洲基础建设市场动态》。

表 10　　　　　　　**2017 年各国固定资本形成总额占 GDP 比重对比**　　　　　单位：%

国家	安哥拉	莫桑比克	尼日利亚	南非	巴西	葡萄牙	中国
占比	23.24	24.59	14.72	18.76	14.98	16.59	42.57

资料来源：世界银行。

内战结束后安哥拉在基础设施建设方面的投入逐渐加大，固定资本形成总额（GFCF）增长较快。根据世界银行公布数据，2000 年安哥拉 GFCF 为 25.7 亿美元，2014 年达到峰值 400.4 亿美元，2014 年之后出现两年下降，2016 年下降至 265.1 亿美元，2017 年同比增长 7.1%，为 283.3 亿美元（见图 1）。

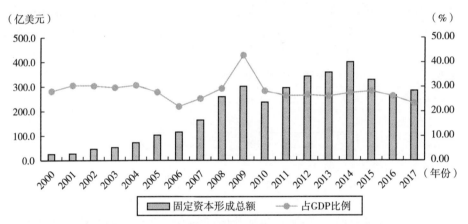

图 1　2000～2017 年安哥拉固定资本形成总额与占 GDP 的比例

资料来源：世界银行。

四、中国对安哥拉基础设施投资现状

目前，在包含安哥拉的南部非洲基础设施建设中，中国是第二大资金来源国，占比 21.4%，中国企业是第二大承包商，占工程项目数量的 30.1%。

在南部非洲项目金额最高的前十个项目中（见表 11），安哥拉占了其中五个项目，分别是 Kaombo 超深水石油项目、纳米贝炼油厂项目、罗安达国际机场项目、Caculo Cabaca 水电站项目、Lauca 水电站工程。

表 11 南部非洲项目金额前十的项目

国别	项目	项目金额（亿美元）
安哥拉	Kaombo 超深水石油项目 Kaombo，Block 32	160
南非	库西里发电站 Kusile Power Station	152
南非	迈德匹发电站 Medupi Power Station	132
安哥拉	纳米贝炼油厂项目 Namibe Refinery Project	120
南非	瀑布城市发展项目 Waterfall City Development	68
安哥拉	罗安达国际机场 Luanda International Airport	64
莫桑比克	帕尔马莫金宝大普拉亚天然气处理设施项目 Palma e Mocimbao da Praia Natural Gas Processing Facility Project	50
安哥拉	凯古路·凯巴萨水电站项目 Caculo Cabaca Hydropower Project	45
安哥拉	劳卡水电站工程 Lauca Hydropower Project	43
津巴布韦	贝特布里奇-哈拉雷-奇隆杜高速公路 Beitbridge – Harare – Chirundu Highway Dualisation	27

资料来源：《2018 年非洲基础建设市场动态》。

其中 Kaombo 超深水石油项目距离安哥拉西海岸 160 英里处的海上，深度 1 400～1 900 米，石油总储量 6.5 亿桶，面积 800 平方公里，含有轻油和重油，涉及 6 个石油区块，包括 59 口海上油井，是一个高度混合项目。其中道达尔石油公司占股 30%，安中国油（China Sonangol）占股 20%，安国油（Sonangol）占股 30%，中石化占股 5%[1]。

2018 年，有 200 多家中资企业在安哥拉运营，主要集中在建筑、商贸、地产

① 张琪：《安哥拉海上石油业前景看好》，载于《中国能源报》2014 年 4 月 21 日第 06 版。

和制造业等领域。据统计，2016 年中安双方新签订的各类项目总数超过 100 个，涉及能源电力、港口、机场、公路铁路等方面。

中国是安哥拉最大的外部资金来源国。由表 12 可以看到，近年来中国企业对安哥拉的基础建设投资不断加大，根据中国商务部的统计数据，2017 年中国企业在安哥拉新签承包工程合同 175 份，合同金额达 85.82 亿美元，新签大型工程承包项目包括罗安达新国际机场等。根据德勤公开资料显示，中国在安哥拉有 6 个合同金额超过 5 000 万美元且在 2018 年 6 月 1 日前动工的在建项目。

表 12　　　　　　　　　　2013 ~ 2017 年中国在安哥拉承包工程简况　　　　　　单位：亿美元

年份	新签合同额	累计签订合同额	完成营业额	累计完成营业额
2013	40.30	443.00	74.50	370.00
2014	34.69	477.67	63.98	434.04
2015	87.70	567.21	49.53	483.60
2016	85.58	690.72	43.32	526.90
2017	85.82	776.52	66.90	593.80

资料来源：中国商务部。

五、对安哥拉基础设施投资的合作模式

（一）安哥拉模式

安哥拉经济发展在内战中遭到破坏，作为支柱产业的石油业受到重创。2002 年内战结束后，安哥拉先后向多个不同的国际援助机构申请战后重建资金，但由于援助所附带的政治条件而使得战后重建资金的申请没有进展。

2004 年，中国政府与安哥拉政府签署中国对安哥拉的援助协议，以"资源、信贷、项目"一揽子合作方式进行，该模式也称为"安哥拉模式"[①]。通过"以资源换基础设施"的模式进行合作，安哥拉以未来开采的石油作为担保，中国给予贷款，帮助安哥拉建设经济发展所需的基础设施。中安双方分别于 2004 年及

---

①　在大型基础设施和资源勘探等项目中，由中方出资和开发，合作方以某种资源和投资权益作为担保，将资源或项目的部分收益直接用于偿还贷款，该模式在安哥拉取得了较好的成果，因此也称为"安哥拉模式"。

2007 年签署了第一期、第二期协议，总金额达 45 亿美元，共计 102 个项目，涉及电力、供水、公共工程、通信等领域。

在"安哥拉模式"下资金流动及业务流程大致为：中国企业承包工程，由业主向安哥拉财政部申请支付，安哥拉财政部批准后，由中国进出口银行向承包企业支付款项。安哥拉政府的还款方式为以每天一万桶原油按市场价格提供给中国石油公司，并给予优先开采权，再由中国石油公司向中国进出口银行还贷。

（二）EPC 模式及其衍生

1. EPC 模式

EPC（Engineering Procurement Construction）模式是指公司受业主委托，按照合同约定对工程建设项目的设计、采购、施工、试运行等实行全过程或若干阶段的承包。通常，工程公司在总价合同①条件下，对其所承包工程的质量、安全、费用和进度进行负责。项目业主则负责项目的融资借贷、项目的运营管理维护等。

EPC 模式强调和充分发挥设计环节的重要性，有效克服设计、采购、施工相互制约和相互脱节的矛盾，明确项目工程质量的责任主体。在 EPC 模式的实践中，合同结构形式一般为两种。一是交钥匙总承包，即"交钥匙工程"，总承包商负责设计、采购、施工，最终是向业主提交一个满足使用功能、具备使用条件的工程项目。这种模式是典型的 EPC 总承包模式。二是 D－B 模式，即设计—施工总承包，承包公司负责项目的设计和建设，并对项目工程的质量、工期、造价等负责，业主负责该工程项目的建筑材料、建筑设备等的采购工作。

EPC 模式适用于投资效益较差或无收益来源的项目，对于承包商来说，仅在施工阶段存在一定风险，而没有项目建成后的运营风险和项目收益过低带来的风险。EPC 模式是近年来大多数国际性工程公司的运作模式，中国在非洲的工程项目主要也是以 EPC 模式形式进行。

2. EPC＋F 模式

EPC＋F 模式是为适应市场需求而在 EPC 模式的基础上衍生出来的一种项目管理模式，其中 F 代表融资投资，因此 EPC＋F 模式也被称为"融资 EPC"模

---

① 总价合同：也称为总价包干合同，业主付给承包商的工程款项有明确的总价，即根据招标时的要求和条件，当施工内容和施工条件没有发生变化时，业主付给承包商的工程款项不会发生变化。

式。在该模式下，承包商为业主解决部分项目融资问题，或协助业主获取国内甚至国际融资来保证项目的进行。

该模式相对 EPC 模式而言，有了更丰富的融资渠道。对承包商来说，承包商可利用自身与银行之间的合作协议，将国内或国际金融机构推荐给业主，由金融机构向业主直接发放贷款，帮助业主以较少的资金推进项目的启动，从而促进项目的进行。对业主来说，EPC + F 模式在一定程度上丰富了融资渠道。在该模式下，业主可通过承建商的优势或资源以相对优惠的成本或条件获得贷款，从而推动项目的进行。

近年来世界多项经济指标在不断降低，全球经济下行压力逐渐增大，许多国家都在寻找对外投资的新方向。自 2002 年非洲联盟成立以来，非洲一体化进程不断推进，政治逐步趋于稳定，成为世界上经济增长最快的地区之一。许多国家出台了对非投资援助的政策，来自这些国家的承包商可帮助非洲政府拓展融资渠道。在对非投资援助的背景下，EPC + F 模式可能会发展成未来国际基础设施建设投资的一个重要发展方向。

（三）PPP 模式

PPP（Public - Private Partnership）模式，即政府与社会资本合作模式，也被称为公私合作制。例如，安哥拉水力资源丰富，但由于多年战乱致使许多水电站瘫痪，安哥拉政府无力投资修复，便探索 ROT 模式和 BOT 模式用于修复和建设水力发电站，但这类模式的项目融资规模大，电费回收率低，回收周期长，投资风险也比较大。2011 年，安哥拉议会批准通过 PPP 法案，鼓励和支持 PPP 项目的开展。但目前中资企业在安哥拉尚未实施特许经营权项目。

1. BOT 模式

BOT（Build - Operate - Transfer）模式，通常直译为"建设 - 经营 - 转让"，或"基础设施特许权"。在基础设施的建设、管理和运营中，以政府与私人机构达成协议为前提，由政府赋予私人机构一段时期的特许权，允许私人机构在一定时期内建设、管理和运营某一基础设施，在特许期限结束后，私人机构将该基础设施交还政府。

在 BOT 模式下，政府即业主授予项目承建商一定期限的特许经营权，该权限的时限由双方合同规定，一般为 20 ~ 30 年间；承建商负责该基础设施的设计、融资、建造、管理运营和维护等工作，实现对该基础设施的建设和运营。在合同到期后，即特许经营权期限结束后，该基础设施及相关权利交还业主。在该模下，可以较快的速度筹集项目资金，可有效缓解政府财政压力，减缓政府资金不足但基础设施亟待发展的矛盾。

安哥拉政府总债务压力较大，根据国际货币基金组织公布的数据，2012～2018 年间安哥拉政府总债务占 GDP 的比例上升速度较快，由 26.7% 上升至 89.0%（见图 2）。2018 年安哥拉政府总负债的 GDP 占比在世界范围内排名 26 位，而同期南非为 7 位，中国为 94 位，尼日利亚为 160 位，占比分别为 56.7%、50.6%、27.3%。在 BOT 模式下安哥拉政府在项目贷款、担保、保险等方面无需承担责任，一定程度上缓解政府负债的压力。

图 2　安哥拉政府总债务占 GDP 比例

资料来源：国际货币基金组织。

2. BOT + 政府投资入股模式

BOT + 政府投资入股模式是由 BOT 模式衍生出来的一种模式。在该模式下，政府与承包公司达成协议，共同组建 SPV（Special Purpose Vehicle）公司，根据相关协议由承包商负责项目的建设、管理和运营。政府与项目承包商通过 SPV 公司共同承担风险和共享收益，在特许经营权期限到期后项目归还给政府。

与 BOT 模式不同，项目业主需要承担与其在 SPV 公司所占股份相对应的项目资金融资责任，相比 BOT 模式会给政府带来一定的负债压力。除此之外，政府还要承担项目建设风险，可能会在项目期间增大政府的资金投入。但相对而言，项目承包商的融资压力、项目风险会降低。因此该模式一般适用于风险较高、未来收益较差、投资回报率较低的项目。

3. 其他模式

ROT（Rehabilitate – Operate – Transfer）模式，通常直译为"修复 – 运营 – 转让"模式。与 BOT 模式不同的是，承建商是对某一项目进行修复或改造，再进行运营，在特许经营权期满后将该项目交还业主。

除了 BOT + 政府投资入股模式之外，BOT 模式衍生出 BOOT 模式、BOO 模式、BOOST 模式、BLT 模式、BT 模式和 BTO 模式等。

BOOT（Build – Own – Operate – Transfer）模式与 BOT 模式不同之处在于在一定期限内，项目承包商除了特许经营权，还对该项目还享有所有权。BOO（Build – Own – Operate）模式下，政府授予项目承包商特许经营权，但该项目不交还政府。BOOST（Build – Own – Operate – Subsidy – Transfer）模式下，承包商享有项目所有权、特许经营权，在期限到期后，政府对承包商进行补贴，再将项目交给政府。BLT（Build – Lease – Transfer）模式下，项目建成后，政府有义务成为项目承租人，租赁期结束后项目交还政府。BT（Build – Transfer）模式下，项目建成后由政府向承包商购买该项目。BTO（Build – Transfer – Operate）模式下，项目建成后交还政府，再由政府长期出租给承建商进行运营。

（四）安哥拉常见的招标方式

安哥拉常见的招标方式是公开招标、有限邀请议标、直接议标等方式。

一般而言项目是公开招标，尤其是世界银行、非洲开发银行的项目都有着严格的招标、投标程序。但是在部分中安合作项目的招标投标过程中，会因为中安双方合作条件的要求，或业主对部分企业相对熟悉且十分信任，业主可能会向部分企业发出投标邀请，再按照招标文件要求和标准对接受投标邀请的企业进行评估和授标。对于在安哥拉经营时间长、声誉较好的企业，与业主建立了良好的合作关系和信任基础，甚至为业主垫资进行项目的勘探和研究、帮助业主解决融资问题，从而确立了独家合作地位，当具备建设条件后，可与业主直接议标。

六、安哥拉基础设施投资的风险、难点与建议

（一）通货膨胀和汇率波动带来的货币贬值风险

安哥拉正处于经济危机，市场大环境欠佳，通货膨胀和汇率波动是中资企业在

安投资面临的诸多挑战之一。安哥拉内战结束以来消费者物价指数（CPI）居高不下，2012~2018年间最低为7.3%，但2016年和2017年在30%左右（见图3）。2018年有所下降，但依然高达19.6%，而同期莫桑比克为3.9%，南非为4.6%，巴西为3.7%，葡萄牙为1.2%，中国为2.1%。

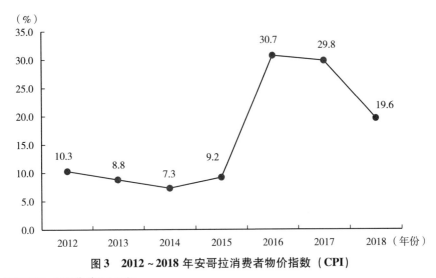

图3　2012~2018年安哥拉消费者物价指数（CPI）

资料来源：国际货币基金组织。

此外，在国际投资中汇率变动的风险是不可忽视的，安哥拉宽扎汇率波动很大，贬值严重，根据世界银行的公布数据，进入21世纪以来安哥拉宽扎兑换美元的官方汇率①不断升高，2000年10.0宽扎兑换1美元，2018年上升至252.9宽扎兑换1美元。由图4可以看到，2015年、2016年及2018年官方汇率变动较大，2015年和2016年同比分别上升22.13%、36.31%，2018年官方汇率变动最大，同比上升52.40%。

（二）石油价格波动带来的政府支付风险

尽管安哥拉在内战结束后努力推动国家经济向多元化发展，但安哥拉的经济结构仍然单一脆弱。安哥拉是一个典型的石油经济国家，经济发展严重依赖进口。近年来世界石油危机频发，石油价格波动较大，对安哥拉的经济发展有着严

---

① 官方汇率（official exchange rate）：指国家主管部门确定的汇率或在法律认可的外汇市场上的汇率，根据兑换1美元的本地货币单位的月平均水平计算年平均水平。

重的影响。

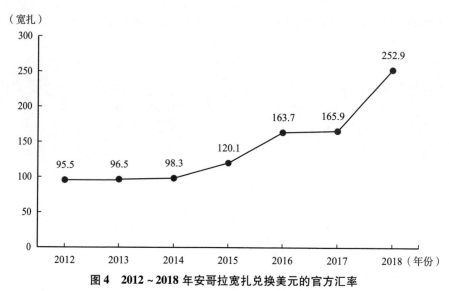

图4　2012～2018年安哥拉宽扎兑换美元的官方汇率

资料来源：世界银行。

　　中国对安哥拉的援助模式也称为"安哥拉模式"，以资源换基建，以石油换贷款。当石油价格下降，安哥拉政府的收入降低，偿还项目贷款则可能会出现困难。

（三）政策更迭和法律风险

　　安哥拉内战结束至今不到20年，政策更迭可能性较高，法律体系和监管体系发展不完善。根据世界银行经济学人情报部（EUI）在2015年所做的有关非洲公私合营环境评估的报告中，安哥拉的PPP模式法律政策评估得分仅为28.1分，而南非、肯尼亚和尼日利亚的评估得分分别为75.0分、65.6分和31.3分。

（四）腐败问题严重

　　安哥拉权力运行缺乏透明度，存在着"腐败金字塔"。根据世界著名非政府组织"透明国际"建立的清廉指数排行榜，安哥拉清廉指数评分仅为19分，在参与排名的180个国家中排在165位（见表13）。

表13	2018年各国清廉指数评分及排名对比						
评分与排名	安哥拉	莫桑比克	尼日利亚	南非	巴西	葡萄牙	中国
评分	19	23	27	43	35	64	39
排名	165	158	144	73	105	30	87

注：分值 0 = 十分糟糕，100 = 非常好。

资料来源：Corruption Perceptions Index 2018.

安哥拉的腐败问题严重，工程项目建设过程中缺乏有效的评估和监督，缺乏透明度。安哥拉学者曾表示安哥拉国家重建过程中基础设施领域因腐败导致的损失约 200 亿美元[1]。安哥拉的腐败问题对资源分配、社会发展等方面造成了不利影响。

安哥拉新总统洛伦索自 2017 年上台以来，发起了一系列打击腐败的行为，并在 2018 年发布了《安哥拉 2018 ~ 2022 反腐战略计划》。安哥拉的反腐行动取得了一定的成就，安哥拉前主权基金主席、前总统之子、前国家银行行长、前交通部部长、前罗安达省省长等政府高官皆因腐败问题被指控[2]。

（五）中资企业之间的不正当竞争

坚持对外开放是中国的基本国策，改革开放以来，在中国经济高速发展的背景下，响应全面深化改革开放号召，中国企业"走出去"势头迅猛。但由于缺乏跨境统筹管理，中国企业投资管理混乱，竞争激烈，出现不正当竞争现象，无序和同质化竞争严重。部分中资企业由于缺少跨国投资和海外项目经营的经验，项目选择具有盲目性，造成同类项目竞争加剧、产业重叠、经营分散化、配套产业弱化等问题，直接影响项目的投资回报[3]。

（六）安哥拉基础设施投资的建议

中资企业应该遵循"开放包容、合作共赢"原则，共商、共建、共享，发挥中资企业"走出去"的作用，建立与非洲和安哥拉的"命运共同体"关系。

---

① 安哥拉华人报：《触目惊心！腐败导致安哥拉基础设施建设损失约 200 亿美元》，2019 年 6 月 3 日，http://www.sohu.com/a/318378584_271142。

② 驻外之家：《民怨沸腾，非洲反腐迫在眉睫！》，2019 年 3 月 14 日，http://dy.163.com/v2/article/detail/EA853S080528CJEP.html。

③ 梁青山：《中资企业开发非洲基础设施工程承包市场的思考》，载于《海外投资与出口信贷》2018 年第 4 期。

第一，中国企业要注意安哥拉在发展水平、法律体系、商业惯例、技术规则等方面存在差异，配套支持措施不足，能力建设机制缺失等困难。做好风险评估，区别政治性与商业性项目，避免盲目投资。有经验、有竞争优势的企业带动后进企业，做好对外投资的统筹管理，建立监督机制，避免中资企业之间的不正当竞争。要密切关注安哥拉汇率波动和石油市场的动态，建立应急预案，及时做好风险对冲。

第二，要意识到中国的工程施工规范国际化推广起步较晚，普及程度相对有限，因此在与国际监理或独立工程师共同工作时，企业需要有意识地做大量沟通工作才能获得其理解和信任，必须注意时间成本和沟通成本。

第三，规范和协调中国企业间无序地同质化竞争问题。虽然，中国企业"走出去"势头迅猛，但竞争激烈，投资秩序混乱，缺乏跨境统筹管理。个别企业建设和经营海外项目的经验不足，项目选择具有盲目性，造成同类项目竞争加剧、产业重叠，经营分散化、配套产业弱等问题，直接影响项目的投资回报。

第四，要注重政治风险的影响。尽管安哥拉腐败问题严重，但近年来安哥拉政府反腐力度不断加大。中资企业应该在合理范围内做好有针对性的公关工作，保持密切的联系，建立合作关系和信任关系，在重大投资合作项目上获得安哥拉政府的支持与理解。企业应该在合理合法的范围内经营，承担必要的社会责任，且要密切注意关注政治动态，安哥拉每5年进行一次大选，企业应提前做好安全防范措施和各类突发事件应急预案。

第五，重视安哥拉媒体的影响，积极、正面、妥善地应对舆论问题。近年来随着中国综合实力和影响力的提高，西方世界出现"中国威胁论"等言论，如不能正确处理媒体关系，可能会导致安哥拉政府和社会对中资企业的不信任。企业应利用好媒体的影响，树立良好的形象。

参考文献

[1] 史晓丹：《"一带一路"国家基础设施发展的影响因素研究——基于面板门槛模型的实证分析》，载于《福建论坛·人文社会科学版》2018年第12期。

[2] 盖轶婷、尹莉俊、赵满：《"一带一路"倡议下非洲国家基础建设投融资研究》，载于《交通企业管理》2018年第6期。

[3] 掌上安哥拉：《非洲土豪：安哥拉将投资400亿美元建设众多水电站!》，2017年6月18日，https：//mp. weixin. qq. com/s/JV6ehB6gTvhEsG0 – ARlKzg。

[4] 朱伟东：《非洲PPP项目的法律政策环境》，载于《中国投资》2017年2月第4期。

[5] 商务部国际贸易经济合作社、中国驻安哥拉大使馆经济商务参赞处、商务部对外投资和经济合作司：《对外投资合作国别（地区）合作指南·安哥拉》，2018年版。

安哥拉农业发展与中国投资

周瑾艳　汪段泳[*]

摘　要：随着安哥拉推行多元化战略和中安战略合作伙伴关系从资源、信贷及工程承包一揽子合作向当前的投融资合作转型升级，农业的作用日益重要，成为中安合作新的增长点。中安农业合作以国家主导的农业基础设施建设合作为起点，逐渐向企业主导的农业投资转型。国开行和进出口银行支持的首期七大农业综合项目的五年合同相继期满，中资企业从农业基础设施承包商的角色逐渐转型为真正的农业投资者，民营企业在中非农业的商业化运作中开始发挥主导作用。本文通过对中安农业合作的特点和趋势的分析，指出中国投资安哥拉农业机遇与挑战并存，并对未来的中安农业合作方向及如何应对挑战提出政策建议。

关键词：安哥拉　多元化　农业

中安合作已经走过了粗放发展的最初十年，通过国家信贷获取基建承包工程和进行石油贸易的合作方式在安哥拉战后重建初期这一特殊时期取得了较大成效，实现了中安双方政治经济利益的双赢。但随着安哥拉发展多元化经济，中安战略合作伙伴关系的深化也需要新的增长点。中非合作论坛上两国领导人达成重要共识，共同致力于实施中非农业现代化合作规划和行动计划，中安两国在农业领域的合作前景广阔，潜力巨大。农业既是安哥拉多元化战略的重点，也是中安合作的重要领域。

---

[*] 周瑾艳，中国社会科学院西亚非洲研究所/中国非洲研究院助理研究员。
　汪段泳，上海外国语大学国际关系与公共事务学院副研究员。

一、安哥拉农业发展的基本情况

作为一个拥有 3 000 多万人口的国家①，安哥拉 2/3 的人口在农业领域就业，但全国的可耕种面积只有 10% 得到了耕作②。同时，安哥拉的亩产量也是整个撒哈拉以南地区最低的，这个曾经的农业大国如今已成为一个严重依赖粮食进口的国家。近年来，安哥拉农业产量有所增加但这主要是由于耕种土地的增多，而不是生产力提高的结果。玉米、稻米、大豆和马铃薯等四类主要食粮需进口弥补国内消费。近年来受自然灾害的影响，安哥拉有上百万人的粮食安全受到威胁③。

（一）安哥拉的多元化战略和农业投资

农业在安哥拉的多元化战略中居于重要地位，安哥拉政府积极鼓励外商投资农业。安哥拉国家私人投资局（ANIP）是安哥拉主管国内外私人投资的政府主管部门，该机构的主要职能是：根据议会通过的《私人投资基本法》负责全国私人投资领域的政策执行，负责对私人投资的促进、协调、指导和监督。根据安哥拉《私人投资税收和关税鼓励法》的规定，安哥拉政府鼓励外商优先在农牧业领域开展投资④。2018 年 6 月，安哥拉新私人投资法正式实施。新私人投资法取消了最低外商投资优惠的门槛——5 000 万宽扎（约合 20 万欧元）。同时，该法将正式取消以前外国人在安注册公司时安籍公民必须持有至少 35% 股权的要求。

此外，安哥拉农业和农村发展部（MINAGRIF）制定的安哥拉农业发展规划 2018~2022 年确立了安哥拉农业发展的两种模式和中期目标⑤。

（1）两种模式

其一，家庭农业是安哥拉农业的基础。农民是农业发展的根本，安哥拉目前

① The World Bank Angola country profile. , https：//data. worldbank. org/country/angola? view = chart.
② https：//www. ifad. org/en/web/operations/country/id/angola.
③ FAO Angola Country Programmming Framework, 2013 – 2017, http：//www. fao. org/3/a – bp627e. pdf.
④ 根据安哥拉《私人投资税收和关税鼓励法》的规定，安哥拉政府鼓励外商优先在农牧业领域开展投资：（1）农牧业；（2）加工工业，特别是包装生产、机械、设备、工具和配件的生产，材料回收，纺织、服装生产和制鞋，木材及副产品生产，食品和建材生产，信息和通信；（3）铁路、公路、港口、机场、通信、能源和水等基础设施；（4）电信业；（5）捕鱼及其加工，包括造船和织网；（6）水电力；（7）住宅建设；（8）卫生和教育；（9）大型载物和载客设备生产制造；（10）旅游。
⑤ Plano de Desenvolvimento Nacional2018 – 2022，参考微信公众号"罗安达在线"发布的王珞霞的译文。

仍然处于家庭体力劳动的农业体系之下。农民的生产结余一般会流入消费市场，比如木薯、玉米、豆类、土豆及部分水果蔬菜，而当下市场上约80%的谷物、90%的块根类和块茎类作物、90%的豆类和油籽都来自家庭农业。

其二，企业农业是面向市场和国民自给自足的中型投资和大型投资。安哥拉允许发展规模经济，确保生产有质量和竞争力的产品和数量，确保农产品的国内均衡和农产品的出口潜力。

这两种农业模式均被确立为安哥拉农业发展的决定性要素，安哥拉政府计划采取措施，克服农业发展在基础设施、生产要素、技术等层面面临的困境。

（2）农业发展的目标

旨在通过提高农业部门的生产能力和生计的可持续转型，逐步增加以市场为导向的生产，同时促进食品安全，消除贫困和饥饿，活跃国家工农业，减少生产依赖并促进经济多样化。

目标1：推动农业活动，增加家庭农场和企业农场基本消费食物的生产；

目标2：提高工业农作物的生产和生产收入；

目标3：通过提高可利用性，改进生产要素的获得途径，促进农村发展并扩大服务能力来支持家庭农业生产。①

（3）优先发展项

①与技术经验丰富的合作伙伴建立大型农场；

②监督和推动工业农作物，特别是咖啡、可可、棕榈树、棉花、甘蔗和向日葵，并促进工业农作物与工业领域的协调一致；

③介入二级和三级路线，提高农产品的流动性和改进农产品本身的储存途径；

④推动对农作物的研究；

---

① 子目标1：到2022年，谷物产量（玉米、香蕉、大米等）比2017年增长105%。
子目标1.2：到2022年，块根、茎类作物（木薯、甘薯、马铃薯等）的产量比2017年增长49%。
子目标1.3：到2022年，豆类和油籽产量（豆类、花生）与2017年相比增长116%。
子目标2.1：到2022年，水果产量（柑橘、菠萝、香蕉、杧果、鳄梨）比2017年增长53%。
子目标2.2：到2022年，蔬菜（洋葱、番茄、卷心菜、大蒜、胡萝卜、胡椒、茄子等）的产量比2017年增长15%。
子目标2.3：到2022年，咖啡产量增加31%。
子目标2.4：到2022年，甘蔗产量比2017年增长101%。
子目标3.1：家庭平均种植面积从2017年的1.5公顷/户增长到2022年的2.5公顷/户。
子目标3.2：肥料供应量从2017年的10%增长到2022年的80%。
子目标3.3：可使用种子从2017年的10%增长到2022年的40%。
子目标3.4：可使用工作/设备工具从2017年的10%上升到2022年的80%。
子目标3.5：到2022年，农村学校的数量比2017年增长61%。
子目标3.6：到2022年，示范田的数量与2017年相比增长35%。
子目标3.7：到2022年，农业发展站的数量比2017年增长100%。

⑤加强植物保护服务的控制系统；

⑥通过农村学校、农业发展站（后者不一定需要构建基础设施）为农民提供技术支持，使其能够正确地结合生产要素的用法来提高生产力，从而增加家庭收入；

⑦提供农业投资，在更具吸引力的条件下，促进信贷机构和保险公司对于农业和畜牧业的信贷和保险；

⑧改善含白云石的石灰质土壤来降低土壤的酸性，为增加土壤面积做准备；

⑨支持农村商业网络的构建，扩展和运营；

⑩促进家庭农业生产的商业化，确定基础的一篮子农产品的最低参考价格；

⑪实行农业燃料补贴；

⑫严格把控种子和苗木的质量，在种子领域推行区域性合作经营；

⑬规划和登记家庭农场和企业农场，创建可耕种的土地用于投资，为改善土地管理创造条件；

⑭构建国家农业统计综合体系。

（二）农业人口占总人口规模比重及其变化情况

根据世界银行数据，安哥拉在 2002 年内战结束后直到 2008 年，曾经历一段 GDP 年均 10% 以上的高速增长期，最高年份甚至超过 20%，但在 2009 年即骤跌至 2.41%。2010 年其后至今一直都仅维持个位数的增长，2016 年甚至出现了负增长。最新数据显示，安哥拉 2017 年 GDP 以现价计算为 1 242.1 亿美元，以 2010 年不变价格计算则为 1 037.9 亿美元，GDP 实际比上年增长 0.72%。①

在内战刚结束的 2002 年，安哥拉农业人口占人口总数的 68.7%。多年来在人口总量保持年均 3.3% 的高速增长的同时，农业人口占比缓慢但稳步地下降，至 2017 年降至总人口的 58.6%（见图 1）。

2002（内战刚结束）~ 2017 年，15 年间安哥拉各行业劳动力数量增长了 67%，达到 919.8 万人。其中农业劳动力数量为 737.5 万人，年均增长 3.5%，大体保持了与劳动力总数一致的变化率。农业劳动力数量占劳动力总数比重 2002 年为 83.8%，2015 年为 80.2%，变化甚微（见图 2）。

---

① 世界银行数据库。

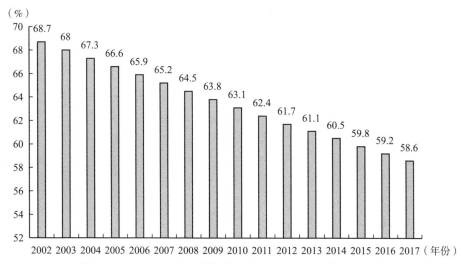

图1　2002～2017年安哥拉农业人口占总人口规模比重变化

资料来源：UNCTAD STAT.

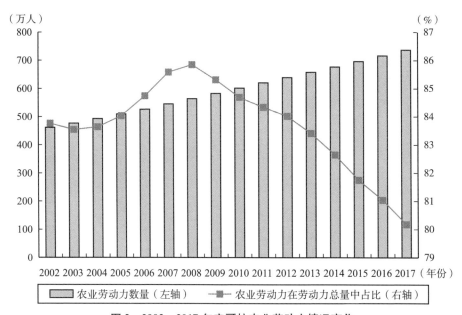

农业劳动力数量（左轴）　农业劳动力在劳动力总量中占比（右轴）

图2　2002～2017年安哥拉农业劳动力情况变化

资料来源：UNCTAD STAT.

（三）农业产值及其占国民经济比重的变化情况

目前，安哥拉是撒哈拉以南非洲第三大经济体。根据国际货币基金组织统计，2001～2010年安哥拉经济年均增长率为11.1%，居全球第一。受石油价格和产量影响，2016年和2017年安哥拉经济增长率持续走低。①

安哥拉国民经济方面的官方资料发布较为混乱，不同部门和同一部门内不同统计口径披露的数据往往有较大差距。从安哥拉中央银行发布的一组连续性保持较好的数据看，如同该国的国内生产总值（GDP）表现一样，其农业发展也一直呈波动较大的发展走势。但在多数年份，农业部门的增长率都高于GDP总体表现，特别是在最近几年差距明显。如在最新实际数据可得的2016年，安哥拉GDP总体年增长率降低近年来的谷底，仅为－2.58%，但农业增加值增长率为3.89%；2017年初步数据显示GDP增长率可恢复到－0.15%，农业增加值增长率估计为0.47%。但农业增长率也在迅速下降，与GDP总值增长率的差距呈收敛态势。故而虽安哥拉农业增加值占GDP比重近年来大体呈上升态势，但预期很快就会下降。所以，在最新实际数据可得的2016年，安农业增加值占GDP比重达到9.8%，但2017年的初步数据为8.3%。② 根据经济学人智库的估算，安哥拉农业占GDP的比值2018年下降了1%，2019年将下降3%（见表1、表2）。

表1　　2010～2017年安哥拉农林业、渔业占GDP比重和年增长率变化

项目	2010年	2011年	2012年	2013年	2014年	2015年	2016年	2017年
农林业增加值（百万宽扎）	49 577	52 980	56 159	58 853	65 272	70 461	71 705	73 415
渔业增加值（百万宽扎）	21 175	24 345	26 715	27 351	35 737	40 810	43 852	43 374
农林业占GDP比重（%）	4.4	4.1	4.1	4.4	4.8	5.7	6.1	6.2
渔业占GDP比重（%）	1.7	1.7	2.0	2.1	2.7	3.4	3.7	2.1
农林业增加值年增长率（%）	11.8	6.9	6.0	4.8	10.9	8.0	1.8	1.4

① 中国驻安哥拉使馆经济商务参赞处编：《安哥拉营商环境指南2018》，http：//images. mofcom. gov. cn/ao/201808/20180821031118551. pdf，上网日期：2019年9月29日。
② 汪段泳、胡姣、周瑾艳：农业农村部外经中心资料项目《安哥拉国别报告》。

续表

项目	2010 年	2011 年	2012 年	2013 年	2014 年	2015 年	2016 年	2017 年
渔业增加值年增长率 (%)	1.2	15.0	9.7	2.4	30.7	14.2	7.5	-1.1

注：农林业、渔业增加值的绝对值以 1993 年不变价格计算。

资料来源：农林业、渔业增加值金额数据来自：安哥拉统计局（INE），Nota de Imprensa：Produto Interno Bruto Trimestral 2010 - 2017；其余数据来自安哥拉中央银行，Angola Contas Nacionais，18 de Outubro de 2018（18 October2018），BOLETIM ESTATíSTICO 2008 - Jun/2018。

表 2 安哥拉国内生产总值及其构成

项目	2014 年	2015 年	2016 年	2017 年	2018 年	2019 年	2020 年
国内生产总值							
GDP（百万美元）	145 712	1 161 941	101 124	122 124	98 689	88 247	93 056
GDP（百万宽扎）	14 324	13 950	16 550	20 262	24 954	28 725	31 859
GDP 增长率（%）	4.8	0.9	-2.6	-0.1	-0.9	-4.5	-4.8
国内生产总值的变化（百分比）							
农业	1.2	1.0	-2.0	-1.4	-1.0	-3.0	-2.0
工业	5.8	0.9	0.5	1.0	-2.0	-3.0	-2.0
服务业	7.5	1.0	-5.0	-1.0	-2.0	-1.9	-3.0

资料来源：EIU Angola，其中 2019～2020 年的数据为经济学人智库的预测。

二、洛伦索时代的中安关系及农业合作的重要性

在 2017 年 8 月举行的大选中，执政党安哥拉人民解放运动（简称"安人运"）再次胜出，执政 38 年的多斯桑托斯放弃竞选连任，前国防部长洛伦索当选为新总统。安哥拉正式进入洛伦索时代，政党政治、经济社会出现新的变化，也对中安关系发展产生了一定影响。

安哥拉目前是中国在非洲的第二大贸易伙伴和重要的工程承包市场。中安合作切实提升了安哥拉的自主发展能力，为安哥拉未来实现工业化和现代化打下了良好基础。2015 年中非合作论坛约翰内斯堡峰会以来，中国政府援建的农业技术示范中心、国际关系学院等项目已经竣工，并正在办理交接。中国企业在安哥拉实施了多个民生领域的合作项目，如凯兰巴新城二期、卡库洛卡巴萨水电站、索约联合循环电站、罗安达新机场等一系列重要基础设施建设项目。同时，中安

两国在农业、畜牧业、渔业、加工业、制造业等产业领域进行了广泛合作。

中国与安哥拉已建交 36 周年，建立战略伙伴关系 9 周年，两国合作不断深化。2018 年 1 月，中国国务委员兼外交部长王毅新年首访非洲四国，安哥拉是其中之一，体现了中国对安哥拉作为非洲地区大国、中国在非重要战略伙伴的重视。2018 年 9 月中非合作论坛北京峰会期间，洛伦索带领大型代表团访华，明确表示"一带一路"将为安哥拉带来新的机遇。10 月 8 日至 10 日，安哥拉总统洛伦索应中国国家主席习近平邀请对中国进行国事访问。9 月中非合作论坛北京峰会期间，洛伦索也曾带领由部长和企业家组成的安哥拉大型代表团访华。

总体上看，洛伦索执政后，安哥拉对华政策呈现以下特点：

（1）继续推动中安合作从工程承包向投融资合作转型升级。2015 年 6 月，中安达成共识，将在过去以工程承包和贸易为主的合作基础上，开辟投资合作新领域，推动双方企业加大对农业、渔业和工业化等领域的投资。洛伦索执政后释放出加强与中国合作、加快吸引中国投资以助力安哥拉多元化战略的积极信号，明确表示希望与中国拓展在农业、工业、牧业、矿业、技术培训等领域的合作。这与 2018 年中非合作论坛北京峰会确立的中非合作向民生领域倾斜的方向也是契合的。中国的投融资在安哥拉战后重建阶段发挥了重要作用，中国企业为安哥拉修建了大量的住房、医院、学校、公路、电力和水坝。当前安哥拉的铁路联通等大型基础设施建设仍然需要中国的支持，但与战后重建的高峰时期相比，基建工程的总体需求已经趋于平稳。此外，作为葡萄牙的前殖民地，安哥拉也非常看重和相信西方的标准和质量，因此新近发展的高端项目倾向于欧美的建筑工程承包商。

（2）采取务实措施改善营商环境，以吸引中国投资。安哥拉与中国签署签证手续简化协定，使困扰中国企业多年的赴安签证问题得到解决，这将吸引更多中国企业和投资者赴安哥拉投资。2018 年 10 月，洛伦索总统再次访华期间，中安双方签署了如下协议：第一，签署了《中华人民共和国和安哥拉共和国对所得消除双重征税和防止逃避税的协定》及议定书。协定将为两国跨境纳税人避免双重征税，提供税收确定性，对于进一步推动两国间经济合作与资本、技术、人员往来具有积极作用。第二，两国元首签署了技术与经济合作协定。第三，中国商务部与安哥拉外交部签订了关于促进和保护投资的谅解备忘录。第四，中国国家国际发展合作署与安哥拉外交部签订了关于人力资源合作的谅解备忘录。中国商务部也定期召集中国—安哥拉经贸指导委员会中方工作组会议，成立了中安融资合作中方跨部门工作组。

（3）加强对中国经验的学习，并愿以更加积极的姿态参与中非整体合作。洛伦索对中国发展经验的重视与多斯桑托斯时代形成鲜明对照。2006 年多斯桑托斯将中安关系概括为"中国需要自然资源，安哥拉需要发展"，彼时的安哥拉更重视中国的资金。在度过了最艰难的战后重建初期阶段后，安哥拉修复了与西方国家的关系并接受西方的建议和指导。洛伦索在当选总统后主动提出要学习中国的改革思想，这是对中国经验的认可，也将为两国加强经验交流、深化合作注入新的动力。

当前安哥拉发展处于转型期，中安关系也到了必须转型升级、提质增效的关键阶段。自 2003 年开启石油、信贷和经贸一揽子合作以来，中安两国通过国家信贷获取基建承包工程和石油的合作方式在安哥拉战后重建初期是成功的，实现了中安两国政治经济利益的双赢。但随着安哥拉实行多元化经济战略，"石油换基建"的模式需要新的思考①。中安合作的转型升级应积极对接安哥拉自身的转型战略，重点帮助安哥拉改善民生和促进就业，农业合作日益重要，成为中安合作下一步新的增长点。

三、中国对安哥拉农业投资的机遇和趋势

2019 年 1 月，据安哥拉总统令显示，中国政府将向安哥拉提供 1 亿元人民币（约合 1 475 万美元）的资助，以支援当地农业项目发展。② 此次资助是安哥拉总统若昂·洛伦索（João Lourenço）2018 年 10 月访华时两国达成的合作共识之一，这彰显了中国对安哥拉农业投资的重视。

（一）中国投资安哥拉农业的优势和机遇

自安哥拉独立以来，中安农业合作以国家信贷支持农业基础设施建设为起点，逐渐向企业主导的农业投资转型。在非洲农业投资周期长，风险大，占用资金大，战后重建初期的安哥拉更面临基础设施落后和农业技术人才匮乏的瓶颈，因此彼时的农业投资难以在短期获利。大部分的民营企业难以承受三至五年的开荒和准备期，中国的国有企业则充分利用国家信贷支持的优势，积极帮助安哥拉改善农业基础设施，提高农场的粮食产量。随着国开行和进出口银行支持的首期七大农业综合项目的五年合同期接近尾声，中资企业从农业基础设施承包商的角

---

① 周瑾艳：《洛伦索时代的安哥拉及其对中安关系的影响》，载于《世界知识》2018 年第 21 期。
② 《中国向安哥拉农业项目提供 1 亿元人民币资助》，http：// www. forumchinaplp. org. mo/china-to-give-angola‐100‐mln‐yuan‐for‐farming‐projects/？lang = zh。

色逐渐转型为真正的农业投资者。[①]

1. 中安农业合作基础良好

2002 年安哥拉内战结束后百废待兴，在中安两国政府"石油、信贷、基础设施'一揽子'合作"框架下，大量中资企业"走出去"参与安哥拉农业、石油、建筑和电信领域的战后重建，其中既包括中信建设、中工国际等大型国有企业，也包括分包工程的大量民营企业。中资企业在这个过程中逐渐积累了对安哥拉的认知和了解，也觉察到农业的投资机遇。

2. 中国农业技术适应性强

农业是中国的基础产业和优势产业。作为世界上最大的发展中国家，中国在农业发展上的成功对安哥拉具有较强的吸引力。在水稻、玉米、蔬菜、水产、禽畜等农业技术与应用方面，中国对安哥拉农业技术的整体比较优势明显，有一定的技术适用性。安哥拉农业资源丰富，农业发展潜力巨大，但由于技术落后，农业生产效益较低。因此中国的技术支持将有助于安哥拉提高农业生产力。

3. 安哥拉政府对农业投资提供政策优惠

安哥拉政府高度重视农业发展，视其为经济多元化战略的重要部分。除了农业土地费用低，安哥拉政府还为农业提供了税收优惠、燃油补贴、农业贷款免息和进口关税优惠。此外，安哥拉农业劳动力丰富且劳动力成本较低，雇用安哥拉当地劳动力不但有利于中资企业降低成本，还能为当地带动就业。

（二）中国对安哥拉农业投资的新特点

当前，中安农业合作正在经历从以优惠贷款、大型基建、国企引领为特点的政府主导发展模式向地方政府和民营企业主导的转变，地方合作与企业合作不断增强。

（1）建筑企业转型投资农业。以民营企业江苏江洲农业为例，其成功主要得益于江苏省和万博省政府的大力支持，通过农场将中国先进的农业技术、机械设备、良种、农药、化肥引进安哥拉。除了江洲农业等由建筑起家、转型农业的公司外，国内更多的农业公司也被吸引到安哥拉投资。例如，江苏红旗种业股份有

[①] 关于中安合作的七大国有农场项目，详情参见周瑾艳：《中国在安哥拉：不仅仅是石油——以农业合作为例》，载于《亚非纵横》2014 年第 5 期。

限公司作为江苏省种业"走出去"龙头企业，于 2018 年 1 月对江洲农业在安哥拉万博省投资开发的江洲农场进行了实地考察。计划将农业制种技术引进安哥拉，最终实现种子生产本土化。

（2）中安农业合作商业化运作，民营企业发挥主导作用。除了中国政府援助安哥拉的农业示范中心已移交安方使用外，2019 年 9 月，黑龙江省农业科学院将与安哥拉万博省农牧渔业厅、江州农业科技发展有限公司共同建立"中安农业技术示范基地"，并以通过基地平台的示范和展示，提升安哥拉农作物产量、培育当地农业专业人才和农业多元化发展，拓展中安两国农业合作新的领域。例如，示范基地成功申办中国科技部主导的发展中国家技术培训项目——"安哥拉马铃薯高效生产及病害检测技术应用"，黑龙江农业科学院为此派出了 10 名在马铃薯研究领域具有丰富经验的科技人员，将在为期 10 天的培训班基础上，利用江洲农业万博农场平台，对万博省马铃薯从业人员进行马铃薯主要病虫害防治技术、快速检测技术、优质种薯生产技术培训，同时进行技术交流，共同商讨解决在开展马铃薯研究过程中遇到的难题。

（3）中安合作引领非洲国家之间的南南合作。2019 年 9 月 9 日，纳米比亚驻安哥拉大使楠达戈（Patrick Nandago）在万博省政府官员陪同下参观江洲农业万博农场。在参观了万博农场筒仓设备和喷灌系统、"马铃薯高效生产及病害检测技术应用"教学课堂，与黑龙江农业专家交流后，楠达戈大使表示将组织纳米比亚农业技术人员到万博农场考察、学习，将中国的先进农业技术、理念和经验带回国。①

（三）未来中安农业合作的重点方向

1. 农业基础设施建设

2018 年 10 月，中国开发银行与安哥拉财政部签署了新融资协议，提供 20 亿美元贷款，用于安哥拉基础设施建设。安方期待进一步加强两国在基础设施建设及民生领域的合作，更好地助力安哥拉国家发展。中国企业应继续参加安哥拉农业基础设施的建设，例如，扩建南宽扎省的二三级公路网和铁路建设。

2. 粮食生产

当前安哥拉的主要粮食作物难以满足其国内市场的需求，四类主要作物均需

---

① 冯凯：《江洲农业万博农场引起纳米比亚驻安哥拉大使的关注》，载于《安哥拉华人报》2019 年 9 月 9 日。

进口弥补国内消费。这已经具备明显的国内市场需求导向。

中方在农业技术、配套资金等方面具有优势。如果中资企业能够以规模化投资来参与安哥拉的大农业开发，通过农业生产技术示范和推广、机械化作业、科学生产和管理进一步提高粮食作物产量，可以大大提高安哥拉目前面临的粮食短缺问题。

3. 初级农产品加工

玉米粉、大豆油、玉米油等初级加工农产品在安哥拉国内产量少、价格高，基本处于纯进口状态，市场需求较大，利润空间相对较大。尤其是玉米粉近几年进口增长趋势明显，大豆油近5年进口量呈波动趋势，但根据市场需求初步判断为波动上升趋势，玉米油进口量少，这反映出安哥拉国内农产品加工产业有了一定发展，但始终处于无法全部满足市场需求的状态。饲料加工也属于安哥拉紧缺的产业环节，在市场需求和利润空间方面潜力可观。因此，根据安哥拉农业产业的发展前景，应该考虑完善以饲料、玉米粉、玉米油和大豆油为主的农产品加工板块建设，丰富产业链环节。例如，在规模化种植开发的同时，建设玉米粉加工厂，包括玉米仓储、烘干设备及玉米加工生产线等。此外，可建设饲料加工设备和烘干设备以配套畜禽养殖业的饲料需要。

4. 粮食仓储、加工和物流体系

在对安哥拉农业投资开发合作过程中，应完善农业综合开发方案，配合安哥拉基础建设规划和农业发展远景，在玉米、稻谷、木薯等粮食作物加工、仓储物流和市场拓展等方面积极推进全产业链建设，以规模化生产为安哥拉国内和周边国际市场增加供应，平抑粮价。

5. 种业开拓

在安哥拉，中国的种业企业已经迈出步伐，开展了初具成效的工作。从2012年起，安徽荃银种业科技有限公司（以下简称"安徽荃银"）与中工国际工程股份有限公司合作在宽多库邦哥省的隆格农场开展了水稻种植技术开发，并推广水稻高产栽培技术。截至2014年底，安徽荃银已在水稻品种试种试验基础上完成了第一期500公顷（2012～2013年）和第二期1 000公顷（2013～2014年）的水稻种植任务，取得了较好的示范成效，产量也达到了预期目标。2015年，袁隆平农业高科技股份有限公司与中信建设有限责任公司开展合作，在安哥拉进行，并以此为基础推广示范杂交玉米、杂交水稻和蔬菜种子在安哥拉农业生产中的应用。

四、中国对安哥拉农业投资的不利因素及应对建议

安哥拉政府将农业列为整个国家的优先目标，重视农业和农村发展对社会和经济发展的重要作用。农业不但能够帮助安哥拉减少贫困，提高粮食安全，也是安哥拉摆脱对石油的依赖、实现多元经济政策成败与否的关键。对中国来说，与安哥拉的农业合作不仅仅是中国农业企业"走出去"战略的一部分，更是夯实与安战略合作伙伴关系的关键。

（一）中国投资安哥拉农业的不利因素

由于数百年的殖民统治和奴隶贸易，以及独立后持续多年的内战，安哥拉的农业基础设施和资源遭到了很大的破坏。至今安哥拉仍没有解决吃饭问题，每年都需要进口大量粮食。安哥拉作为联合国确定的最不发达国家，投资环境中仍存在着一些制约性因素。

（1）安哥拉农业基础设施落后。电力等投资配套基础设施不足，物流运输效率不高。安哥拉农副产品加工和储藏保鲜业非常落后，农产品市场流通体系尚未健全，致使粮食等产后损失严重，农产品销售成本增加，农产品价格极为昂贵。

（2）安哥拉经济上对石油出口过于依赖，多元化战略的效果有待检验。由于大部分物资依赖进口，当地生产生活成本较高。

（3）品种的适应性和气候的不确定性。在安哥拉发展农业需要适应季节性变化，这对灌溉提出了较高的要求，对种子的选取需根据不同的环境气候变化选取相应的品种。品种的确认及对气候情况的掌握直接决定粮食的产量。

（4）安哥拉农业技术人才匮乏。尽管安哥拉全国三分之二的人口从事农业，但大量农村人口聚集在首都罗安达及近郊，而且对农业机械和技术掌握甚少，基本处于靠天吃饭的水平。长期战乱导致合格劳动力，特别是专业性人才短缺，企业难以招到合适人才。

（5）安哥拉的营商环境和安全状况将影响中国企业经营农业项目的信心。农业是需要长期经营的项目，安全环境非常重要。但自2014年下半年以来的油价下跌造成安哥拉货币贬值，外汇短缺，物价飞涨，人民生活水平陷入困难，抢劫等暴力事件频发，甚至有中国公民被杀害。但需要指出的是，恶性事件多发生在首都罗安达，而农业项目常常投资于外省，治安情况好于首都。由于文化差异，劳资冲突时有发生，甚至危及人员生命安全。此外，农场还面临玉米偷窃等问题

造成的损失。

（6）企业在当地经营面临着汇率风险。由于安哥拉的外汇短缺和汇率波动等问题，企业的预期利润会下降甚至导致亏损。例如，2018年1月至今，宽扎已贬值近50%。由于安哥拉农业生产成本中的工具、种子、化肥、设备供应等基本都需要进口，因此宽扎贬值导致进口商品更加昂贵，成本升高。对此，有意到安哥拉投资的中国企业应预作充分准备。

（7）西方媒体对中国在安哥拉"掠夺土地"的不实批判对项目造成的消极影响。对此，中国驻安哥拉使馆外交官员在安哥拉媒体上通过接受报纸采访、参加电视辩论公开回应：中安农业合作确实是两国下一步合作的重点，但中国不会在海外"屯田"，我们从来没有想过要在安通过侵占土地或者是以土地作为担保的方式来开展合作。我们的农业合作是建立在双方互利的基础上，也是安哥拉政府一直积极推动的。

（二）对中国政府的政策建议

从政府层面来说，中方应在继续实施好现有农业技术培训和基础设施配套项目的基础上，努力实施农业示范中心项目，开展农作物良种推广和示范种植，帮助安哥拉提高粮食产量。

在中安战略合作转型升级的背景下，通过双边渠道加强磋商，建立中安农业政府间合作与交流机制，为中国企业"走出去"畅通渠道，创造便利条件与良好环境，提供优惠投资政策与支持。

1. 推动与安哥拉建立双边农业合作机制

目前，中国已与非洲多个国家建立了部级或司局级双边农业交流合作机制，安哥拉农业资源丰富，在安哥拉农业投资开发潜力巨大，建议尽快推动双方农业合作机制的建立，将科技交流、投资合作、贸易促进等纳入合作框架，以合作机制为平台促进中安农业合作的全面深化。

2. 为中安农产品贸易提供政策支持

安哥拉农业发展以及中安农业合作具有重大潜力，安哥拉的农副产品和海洋产品有望进入中国市场，但是农业合作先期投入巨大，回报周期长，不可知和不可控因素很多，需要两国政府出台相应政策保驾护航，中安如果签订农业合作协定，将在很大程度上促进中安农业合作健康、平稳、顺利发展。安哥拉农业基础设施薄弱，种子、化肥、农药等农产品均依靠进口，要发展农业合作，必须克服这些困难。为此，中国使馆努力加强与安哥拉有关部门沟通，解决种子等农产品关税过高等实际问题。

3. 为企业投资安哥拉提供投融资保障

政府应继续推动企业（包括国有企业和民营企业）深入参与安哥拉农垦种植养殖、仓储加工等重点环节，加大中国对安哥拉农业投资合作的力度和深度，并为此拓展投融资渠道。

中国与安哥拉开展的一揽子合作在安哥拉乃至非洲地区都产生了积极影响。随着中安各自经济发展以及合作的不断深入，双方在融资领域的合作要求更加丰富，形式也更加多元。中方应在互惠互利的基础上继续推动两国金融机构加强信贷、信用保险领域合作，为企业提供更好的服务。同时，将鼓励企业更好地借助中非发展基金、中非产能合作基金、中葡发展基金等新型投融资平台作用，推动双边合作取得更多实质性成果。

（三）对中资企业投资安哥拉农业的建议①

（1）增强与安哥拉地方政府的沟通，取得合法有效的土地产权证，合作开发农业项目。投资农业的发展思路，与安哥拉的经济转型方向高度契合，安哥拉地方政府真诚欢迎投资者，投资者可在与地方政府的沟通中争取更多优惠待遇。在土地征用过程中尽可能与安哥拉当地政府联系取得合法的土地，尽量避免租用当地私人的土地，从而避免土地征用过程中产生的土地纠纷。

（2）获取第一手农作物生产资料。考虑到安哥拉当地的气候、土壤、水体等环境与国内不同，可邀请国内农业专家现场指导试种，取得第一手农作物生产资料。

（3）大力发展畜牧养殖业。目前，安哥拉的畜牧业缺乏现代化的饲养设施、饲养作物生产加工体系和现代化的管理手段，导致畜牧产品生产时间长，加工成本高，不具备市场竞争优势，难以满足国内需求。特别是本地养牛户生产水平较低，急需改良提高优秀遗传基因的使用效率，促进肉牛养殖技术提高，从而提高肉牛养殖经济效益，推动安哥拉畜牧养殖业发展，增加市场供给。

（4）加强能力建设和技术示范推广。应针对安哥拉国情建立和完善农业技术推广体系，加强对安哥拉农业技术人才的培养，采取多种形式对农业生产者和农村劳动力进行农作物栽培技术培训，提高劳动力素质和生产技能；广泛开展优良

---

① 感谢江苏江洲农业科技发展有限公司董事长朱晋林先生对企业建议部分提供的帮助。

品种、高产配套栽培技术的生产示范，改变安哥拉目前传统的种植观念、种植方式、种植技术和行为，不断提高农作物总体生产水平。

（5）提升农作物育种创新能力。农作物育种易受气候、地理、生态、种植技术等条件影响，不同国家和地区的品种具有不同的生长特性和优势。在所在国开展系统的品种筛选试验，进行育种技术研发，将当地经过长期物种进化和自然选择遗留下来的优异种质资源与中国的特异种质资源进行优化组合，可以创造出更适合当地环境的新品种。建议利用安哥拉优质农作物种质资源分别在两国建立专业化的育种基地，运用现代分子生物技术和国内成熟的常规育种技术，开展农作物育种研究，培育出适合安哥拉的优质、高产、多抗农作物新品种。

安哥拉银行业及金融市场
发展现状与风险

宋雅楠*

摘　要： 安哥拉共和国位于非洲西南部，自 2002 年起，安哥拉国力因石油生产而快速成长，未来很有可能成为非洲最富裕的国家之一。本文从介绍安哥拉的金融市场入手，重点分析安哥拉的银行业、证券市场和外汇市场的发展状况和趋势，帮助想进入安哥拉投资的企业了解在安金融环境，提醒企业注意银行业稳定性、外汇管制和汇率贬值等相关风险。

关键词： 安哥拉　金融市场　银行业　股票市场　外汇市场

安哥拉是世界最不发达国家之一，但该国地大物博，国土富饶，未开发的资源十分丰富。安哥拉海岸线沿岸共蕴藏了超过 131 亿桶的石油，内陆也有出产钻石，国力因石油生产而快速成长。安哥拉经济以农业与矿产为主，也有炼油工业，主要分布于卡宾达的滨海地带。食品加工、造纸、水泥及纺织等工业也比较成熟。安哥拉的经济潜力非常高，它很有潜力成为将来非洲最富裕的一个国家。作为葡萄牙曾经的属地，其有"非洲的巴西"的称号。

本文首先介绍安哥拉的经济发展状况，在此基础上分析安哥拉金融市场的发展状况和趋势。通过安哥拉的金融市场的各个方面及各项指标的波动分析，帮助中国投资者衡量进入安哥拉的投资风险及建议。

---

* 宋雅楠，澳门科技大学商学院副教授，博士生导师。研究方向为国际贸易与投资、中葡经贸关系等。感谢澳门科技大学商学院研究生许艳真军同学对本文部分资料的整理。

一、安哥拉经济发展概况

（一）安哥拉的经济增长

2008年安哥拉经济为世界成长最快速的经济体之一，但在1975～2002年的安哥拉内战破坏后，现今仍在重建中，虽然有大量的石油及天然气资源、钻石、水力蕴藏及耕地，但安哥拉依然贫困，有三分之一的人口以农业为生。于2002年，在27年的内战结束后，安哥拉开始修复基础建设、政治及社会机构。近年来，因国际油价上涨及产油量增加，使安哥拉经济成长迅速，而石油产业占了安哥拉国内生产总额的41.59%、90%的出口总额及80%的政府收入。

如图1所示，安哥拉GDP总量较小，其非常依赖石油业，石油收入也占国家税收的75%和总出口的98%。受2008年世界金融危机的影响，安哥拉在2009～2011年间的GDP平均增长率从2008年的17%降至2009～2011年的2%～3%。2013年以来，安哥拉经常账户一直处于赤字状态，但情况逐步好转。得益于国际油价回升。财政收支方面，财政状况显著恶化，负债水平过高。2017年，安哥

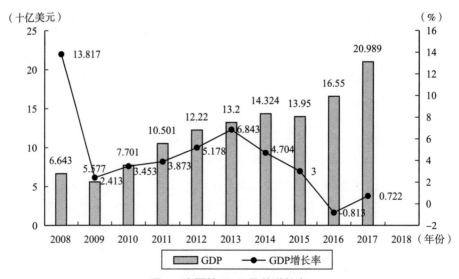

图1 安哥拉GDP及其增长率

资料来源：世界银行。

拉财政赤字占 GDP 比重达到 6.1%，较上年扩大 1.6 个百分点；政府公共债务占 GDP 的比重为 65.0%，虽较 2016 年的 75.8% 有了明显下降，但仍位于 60% 的警戒线以上。

（二）安哥拉的通货膨胀率

抗通胀是安哥拉经济运行的主要问题。如图 2 所示，2006~2008 年，安哥拉通货膨胀率达到两位数，物价相对不稳定。而 2009 年，由于安哥拉石油出口达到峰值，在石油业的影响下，安哥拉通货膨胀率又达到最低 -7.419% 水平。2010~2011 年，通货膨胀率高速度上升，到达 20% 以上。此后又有所下降。2016 年以来，由于国际油价暴跌，作为出口石油大国的安哥拉通货膨胀率一直在上升，2016 年通货膨胀率为 27.67%，2017 年通货膨胀率为 31.13%，说明安哥拉的物价十分不稳定，安哥拉的经济运行波动较大，对于投资者来说投资风险也相对提高。

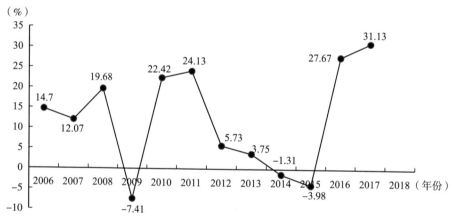

图 2　安哥拉通货膨胀率

资料来源：世界银行。

二、安哥拉银行业概况

（一）安哥拉银行业结构

安哥拉银行业由安哥拉中央银行以及 10 多家商业银行组成，且商业银行数量正在逐年增加。

安哥拉中央银行（Banco Nacional de Angola，BNA）是安哥拉的金融监管机构。其主要功能是确保其货币的价值，并参与制定货币、金融和汇率政策。它也是负责国家货币兑换和信贷政策的实施、监督和控制的主要机构。在经济政策框架内，对支付系统和分销机构进行管理。

2019年，安哥拉有26家商业银行。其中，安哥拉投资银行（Banco Angolano de Investimentos，BAI）、前安哥拉圣灵银行（Banco Económico）、安哥拉发展银行（Banco de Fomento Angola，BFA）、安哥拉国际信贷银行（Banco BIC Angola，BIC）和安哥拉信贷储蓄银行（Banco de Poupança e Crédito，BPC）5家银行控制了安哥拉80%以上的银行资产、存款和信贷业务。安哥拉的商业银行资本主要来自安哥拉，葡萄牙和南非。传统上，安哥拉商业银行业务主要集中在与短期佣金相关的活动上，例如外汇交易和贸易融资。所有主要银行都提供ATM服务。国际发行的信用卡接受仅限于Visa和Mastercard，并且仅被商务酒店和少数服务提供商接受。

目前，在银行业主要有中国银行与安哥拉展开了合作。中国银行于2017年6月5日正式进入安哥拉市场。中国银行罗安达分行是安哥拉的第一家以分行形式设立的外资银行，亦是当地市场上第一家进驻的亚资银行。中国银行罗安达分行目前以公司业务为主，全力拓展存款、贷款、汇款、国际结算、贸易融资、金融市场等业务，积极开展中安两国跨境担保融资业务，为广大客户提供全面、高效的金融服务。

（二）安哥拉主要商业银行概况

根据安哥拉中央银行公布的资料，从资产规模看，2017年安哥拉银行排名如表1所示：

表1　　　　　　　　　　　　　安哥拉主要银行规模

排名	名称		成立时间	资产（百万宽扎）	存款排名	净收益排名
1	信贷储蓄银行	BANCO DE POUPANÇA E CRÉDITO, S. A.（BPC）	1977	1 855 500	3	26
2	安哥拉开发银行	BANCO DE FOMENTO ANGOLA, S. A. - BFA	1993	1 443 064	2	1

续表

排名	名称		成立时间	资产（百万宽扎）	存款排名	净收益排名
3	安哥拉投资银行	BANCO ANGOLANO DE INVESTIMEN-TOS, S. A.（BAI）	1997	1 369 307	1	2
4	大西洋千禧银行	BANCO MILLENIUM ATLÂNTICO, S. A（ATL）	2016	1 069 661	4	4
5	国际信贷银行	BANCO BIC, S. A（BIC）	2005	1 011 991	5	3
6	经济银行	BANCO ECONÓMICO（BE）	2002	920 656	6	9
7	太阳银行	BANCO SOL（BSOL）	2001	475 276	7	6
8	安哥拉开发银行	BANCO DE DESENVOLVIMENTO DE ANGOLA（BDA）	2007	369 026	27	25
9	标准银行安哥拉分行	STANDARD BANK DE ANGOLA, S. A.（SBA）	2010	317 824	8	5
10	安哥拉储蓄银行	BANCO CAIXA ANGOLA, S. A.（BC-GA）	1993	295 159	10	7
11	国际商业银行	BANCO DE NEGÓCIOS INTERNACIO-NAL, S. A（BNI）	2007	266 795	9	14
12	工业信贷银行	BANCO DE COMÉRCIO E INDÚSTRIA, S. A.（BCI）	1991	176 139	12	18
13	KEVE 银行	BKEVE	2003	151 007	11	13
14	FINIBANCO 银行	FINIBANCO ANGOLA（FNB）	2008	77 738	13	12
15	俄罗斯外贸银行（非洲）	VTB ÁFRICA, S. A.（VTB）	2007	53 222	16	8
16	渣打银行安哥拉分行	STANDARD CHARTERED BANK AN-GOLA（SCBA）	2014	44 968	14	19
17	安哥拉商业银行	BANCO COMERCIAL ANGOLANO, S. A.（BCA）	1999	42 695	17	15
18	价值银行	BANCO VALOR, S. A.（BVB）	2010	38 737	15	16
19	南信贷银行	BANCO DE CRÉDITO DO SUL, S. A（BCS）	2015	35 918	18	11

排名	名称		成立时间	资产（百万宽扎）	存款排名	净收益排名
20	万博商业银行	BANCO COMERCIAL DO HUAMBO（BCH）	2010	29 367	19	10
21	PRESTÍGIO 银行	BANCO PRESTÍGIO, S. A（BPG）	2015	19 235	20	21
22	宽扎投资银行	BANCO KWANZA INVESTIMENTO（BKI）	2008	17 287	21	17
23	YETU 银行	BANCO YETU（YETU）	2015	11 851	22	22
24	中国银行罗安达分行	BANCO DA CHINA LIMITADA – SU-CURSAL EM LUANDA（BOCLB）	2016	8 887	28	24
25	BAI 小额信贷银行	BANCO BAI MICROFINANÇAS（BMF）	2004	8 808	24	20
26	农村投资银行	BANCO DE INVESTIMENTO RURAL（BIR）	2015	5 396	25	23

资料来源：安哥拉中央银行。

稳定的金融体系是国家吸引投资的重要保障，而作为国家金融体系结构中的最重要组成部分之一，安哥拉主要的 10 大银行共同支撑和保障了安哥拉金融体系的健全和健康发展。中资企业投资安哥拉，除了要与中国国家开发银行等中国金融机构保持良好的合作关系外，对安哥拉各大银行也要保持关注和开展合作。

（三）安哥拉银行总资产规模

2017 年，在安哥拉经营的银行总资产达到 10.11 兆亿宽扎，同比增长 16%。安哥拉最大五家商业银行分别为 BPC（总资产 1.855 兆亿宽扎）、BFA、BAI、BIC 和 ATL。

除了 BPC 之外，安哥拉开发银行（BFA）、安哥拉投资银行（BAI）和大西洋千禧银行（ATL）的资产总和与 2016 年相比较有不同幅度的增加。前 5 大商业银行占 2017 年整体银行业资产值的约 66.7%。

截至 2017 年底，全国银行业的存款总值约为 7.013 兆亿宽扎，比 2016 年减少 0.2%。存款的总值自 2012 ~ 2017 年间增长了约 75%。活期存款约占总存款的 52%，而定期存款则超过了 3.335 兆亿宽扎，根据 BNA 的数据，以本币计算的存款比重继续保持增长趋势。本币存款现在占总存款的 69%。

2017 年，主要是因为受到 BPC 的 731 亿宽扎亏损的拖累，国内银行业的总净收入下降至约 1 589.1 亿宽扎，比 2016 年下降约 6%。以银行来看，SBA 在 2017 年达到 116% 的增长率之后排名第五，而 BCGA 则跌至第七位。与 2016 年相比，BFA 仍然是绝对成绩最高的机构，其次是 BAI，BIC 和 ATL。尤其是 BFA 和 BAI 的净收入增长，与 2016 年相比分别增长了 11.9% 和 10%。

（四）利率及融资成本

受 2008 年世界金融危机的影响，安哥拉 2009～2010 年贷款利率飙升，达到近十年最高，且这两年银行存款也较少。随着安哥拉的经济逐渐好转，安哥拉的贷款利率从 2011 年开始一直维持在 15%～18%，进而使银行存款也在逐渐上升且达到稳定（见图 3）。

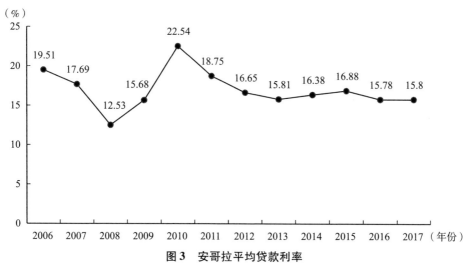

图 3　安哥拉平均贷款利率

资料来源：国际货币基金组织。

2017 年，安哥拉银行体系总净信贷额为 31 363.03 亿宽扎，与 2016 年相比减少了 3%。值得注意的是，2012～2017 年间银行发放的净信贷总额增长了约 32%。关于授信净额最大的五家银行集团的排位相对稳定，BPC、ATL、BAI、BIC 和 BFA 分别位于第一至第五位。此外，截至 2017 年底，五家最大的银行占客户净贷款总额的 75.7%。但是信贷逾期比率由 2016 年的 12.7% 大幅增长至 2017 年的 40.2%。

（五）银行业的流动性

安哥拉银行业的流动性无论是从总资产还是短期负债来看在 2017 年 1 月开始，安哥拉银行流动性有个明显的下降，下降为 4% 左右，直到 2018 年 10 月波动都比较小，流动资产占总资产比率在 21% 左右，流动资产占短期负债比率在 26% 左右，均趋于稳定却占比较少，这说明安哥拉银行业流动性较差，银行会面临资金周转不灵，甚至倒闭的危险（见图 4、图 5）。

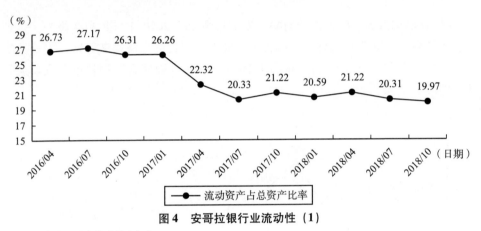

图 4　安哥拉银行业流动性（1）

资料来源：国家货币基金组织。

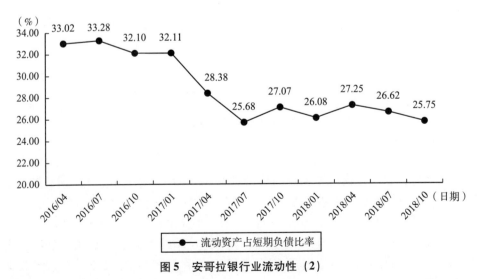

图 5　安哥拉银行业流动性（2）

资料来源：国家货币基金组织。

（六）安哥拉银行业的信贷质量

安哥拉国内的信用贷款占其国内生产总值较少，反映了整个行业的保守贷款做法。由于 2008 年金融危机，这一年安哥拉银行做出的信用贷款仅占国内生产总值的 12.63%，随即 2009 年开始到 2015 年经济回暖，信用贷款率也随即提升，维持在 19.86% ~ 27.19%，虽然比率不高，但是呈稳定上升状态。由于近几年油价暴跌，安哥拉经济受影响，从 2015 ~ 2016 年贷款率有明显的下降趋势，从 27.19% 降到了 21.07%，2017 年更是跌到了 15.70%，是近 10 年来除 2008 年以来最低的比率（见图 6）。

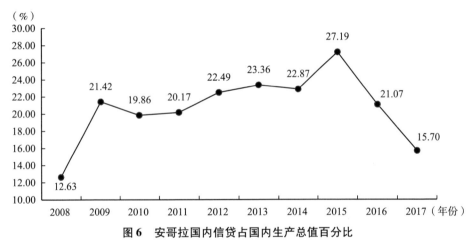

图 6　安哥拉国内信贷占国内生产总值百分比

资料来源：世界银行。

在 2014 年油价震荡后，不良贷款开始立即增加，但是急剧增加是在 2016 年。当时大多数石油出口国的 GDP 收缩。此后不良贷款继续上升，在 2018 年 7 月不良贷款率占贷款总额比率达到 29.81%（见图 7），与经济复苏步伐呈负相关关系。资产质量的下降在很大程度上反映了财政收入低的后果。总体上来看，安哥拉银行业不良贷款率过高时该行业面临的最严重的问题，有必要尽快采取有效措施改善贷款质量。

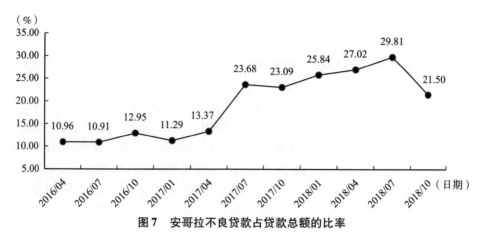

图7 安哥拉不良贷款占贷款总额的比率

资料来源：安哥拉中央银行。

2018 年 12 月安哥拉银行信贷坏账率为 28.3%，同比下降 0.5%，全年信贷投放约 117 亿欧元，其中 33.3 亿欧元为坏账。2017 年安哥拉 29 家银行总资产约 280 亿欧元，同比增长 3%，增速大幅低于 2016 年的 17%，坏账率超过 40%。反映了安哥拉经济困难，高的坏账率可能导致安哥拉对信贷的条件更加严谨苛刻，所以对安哥拉的投资首先要有足够资金以免无法贷款资金链断裂。

三、安哥拉的外汇市场

（一）安哥拉的外汇制度

安哥拉的货币为宽扎（KWANZA），安哥拉实行外汇管制。外资企业必须注意，安哥拉政府对外汇汇出非常保守，他国企业想将所得利润带出安哥拉十分困难。

安哥拉外汇政策规定：

在当地注册的外资企业，经批准可开设银行账户（包括外汇账户）；外汇进入不受限制，外汇汇出需提交相关的文件。利润汇出控制较严，除需缴纳 35% 营业税外，还有配额限制；外国人入境携带外汇现金的金额通常不受限制，但如携带超过 1 万美元或等值其他外国货币入境，必须向海关申报。

出境时每人限带 1 万美元以内，有长期工作签证人员限带 1 万美元，或等值的宽扎。并且对外汇账户进行管理：（1）居民账户。经国家银行批准，安哥拉居民企业可以持有外汇账户。通过外汇账户进行的外汇交易也要经国家银行的事先批准。居民也可持有新宽扎（安哥拉新版货币）账户，但提款必须用于安哥拉境内的支出。（2）非居民账户。如果非居民的资金来源于国外，则非居民可持有新宽扎账户。经国家银行事先批准，在安哥拉拥有自己公司的非居民可持有外汇账户。

同时，安哥拉政府还对非贸易外汇收入进行管理。例如，与非居民签订服务合同，要经安哥拉国家银行批准，各主管部门监督合同的履行。所有的非贸易外汇收入必须在收款后 30 天内结售给安哥拉国家银行。个人带入安哥拉的外币现钞和外汇旅游支票的数量则不受限制。但每人每次超过相当于 1 万美元的数额，则必须在入境时提出申报。居民离境时，出示购买外汇证明，可允许带出 5 000美元以上的外汇。非居民出境时如带出外汇超过 1 万美元，也必须出示购买外汇的证明。安哥拉严禁本国货币输出。现金个人收入汇款方面，持工作签证的外国人可以在本地商业银行开设个人账户，每年汇款最高为 6 万美元。工作签证持有者出境可以携带 1 万美元的外汇。

此外，非贸易外汇支付管理与非居民签订服务合同要有许可证。国内航运和海运享受优惠待遇。一般不批准进口商品使用外国保险。私人出国旅行只有在少数情况下才可以购买外汇。

另外，对旅游或商务来安哥拉的非居民，在离开安哥拉时，可允许购买其出售外汇额 50% 的外汇。在安哥拉购买外汇的，要递交出售外汇水单。

安哥拉国家银行严禁本国货币输出。资本出境管理经财政部批准，外资公司清理后的资本和股息可以汇出。个人资本的转移，如遗产、嫁妆、工资和薪金储蓄、个人财产销售收入等的出境，必须获得批准。重点是安哥拉国家银行垄断黄金的进出口。个人或其他机构等只能持有黄金饰品。

在当地注册的外资企业，批准可开设银行账户；外汇进入不受限制，汇出则需提交相关文件。利润汇出控制较严，除需缴纳 30% 营业税外，还配额限制。融资方面，外国企业在当地银行融资不受限制，与当地企业享有同等待遇。中国企业目前仍不可使用人民币在当地开展跨境贸易和投资合作。在安哥拉经营的公司必须使用当地的银行以宽扎来支付所有的费用，包括向安哥拉以外的供应商和承包商付款。

（二）安哥拉外汇汇率

安哥拉作为欧佩克成员国，非洲第二大产油国，其经济对石油出口的依赖度非常高，国际石油市场的风吹草动对其影响甚大。2014 年国际原油价格下跌曾使安哥拉收入锐减，外汇储备不足，宽扎汇率大幅贬值，国家元气大伤。2015～2017 年的美元对宽扎的汇率平稳上升，保持稳定。但从经济基本面来看，安哥拉在国际收支方面的严峻局面还没有完全改善，外汇紧缺的问题依然存在。

2018 年 1 月 3 日，安哥拉宣布放弃宽扎汇率锚定美元的政策。安哥拉央行行长表示，安哥拉自 2018 年一季度末起，采用浮动汇率制。同时，由于新的浮动汇率制度，宽扎兑欧元贬值 9.18%，宽扎兑美元价格为 185.513 美元，而前一年价格为 166 美元，宽扎兑美元贬值 10.5%。安哥拉放弃盯住美元的汇率政策，一定程度上可减少为了维持宽扎对美元的固定汇率而对外汇储备的消耗，但从固定汇率制向浮动汇率制的变更可能带来汇率震荡，即从 2017 年 12 月开始宽扎贬值幅度逐年上升，导致美元兑宽扎汇率越来越高（见图 8）。

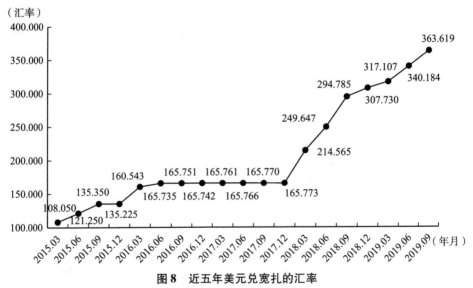

图 8　近五年美元兑宽扎的汇率

资料来源：Yahoo Finance。

自 2019 年初以来，安哥拉宽扎继续贬值，2019 年头六个月兑美元汇率损失了 9.3%。BPI 的数据显示，2019 年 5 月安哥拉国际储备净额再次下降至 103 亿美元，比一个月前录得的数据减少了 5.08 亿美元。

由于人民币与宽扎无法进行直接兑换，因此本文根据为美元兑宽扎的汇率与人民币兑美元的交叉名义汇率计算得出，如图 9 所示，2015～2017 年人民币兑宽扎的汇率一直处于 17～25 波动，两国外汇相对稳定，2015 年的最低点是由于安哥拉货币受石油危机影响而采取的"减压"政策，以减少外汇资金流入国内。自从安哥拉放弃紧盯美元政策实施后，宽扎大幅度贬值，导致人民币兑宽扎的汇率上升幅度增大，且 2018 年中国成为安哥拉的石油主要出口大国，对此也有一定的影响。

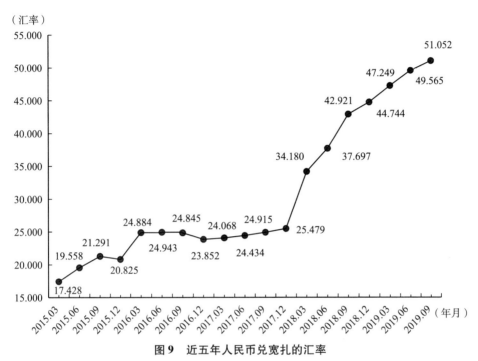

（汇率）

图 9　近五年人民币兑宽扎的汇率

资料来源：本文计算整理。

宽扎的持续贬值加之安哥拉外汇市场的管制，增加了中资企业在安哥拉投资经营的风险。

四、安哥拉证券市场

近年来，由于受国际石油价格下降的影响，安哥拉政府资金较为紧张，主要通过发行债券的方式筹措资金（见图 10）。2018 年安哥拉公共债务为 942.14 亿美元，自 2017 年以来增加了 95.94 亿美元，达到安哥拉 GDP 的 89%。2018 年，安哥拉政府在国际市场发行主权债券新增 35 亿美元。

图 10   安哥拉主权债收益率

资料来源：IMF.

    安哥拉证券交易所和衍生品（BODIVA）位于安哥拉首都罗安达市。BODI-VA 是一个管理机构，其职责是确保受监管证券市场交易的透明度、效率和安全性，目的是刺激小投资者的参与和所有交易者之间的竞争。安哥拉政府规定，发行企业债券只能通过安哥拉债券及证券交易所进行，也只有通过在交易所注册的银行来进行，然后才能向公众发售。BODIVA 于 2014 年 7 月成立至今，业务仅限于买卖由财政部发行的国库券或债务工具。2018 年，BODIVA 录得 9 168.3 亿宽扎（约 280 万美元）税后净利润，较 2017 年的 5 850.8 亿宽扎增加 56.7%。
    BODIVA 的市场为二级市场，采取了如图 11 所示的组织管理结构。

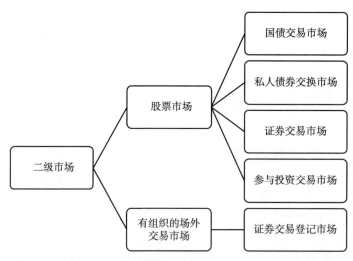

图 11   BODIVA（安哥拉债务证券交易所）二级市场组织结构图

BODIVA（安哥拉债务证券交易所）的市场组织管理结构中分为股票市场和有组织的场外交易市场，其中股票市场中包含国债交易市场（MBTT）、私人债券交换市场（MBOP）、证券交易市场（MBA）和参与投资交易市场（MBUP）；有组织的场外交易市场包含证券交易登记市场（MROV）。但是值得注意的是，在BODIVA（安哥拉债务证券交易所）的市场组织管理结构中只有国债交易市场（MBTT）和证券交易登记市场（MROV）活跃。国债交易市场（MBTT）于2016年11月第一次公共债务证券的谈判并且交易，并在国债交易市场发行。2015年5月，BOVIDA（安哥拉证券交易所）推出的第一个细分市场是证券交易登记市场（MROV），同年进行第一次操作注册，并且证券法也获得了批准。证券法是指建立证券市场工具和衍生工具的法律组织，规范证券、发行人、证券公开发行的监督管理制度，以及证券和衍生工具投资的相关基础设施、招股说明书、服务和活动，以及相应的制裁机构。在2018年，一级市场的证券管理转移至BODIVA（安哥拉债务证券交易所）并开始负责国债的拍卖。

BODIVA（安哥拉债务证券交易所）由16家成员组成并且提供相关的服务，分别为安哥拉开发银行（Banco de Fomento Angola）、安哥拉投资银行（Banco Angolano de Investimentos）、千年大西洋银行（Banco Millennium Atlantico）、储蓄及信贷银行（Banco de Poupanca e Credito）、太阳银行（Banco SOL）、简易银行（Banco BIC）、安哥拉标准银行（Standard Bank Angola）、国际商业银行（Banco de Negocios Internacional）、Keve区域银行（Banco Regional do Keve）、信誉银行（Banco Prestigio）、工商银行（Banco de Comercioe Industria）、经济银行（Banco Economico）、安哥拉Caixa Geral银行（Banco Caixa Geral Angola）、Credisul银行（Banco Credisul）、Growth证券经纪公司（Growth SCVM（correctora））、Madz证券经纪公司（Madz SCVM（correctora））。

五、安哥拉保险市场发展

在安哥拉，经济严重依赖石油的出口，即使在不利的经济和金融形势下，保险和养老基金行业持续快速增长，这也反映出了私人投资者对安哥拉经济系统潜力的信心。

安哥拉保险和养老基金行业目前有25家保险公司，1家国有企业，24家私人投资者，33只养老基金由3家保险公司管理，5只由养老基金管理。在2016年，保险公司超过500万美元的资产投资，然而对养老金的资产投资总数将近640万美元。

尽管快速增长，保险行业仍然有很大的发展空间，随着保险的普及率，以本地生产总值的保费金额计算，大约3%，低于非洲的平均普及率。安哥拉保险和养老基金行业能够达到并且最终超过非洲的平均普及率，当务之急是安哥拉近年来经济恢复增长，无论是人寿保险还是非人寿保险，都意味着更高的公司和家庭收入以及更高的保险费。另外，保险和养老基金行业必须继续开展说明保险和养老金的经济和社会的重要性的活动。它们意识到社会需要保护家庭中个人资产和公司财产，以应对越来越复杂的风险。

目前，安哥拉保险和养老基金行业正在采取的行动，包括设立国家再保险公司（ANGO RE）农业保险制度化，高竞争性的运动保险，目的是为了使这个行业可持续发展。另外，加强行为的谨慎和监督，重点是使行业有能力和竞争力。这个行业的监督者，ARSEG（安哥拉保险监督和管理）采取了遵守FATF（反洗钱国际金融行动特别工作组）的准则。在养老基金管理行业，安哥拉为所有私人投资者提供卓越的投资机会，私人投资者渴望贡献他们的资本、实际能力和技术，这是使安哥拉金融系统走向现代化以及经济增长的必要工具。

六、总结与建议

总体而言，安哥拉的金融市场较为落后，银行业由于受到国内经济不稳定的影响近年来有较大的波动和洗牌。同时，严格的外汇管制和汇率贬值风险都极大地增加了中资企业在安哥拉投资和经营的风险。

目前，所有在安哥拉经营的公司都必须以宽扎运营，并使用当地银行支付所有款项，包括向位于安哥拉境外的供应商和承包商付款，因此中资企业要特别注意外汇波动带来的汇兑风险。同时，安哥拉财政状况显著恶化，外汇储备减少，资金短缺、债务偿还压力加大，银行体系流动性不足，付汇受限，买家付款能力下降，出口安哥拉的企业需高度警惕货款收回和工程款拖欠的风险。

所以，对于所有企业在安哥拉开展投资过程中，需要特别注意做好以下几点，预防相关风险发生。

一是事前调查、分析、评估相关风险，事中做好风险规避和管理工作，切实保障自身利益。安哥拉与中国经贸投资往来历史不长，国内企业对其缺乏了解，因此赴安哥拉开展投资、贸易的过程中，要做好对项目或贸易客户及相关方资信的调查和评估工作，做好对风险的分析和规避工作。

二是积极利用保险、担保、银行等保险金融机构和其他专业风险管理机构的相关业务保障自身利益，包括贸易、投资、承包工程和劳务类信用保险、财产保险、人身安全保险等，银行的保理业务和福费廷业务，各类担保业务（政府担保、商业担保、保函）等。

三是多途径应对汇兑风险。投资者可在赚取宽扎的同时，收购当地合法优质资源，回流国内，在国内变现人民币，形成产业链。对于一些大额当地币借款，可鼓励对方以实物支付，以固定资产或保值资产作抵押，将库存量维持在一个合理范围，定期梳理更新销售转手渠道。可适当增持其他非本地币形式资产。

此外，由于安哥拉是一个受石油影响较大的经济体，对贷款也非常保守，因此在安哥拉进行投资的时候，金融市场稳定性受到国际油价的影响，应该注重把握安哥拉石油出口状况以及国际油价的涨跌，谨慎控制好风险。

安哥拉电子商务市场发展现状与展望

宋雅楠　许恩慈[*]

摘　要： 近年来，随着中国电子商务的快速发展，电子商务市场已经逐步从蓝海市场过渡到红海市场，因此中国企业亟待寻找新的契机。安哥拉既是葡语国家共同体的一员，也是非洲撒哈拉以南地区第四大经济体，是中国企业深入了解非洲和葡语国家共同体电子商务市场的桥头堡。目前安哥拉电子商务市场发展较慢，研究安哥拉的电子商务市场对于后期投资具有先发优势。因此本文介绍了非洲以及安哥拉电子商务市场的现状，分析了安哥拉电子商务市场发展中的挑战，对中国投资者进入安哥拉电子商务市场给出了建议。

关键词： 安哥拉　投资　中国　电子商务

安哥拉共和国位于非洲大陆西南部，濒临大西洋。是 1996 年 7 月成立的葡语国家共同体的一员，官方语言是葡萄牙语，货币为宽扎。2002 年安哥拉结束了长达 27 年的内战，经济开始逐渐好转，GDP 得以持续增长，2012 年之后安哥拉跃升为非洲第五大金融市场。

2010 年中安两国正式建立战略伙伴关系。2016 年度，中安双边贸易额高达 155.8 亿美元，根据《2017 年度中国对外直接投资统计公报》显示，2017 年中国对安哥拉直接投资流量位居非洲第一，达 6.7 亿美元，对安哥拉直接投资存量位居非洲第五，达 22.6 亿美元。中安双边经贸合作正在不断深化。

安哥拉是非洲国家中的佼佼者，也是葡语国家共同体的一员，其国内电子商务市场的潜力已经被世界各国注意到。在强调"走出去"的今天，深化中国电子商务企业与安哥拉之间的经济合作不仅有助于国内投资者了解安哥拉电商市场的

---

* 宋雅楠，澳门科技大学商学院副教授。研究方向为国际贸易与投资、中葡经贸关系等。
许恩慈，澳门科技大学商学院硕士研究生。

投资机会，同时对于中国其他发展中的企业如何走出国门也具有一定的借鉴意义。

电子商务是以互联网为媒介的商业行为，电子商务市场的发展以实体经济为基础并且与实体经济的发展相辅相成，同时又为实体经济的发展提供帮助。因此在为中国投资者提供关于安哥拉电子商务市场的决策建议之前，我们首先要了解非洲以及安哥拉电子商务市场的相关情况。

本文的安排如下：一是介绍非洲电子商务市场的现状，二是具体介绍安哥拉电子商务市场的现状，三是对比安哥拉与非洲国家以及葡语国家的电子商务市场，四是指出安哥拉电子商务市场面临的挑战以及前景分析，文章最后一部分针对中国企业进入安哥拉电子商务市场的决策给出建议。

一、非洲电子商务市场概况

近些年，非洲经济形势发生重要改观，经济增长速度已明显上升，外部环境得到改善，非洲经济增长动力有所增强。在欧美发达国家以及中国繁荣发展的电子商务行业也已经在非洲大地落地生根。2014 年以来，非洲网络购物人数年增长率达到了 18%，高于全球平均水平，2017 年达到 2 100 万，但是这个数量只占非洲互联网用户的 13%。欧盟国家有 68% 的互联网用户进行了网络购物，相比之下非洲网络购物人数方面仍有很大的增长空间。2017 年非洲 B2C 电子商务市场收入 57 亿美元，电商市场总收入 165 亿美元，市场份额价值为 58 亿美元的电子科技和媒体类产品是目前非洲热门的产品类别，其次是时尚类产品，销售额达40 亿美元[1]。

非洲本土主要电子商务网站如表 1 所示，本土企业布局电商市场的时间大都在 2011 ~ 2012 年左右，已经成长起来的本土电商企业是亚马逊（Amazon）和易趣（eBay）等跨境电商的主要竞争对手。

表1   非洲本土主要电子商务网站

电商平台	注册国家	成立时间	类型
Mall for Africa	尼日利亚	2011	平台入驻超过 120 家英美店铺，主要销售时尚鞋服、品牌手表等欧美国家产品

---

① 联合国贸易和发展会议：《2018 年非洲 B2C 电子商务指数报告》，2018 年 12 月。

续表

电商平台	注册国家	成立时间	类型
Jumia	尼日利亚	2012	Jumia 日访问用户达 10 万人，是主打电子产品、时尚的电子商务平台
Konga	尼日利亚	2012	Konga 是访问量最高的尼日利亚网站，提供包括电子产品、家用电器、书籍等产品
Kaymu	尼日利亚	2013	采取 B2C 与 C2C 相结合的经营模式，主要销售家电、移动设备、珠宝、时尚鞋服等商品
Takealot	南非	2011	南非市场的电商领头羊，出售包括书籍、游戏、电脑等产品
Zando	南非	2012	Zando 是 jumia 旗下专注于时尚零售的子公司

资料来源：根据公开数据整理。

2009 年以来，中国已连续 9 年成为非洲第一大贸易伙伴国，2018 年双方贸易额达到 2 000 亿美元，中国目前每年对非洲基础设施建设投入约 100 亿美元，约占非洲所有基础设施建设项目外来资金的 1/3。以阿里巴巴为代表的中国电商平台在促进中非电商市场互通有无上发挥着重要作用。以菜鸟平台、圆通速递为首的中国快递企业也同步进入非洲市场，积极布局开展非洲的快递业务，为非洲电商产业发展打好基础、做好准备。2015 年，圆通速递公司率先与津巴布韦邮电部签订合作协议，负责在该地区完成包裹派送。菜鸟平台上中非之间包裹传输时间也已从平均 70 天缩短为 20 天，一年内两地物流往来的包裹量超过 600 万件①。

相比于亚马逊（Amazon）和易趣（eBay）在非洲市场开拓上的举步维艰，中国电商平台在非洲市场如鱼得水。坚持互利和共赢，为当地消费者提供符合消费习惯且物美价廉的商品，为非洲当地的企业搭建一个通往全球市场的平台和通路，是中国电商在非洲获得成功的重要原因。

随着非洲经济稳步增长，总人口达到 12 亿的非洲大陆对纺织、服装、家电和电子产品的需求日益增加，随着移动互联网逐渐在非洲各国推广普及，更为非洲国家推动电子商务平台发展提供了机遇。非洲经济搭上了电子商务的顺风车，截至 2017 年，全球电子商务增长率为 16.8%，而非洲的电子商务增长率达到 25.8%，增速相当可观。研究公司 Statista 预计非洲电子商务市场在 2022 年将达

---

① 非洲贸易研究中心：《非洲电商发展为快递物流供应带来巨大商机》，2018 年 12 月 3 日，http：// news. afrindex. com/zixun/article11387. html。

到 290 亿美元，2025 年将达到 750 亿美元。

二、安哥拉电子商务市场现状

（一）电信用户

有消费者才有市场，消费者是市场的重要组成部分。对于电子商务市场来说，互联网用户就是市场的潜在消费者，是市场发展的基石。只有具备了用户基础，电子商务市场才有发展的可能性。本文首先介绍安哥拉电信业的基本概况，旨在让读者更加直观清晰地了解安哥拉互联网用户的规模大小。

电信行业是安哥拉的主要发展领域之一。2001 年，安哥拉宣布放弃国家对电信业的垄断，电信业开始得以蓬勃发展。目前主要的电信公司有三家（见表2），其中移动电信公司是安哥拉电信的子公司。在电信领域方面，联合电信以及移动电信主要针对移动电话端，安哥拉电信则更加注重固定电话端。安哥拉电信是安哥拉国家全资拥有的电信企业，主要提供电信和互联网服务。三家运营商铺设的长达 25 000 公里的全国光纤网络、首都罗安达全覆盖的 LTE 网络都促进了安哥拉电信行业的发展，对于安哥拉移动电信网络的普及起到了重要作用。同时为了进一步提升电信行业市场竞争、改善运营，安哥拉市场第四家电信运营商国际招标的获胜者有望在 2020 年宣布，发放更多通信牌照的努力表明了安哥拉政府加强国内宽带能力的决心。

表 2 安哥拉电信运营商

安哥拉电信运营商	企业性质	主要领域	网站
安哥拉电信（Angola Telecom）	国有	固定电话端	www. angolatelecom. com
移动电信公司（MOVICEL）	国有	移动电话端	Movicel. co. ao
联合电信公司（UNITEL）	私有	移动电话端	www. unitel. ao

资料来源：根据公开资料整理。

GSMA 协会（全球移动通信系统）2018 年的报告中明确表示，与撒哈拉以南的非洲国家相比，安哥拉在互联网接入度方面比较高，排名第七。截至 2017 年，4G 信号已经覆盖大部分安哥拉大中型城市。

目前安哥拉全国电信用户约 1 720 万，占总人口的 57.3%，其中移动电话用户 1 500 万，固定电话用户 200 万。互联网用户数量大约为 400 万，约占总人口的 14.3%，互联网普及率有待加强。

2014 年，国际原油价格出现波动，严重依赖石油产业的安哥拉经济遭遇寒冬，各行各业都受到影响。表 3 显示，2014 ~ 2016 年安哥拉经济萎靡，移动手机呈现下降趋势。2016 年经济开始转暖，移动手机用户比例也开始增加。固定电话以及宽带比例则持续降低。在互联网用户方面，尽管经济出现了大幅度的波动，但是互联网用户比例却并没有降低，反而在稳步上升，可以预见通过移动电话访问互联网在安哥拉将成为趋势。

表 3　　　　　　　　　安哥拉互联网用户使用比例　　　　　　　　单位：每百人

电信类型	2013 年	2014 年	2015 年	2016 年	2017 年
互联网用户比例	8.9	10.2	12.4	13	14.3
移动手机	51.1	52.2	49.8	45.1	47.7
固定电话	0.83	1.07	1.02	1.06	0.54
固定宽带	0.086	0.32	0.55	0.43	0.32

资料来源：世界银行。

（二）支付与移动支付

移动支付的发展是电子商务市场发展的决定因素之一。目前安哥拉仍是一个以现金支付为主的经济体，尚未拥有移动支付系统，普遍使用的电子支付系统是 ATM 和自动支付终端。

截至 2016 年，安哥拉有 780 万个银行账户，15 岁以上人口超过 1 480 万人，银行账户比例为 52%，超过 30% 的成年人拥有银行账户。随着安哥拉移动互联网用户的增加，越来越多的用户开始通过网络购买产品和服务。但是安哥拉在线支付设施要求购物者拥有信用卡，而安哥拉由于外汇短缺和宽扎贬值等因素导致维萨（Visa）和万事达（MasterCard）都比较受限制，因此信用卡在安哥拉并不容易获得。少量具有维萨（Visa）或者万事达（MasterCard）的富裕阶层则构成了安哥拉在线购物的主要人群。其他大多数互联网用户则主要依靠借记卡来完成商品购买，并且购买后仍需通过 ATM 机进行银行转账并验证付款才算完成支付流程。大部分电子商务网站通过接受 ATM、POS 机和互联网银行的替代支付方式来满足必要的便利。年龄较大的消费者则更加偏向于货到付款，因为网络犯罪的发生使得他们担心自己会受到网络欺骗。

烦琐的交易流程、民众对于网络支付安全的担忧以及信用卡等支付方式较为缺乏的情况制约了安哥拉电子商务市场的发展。因此考虑到移动支付的便利性对于电子商务市场发展的促进作用，安哥拉银行服务公司主席德马托斯于 2018 年11 月在罗安达公开宣布"自 2019 年 5 月起，安哥拉民众将摆脱 ATM 机的束缚，可以通过'Multicaixa Express'银行卡直接在线进行宽扎付款，无需再亲自前往ATM 机完成验证流程"①。

（三）物流条件

1. 基础设施建设

长达 27 年的内战拖累了安哥拉的经济发展，使得安哥拉的基础设施遭到严重破坏。目前安哥拉全国公路总长 7.5 万公里，干线总长 2.5 万公里，其中柏油路面 2 万公里，其余 5.5 万公里是砂石土路面②。西部沿海各省干线路况较好，中东部地区、县市级公路路面状况较差。安哥拉全国铁路线路总长约 2 800 公里，有 3 条东西走向主干线。最长的本格拉铁路全长 1 350 公里，自洛比托港至卢奥市，并可通过刚果（金）的铁路网与赞比亚铁路相连，铁路的修复工程由中国上海铁路城市轨道设计院设计，由中铁二十局负责施工。预计年运送旅客 400 万人次，货物 2 000 万吨。另两条是全长 907 公里，连接纳比贝港至梅农盖市，贯穿安哥拉南部地区的莫桑梅德斯铁路和北部地区全长 538 公里连接罗安达至马兰热的罗安达铁路，2010 年铁路运送旅客 325.3 万人次，货物 4.1 万吨③。

航空运输方面，安哥拉全国各省基本都建有机场，2017 年直机航班 1.6 万次，累计空运乘客 158 万人。其中位于首都罗安达的二月四日机场和本格拉省的卡通贝拉机场为国际机场，另有罗安达新国际机场正在修建，该机场定位为非洲西南部国际枢纽机场，被列为安哥拉国家战略项目。

安哥拉主要港口有罗安达、洛比托、纳米贝、卡宾达，其中最主要的港口为罗安达港，港区宽阔，码头长达 4 000 米以上，年吞吐量最大时达 1 300 万吨。2017 年全年安哥拉集装箱港口吞吐量达 70 万箱。

安哥拉总统若昂·曼努埃尔·贡萨尔维斯·洛伦索在 2018 年 10 月首次对中

---

① 中非贸易研究中心：《安哥拉 2019 年将实现电子在线支付》，2018 年 12 月 5 日，http：//news. af-rindex. com/zixun/article11406. html。

② 中华人民共和国驻安哥拉共和国大使馆经济商务参赞处：《2018 年安哥拉营商环境指南》，2018 年 8 月 20 日。

③ 人民网：《"本格拉铁路为我们带来了繁荣和希望"（共建一带一路）》，2019 年 5 月 11 日，http：//world. people. com. cn/n1/2019/0511/c1002 − 31078749. html。

国进行国事访问，此次中国之行使得安哥拉获得了中国国家开发银行20亿美元的融资，洛伦索总统表示此次融资将用于发展国家基础建设，主要包括公路、铁路、港口和机场等交通设施①。安哥拉政府大力发展基础设施建设，有助于促进安哥拉物流业的蓬勃发展，进而与安哥拉电子商务市场的发展产生良性反馈。

2. 物流运输条件

物流是发挥电子商务优势的基础，物流配送问题与国家基础设施建设息息相关，一个高效的、合理的、畅通的物流系统可以发挥电子商务所具有的优势，使得消费者享受电子商务活动带来的便捷。

目前活跃在安哥拉的国际物流企业主要有美国联邦快递（Fedex）、美国联合包裹速递服务公司（UPS）、美国敦豪航空货运公司（DHL）、总部位于科威特的亚致力物流集团（Agility）以及总部位于瑞士巴尔的基华物流（CEVA Logistics）。安哥拉国内邮政目前则依赖邮递员送货上门，因为安哥拉县市级公路路面状况普遍较差，导致物流公司通常难以进入，快递员配送货物也只能通过自行车和摩托车等工具。部分地区也存在地址登记不符合标准等情况，极易造成货物错误邮寄或重复邮寄的问题。基础建设薄弱的问题使得安哥拉的"最后一英里"运输变得越加困难，费用十分昂贵，运输成本几倍于基础设施发达的国家。

联合国贸易和发展会议2018年的报告中也指出，万国邮政联盟（UPU）对于安哥拉的邮政系统评分显著低于电子商务市场更为活跃的尼日利亚以及其他非洲国家，评分位居非洲第29。

表4显示了安哥拉物流的相关绩效指数。2010～2014年安哥拉经济处于上升期，物流绩效指数（总体）在这个阶段是呈现增长趋势，基础设施得以不断完善。物流服务能力及质量并没有受到经济波动的影响，绩效指数较为稳定，但是整体仍然没有达到平均水平。总体来看，安哥拉物流运输体系仍较为薄弱，短时间无法发挥电子商务的物流优势，物流条件也是导致安哥拉电子商务市场发展缓慢的一个主要因素。安哥拉政府应努力改善国内道路情况以便于促进经济发展。

表4 安哥拉物流绩效指数

物流绩效指数	2010 年	2012 年	2014 年	2016 年
物流绩效指数（总体）	2.25	2.28	2.54	2.24
物流服务能力及质量	2.02	2.00	2.31	2.31

---

① 中非贸易研究中心：《安哥拉经济发展前景广阔》，2019 年 1 月 29 日，http：//news. afrindex. com/zixun/article11569. html。

物流绩效指数	2010 年	2012 年	2014 年	2016 年
追踪查询货物能力	2.54	2.00	2.59	2.21
贸易和与交通相关的基础设施的质量	1.69	2.48	2.11	2.13

注：物流绩效指数评分为 1~5 分，1 = 低，5 = 高。
资料来源：世界银行。

（四）行业竞争

由于安哥拉轻工业欠发达，且国内物价奇高。安哥拉的大多数消费者喜欢购买外国商品，从中国义乌、温州等地进口的小商品、服装、家具以及电子产品受到追捧。在安哥拉，因为跨境电子商务需要使用信用卡等支付方式完成交易，此类购买通常通过亚马逊（Amazon）、易趣（eBay）（美国和欧洲）和阿里速卖通（AliExpress）（中国）等主要国际在线商店进行，货物交付也是通过国际快递公司进行。所以，跨境电子商务目前仅限于中高收入的安哥拉用户使用，收入较低的消费者则更加倾向于在当地提供移动支付的本土电子商务网站购买。

目前活跃在安哥拉的本土电子商务平台（见表 5）主要有以下几个：

（1）Jumia Angola，是非洲最大的电商平台 Jumia 在安哥拉的分站，其业务模式与亚马逊（Amazon）类似，是在线销售商品的综合性购物网站。

（2）BayQi 由回国创业的阿梅达（Fatima Almeida）于 2016 年创办，目前已经成为安哥拉最受欢迎和最广泛使用的电子商务网站之一，该网站允许买方和卖方之间以低廉的价格通过舒适、安全和简单的方式开展交易活动，并且可以通过国内借记卡 Multicaixa 进行支付，通过当地快递服务进行交付，目前，BayQi 拥有超过 811 740 个观看次数，在安哥拉拥有超过 95 396 个用户。

（3）安哥拉另一个受欢迎的电子商务平台是国际公司 OLX 的本地版本，OLX 公司于 2013 年进入安哥拉，培养了安哥拉第一批网络购物人群。

（4）Baobabay 则是中国人冯涛于 2015 年创办的专门销售中国产品的网上商店。

从时间来看，非洲电商巨头在电商发展初期就已经布局安哥拉，中国电子商务企业目前步伐稍慢一筹。但是中国是安哥拉最大的贸易伙伴，也是安哥拉通过电子商务交易购买产品的主要来源，中国产品物美价廉等特点是优势，相信中国企业凭借产品的优势可以打开安哥拉市场。

表5   安哥拉本土电子商务网站

名称	成立时间	注册地	类型
Jumia Angola	2012	Angola	在线销售手机数码、鞋子箱包、服饰、杂货、家居百货等的综合性购物网站
OLX Angola	2013	Angola	综合性的网上集市，租房买房、发布招聘信息，发布二手交易信息等等
Kaymu Angola	2013	Angola	让买家和卖家见面交易新旧时尚商品、手机、珠宝和家用电器的平台
Baobabay	2015	Angola	主要销售中国产品的购物网站
BayQi	2016	Angola	在线购物平台，提供最广泛的产品选择，包括服装、书籍、音乐等

资料来源：根据公开数据整理。

三、安哥拉电子商务发展的国际比较

（一）安哥拉与非洲国家对比

非洲电子商务市场主要由尼日利亚以及南非为代表，肯尼亚与安哥拉等国家略逊一筹。尼日利亚拥有1.95亿人口，是非洲电子商务市场最发达的国家，南非位列第二。在电商公司数量方面，尼日利亚拥有108家电子商务网站，数量最多，综合类电子商场是最流行的模式，占整个市场的18.5%，非洲40%的电子商务企业总部设在尼日利亚。南非有51间电子商务创业公司，排名第二，安哥拉目前有实力的电商平台大多是尼日利亚以及南非公司的子公司。

如表6所示，在用户方面，2017年尼日利亚互联网用户数量达到5 283万人，互联网增长率为7.8%，99%的尼日利亚手机用户都会订阅在线网络商店推广的信息，用户活跃度是非洲最高。南非互联网用户大约3 185万人，互联网增长率为4.1%，网络购物用户1 840万人，仅次于尼日利亚。

表 6　　　　　　　2017 年安哥拉与相关国家互联网数据对比

互联网数据内容	安哥拉	尼日利亚	南非
互联网用户人数（百万人）	4.26	52.83	31.88
互联网渗透率（%）	14.3	27.7	56.2
互联网增长率（%）	10.3	7.8	4.1
4G 使用率（%）	16	4	18

资料来源：世界银行。

在移动 4G 使用率方面，尼日利亚超过 44% 的移动用户使用 3G 技术，4% 使用 4G，相比之下，南非的 4G 使用率超过 18%，安哥拉的这一比例为 16%。低价位移动智能手机的普及是非洲互联网用户增加以及电商市场规模扩大的主要原因。

市场规模方面，尼日利亚移动电子行业在 2017 年对该国 GDP 的贡献为 5.5%，2018 年增长到 7.4%。南非电子商务市场最大的交易品种是"电子和媒体"，2017 年的市场交易额为 9.64 亿美元，预计到 2021 年网上零售额将增长到 13 亿美元。

整体来看，过去由于经济落后、上网不便等因素导致非洲在电子商务领域的发展始终处于落后地位。非洲国家电子商务市场仍然处于初级发展阶段，规模较小，无法与欧美以及中国市场相提并论。制约电子商务市场发展的因素在非洲各国都普遍存在，其中一个主要的因素就是互联网的渗透问题。互联网用户是电商市场的基础，从前面的介绍可以了解到，安哥拉互联网渗透率在撒哈拉以南非洲是较高的，但是表 6 的数据显示仅仅只有 14.3%，意味着全国只有不到 20% 的人口能够使用互联网。另一个因素是支付问题。安哥拉金融体系的落后，使得安哥拉国家至今尚未建立一个良好的信用体系，相当一部分安哥拉消费者担忧网络欺诈问题，大多数平台必须提供货到付款的方式来帮助完成交易，而且交易完成后通过配送人员回收款项的不便捷性也在掣肘电子商务初创企业的发展。

（二）安哥拉与其他葡语国家对比

安哥拉与葡萄牙等 9 个国家都是 1996 年成立的葡语国家共同体（CPLP）的成员，但是由于地理位置等原因，各国发展速度并不相同。

从电子商务市场发展方面来看，位于拉丁美洲的巴西的电子商务市场最为繁荣。2013 年以来，巴西互联网渗透率超过 61%，电商活跃用户增长 76.36%，

2017 年数量达到 5 515 万，电子商务市场交易规模达到了 153.8 亿美元。与 2013 年相比，电商交易额增长约 165.62%。国内本土电商网站主要有 B2W Market-place 以及 Americanas，最受欢迎的跨境电子商务网站是全球速卖通（Aliex-press），支付方式以信用卡和电子钱包为主。

葡萄牙近年来电子商务市场发展也十分迅速，2016 年电商收入达到 26 亿美元，互联网渗透率达到 70%，网络购物用户约为 35%，但是受制于国内人口减少以及经济环境复苏缓慢的情况，目前规模仍处于南欧尾端。

而与葡语国家共同体在非洲的其他 5 个成员国相比，安哥拉电子商务市场则处于领先地位，因为莫桑比克、几内亚比绍等国家互联网渗透率过低导致国内电商发展迟缓，用户的稀少也使得其市场无法得以扩张。

四、安哥拉电子商务发展面临的挑战

（一）电子商务相关政策不足

在国家政策方面，2015 年，为了改善安哥拉营商环境、提高安哥拉市场对私人投资和直接外商投资的吸引力，安哥拉政府通过了新的《私人投资法》（14/15 号法律），几乎放开了除国土安全之外的与安哥拉经济发展有关的所有领域。但是安哥拉外商直接投资由 2016 年的 41 亿美元缩减至 2017 年的负 23 亿美元[①]，出现了负增长，可见该政策在安哥拉的实施情况并不理想。

同时安哥拉也缺乏电子商务相关立法，电子商务属于新型经济形态，即便是电子商务市场发展成熟的中国也是在 2019 年才首次立法实施《电子商务法》。安哥拉政府此前因为网络、信息和通信技术不发达，并没有将网络犯罪纳入刑法典，现时阶段也没有颁布独立的电子商务法律法规，主要的知识产权法中也没有针对电子商务的法案。随着安哥拉电商市场的发展，电商交易数量以及交易金额不断增加，与之相关的网络犯罪问题也开始冒头，网络购物用户开始担忧支付体系的安全性以及索赔的可能性，这些可能预见到的不良后果都是阻碍电商发展的重要因素。

2017 年安哥拉副总检察长利兹（Mota Liz）表示"政府为了保护信息技术、

---

① 联合国贸易与发展大会：《世界投资报告 2018》。

通信技术、网络技术不被入侵和破坏，拟将网络犯罪纳入刑法典"①。同时安哥拉国家银行（BNA）董事席尔瓦（Pedro de Castro e Silva）于 2018 年在罗安达举办的葡语国家共同体（CPLP）中央银行第 8 次支付系统会议期间表示"安哥拉国家银行 2017 年开始与世界银行合作，制定立法，为移动支付做准备"②。

（二）人才储备不足

2015 年，安哥拉中学生毕业后接受高等教育的比率只有 9.3%，15~24 岁的青年识字率更是只有 71%，南非则接近 99%。可见教育在安哥拉仍然是相当严重的问题。而随着互联网渗透率的提升，电子商务类型的新型经济形态极度需要高等教育人才参与，像安哥拉本土电商平台 BayQi 创始人阿梅达（Fatima Almeida）一般回国创业的电商人才终究是少数。电商的发展需要大批的技术人员，较低的教育水平可能会导致电商平台技术人员不足，有研究数据表明，电商企业所需的美工、IT 类等专业人才占 35%③。如果需要从国外引进大批技术人员，无疑也会增加人力成本，成本则是电商初创企业首要考虑的问题。因此人才问题如果得不到解决，也不利于安哥拉电子商务市场的后续发展。

五、中国企业进入安哥拉电子商务市场的策略建议

（一）创新合作模式，携手互利共赢

安哥拉基础工业底子薄，几乎没有轻工业，生产水平较低，大部分地区都缺乏实体零售基础设施，投资配套条件差。大多数商品依赖国外进口，2016 年安哥拉粮食、副食、服装鞋帽及日用品约占其进口总额的 18%，安哥拉用户又普遍喜爱中国物美价廉的产品，如果选择采取绿地投资的模式在安哥拉发展电子商务对于中方企业和中国投资者的资金需求较大，而且中国的中兴、华为等公司已进入安哥拉电信设备市场开展业务，这为电商发展打下了良好基础，中国投资者

---

① 中华人民共和国驻安哥拉共和国经济商务参赞处：《安哥拉拟将网络犯罪纳入刑法典》，2017 年 11 月 30 日，http://ao.mofcom.gov.cn/article/sqfb/201711/20171102678725.shtml。
② 中华人民共和国国家发展和改革委员会：《安哥拉将于 2019 年建立移动支付系统》，2018 年 12 月 5 日，http://www.ndrc.gov.cn/fzgggz/wzly/jwtz/jwtzzl/201812/t20181205_922262.html。
③ 搜狐网：《跨境人才难求？高薪挖人又不值！他们是这样解决的》，2017 年 11 月 1 日，http://m.sohu.com/a/201743065_796738。

可以考虑采取与安哥拉本土企业合资的模式共同开发电子商务市场。

在安电商企业的发展离不开熟知当地人文环境的员工,目前中国跨境电子商务人才又主要依赖于企业自身培养,因此中方企业可以借助"中葡平台"开展人才交流合作,帮助安哥拉培养熟知电子商务的新型复合人才,为企业发展注入新活力。

(二) 加强金融合作,完善电子支付体系,保证数据安全

网络欺诈、用户不信任问题是安哥拉乃至整个非洲电商面临的严重挑战,完善跨境支付体系是促进跨境电子商务发展的关键。当前中非、中安跨境电子商务在有关消费者保护、知识产权保护、产品售后等方面的法律法规有所欠缺。为了提高跨境电子商务成功率,必要的金融立法和监管是鼓励银行等机构参与电子商务发展的关键。中国政府也可以进一步调整政策,加强与安哥拉政府的合作,加快制定电商法规,助力跨境电商的发展。

中国电子商务企业则需要在数据流、网络支付、隐私保护等方面加强与当地金融部门的合作,加大投入力度,提升用户信任度,提高电商交易额。在产品内容推广方面加强与当地运营商的合作交流,持续为用户以及潜在用户提供与其生活息息相关的产品信息,夯实消费者基础。

(三) 发展信息化物流,提高运输配送效率,筑牢电商市场发展基石

从中国电商物流体系运送效率来看,第三方物流稍慢于电商自建物流,但是电商自建物流前期成本要显著大于第三方物流运输,特别是安哥拉这种基建体系仍有待加强的国家。随着"一带一路"倡议的提出,随着中非、中安贸易的增加,目前国内部分领先物流企业已进入非洲市场开疆拓土。电商企业可以在运输方面借助第三方物流企业先进的管理理念、配送系统,发展信息化物流网络,优化物流流程,建设跨区域物流体系,发展多级存储仓库,提高运输配送效率,保证最短时间将商品送到消费者手中,持续提升企业的核心竞争力。

参考文献

[1] 宋雅楠、赵毅夫:《巴西电子商务市场分析》,载于《巴西投资环境报告》,经济科学出版社 2019 年版,第 159～175 页。

[2] 刘晓春、李梦雪:《中非跨境电商蓬勃发展挑战亦需警惕》,载于《中国对外贸易》,2018 年第 9 期。

［3］许小平、秦杰：《中非跨境电商的动力和阻碍探析》，载于《对外经贸实务》，2018年第12期。

［4］蒋姮、张熙霖、黄禾、崔守军、韩薇、沈乎：《中国对非投资案例调查报告》，海因里希—伯尔基金会中国办公室，2012年版。

［5］孙辕、Kartik Jayaram、Omid Kassiri：《中非经济合作现状》，麦肯锡咨询公司，2017年6月。

［6］魏自品、田庆稳：《加快信息化建设，提高物流企业效率》，载于《交通企业管理》，2007年第12期。

［7］丁培：《尼日利亚电子商务市场概述》，2018年9月，http：//www. istis. sh. cn/list/list. aspx？ id = 11573。

［8］新浪军事：《"八大行动"为投资安哥拉创造新机遇》，2018年10月24日，http：//mil. news. sina. com. cn/2018 – 10 – 24/doc-ifxeuwws7437486. shtml。

［9］Luyolo Sijake：《中国电子商务为非洲带去跨越式发展新途径》，2018年7月29日，http：//tech. huanqiu. com/internet/2018 – 07/12606269. html？ agt = 15422。

［10］中国邮政快递报：《中国力量注入非洲电商寄递市场》，2018年9月26日，http：//www. ec. com. cn/article/kjds/201809/32792_1. html。

［11］胡滨、范云朋：《跨境支付监管的四大挑战和五项对策》，2018年4月4日，http：//www. mpaypass. com. cn/news/201804/04101052. html。

安哥拉消费市场分析

王雪华　胡　伟　钟理强　汪孟婕[*]

摘　要： 近年来，随着安哥拉国内消费者形象和人口结构的变化，以及安哥拉市场上国际品牌数量的增加，安哥拉的消费市场正在不断地发展中，并受到各国投资者的广泛关注。本文通过对安哥拉的消费市场现状进行介绍，并介绍了安哥拉的零售行业、饮料行业、酒类行业以及烟草行业四个主要的消费市场行业。通过对这四个主要的消费市场行业进行波特五力分析，从而针对各个行业的现状提出自己的启示，以期待能够给中国投资者起到借鉴和指导意义，并且希望能够在一定程度上促进安哥拉消费市场的进一步发展。

关键词： 安哥拉　消费市场分析　中国投资者启示

一、安哥拉的人口情况简介

根据联合国估计的最新人口数据，目前安哥拉的人口约为 3 000 万，约占世界人口的 0.41%[①]，人口数世界排名第 45。作为世界上人口最稠密的国家之一，安哥拉的人口密度为 14.8 人/平方公里（38 人/平方英里）。安哥拉的人口数量持续增长，近 5 年的平均增长率为 3.378%。虽然年增长率近几年呈现下降的趋势，但根据相关机构预测，至少在接下来的 10 年中，人口增长率仍将保持在 3% 以上[②]。如图 1 所示。

---

[*]　王雪华，华东师范大学经济与管理学部亚欧商学院副教授，研究方向为消费者行为。
胡伟、钟理强、汪孟婕：华东师范大学经济与管理学部亚欧商学院研究生。
①　Angola population（LIVE）. https：//www. worldometers. info/world-population/angola-population/.
②　Angola Population 2019. http：//worldpopulationreview. com/countries/angola-population/.

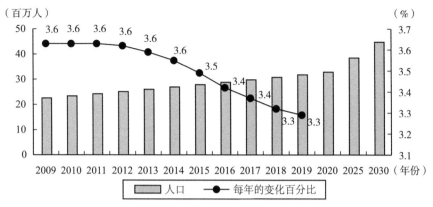

图1　安哥拉人口数和年增长率

资料来源：https：//www. worldometers. info/world-population/angola-population/.

人口年龄结构方面，2018 年 0～14 岁占总人数的 48.07%[①]，安哥拉的人口金字塔属于扩张型金字塔（expansive pyramid），如图 2 所示。安哥拉的生育率高，但预期寿命较低。

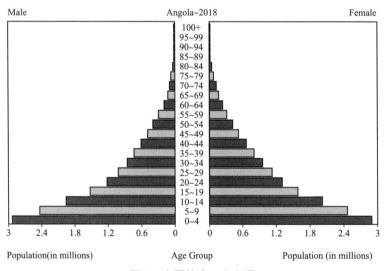

图2　安哥拉人口金字塔

资料来源：https：//www. cia. gov/library/publications/the-world-factbook/geos/print_ao. html.

---

① CIA. https：//www. cia. gov/library/publications/the-world-factbook/geos/print_ao. html.

安哥拉 3 千多万人口中，排名前 20 的城市人口约占 14%，具体分布情况示意图见图 3，颜色深度表示人口多少。排名第一的是安哥拉的首都（Luanda），约为 270 万人。罗安达（Luanda）不仅人口最多，而且发展势头也很迅猛。

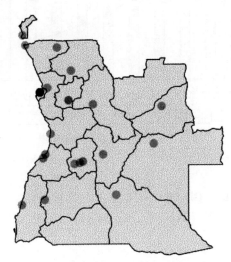

图 3　人口数排名前 20 的分布情况示意图

资料来源：http：//worldpopulationreview. com/countries/angola-population/.

2014 年安哥拉完成了 1970 年以来的首次人口普查。根据人口普查的数据显示，该国的族裔主要包括：奥温本杜族（Ovimbundu，37%）、姆本杜族（Ambundu，25%）、巴刚果族（Bakongo，13%）和其他 25%（欧洲人口占 1%，1.4% 是来自中国的移民或者暂时工作的人员）。

尽管安哥拉是非洲人口较少的国家之一，但它是发展最快的国家之一。人类发展指数[①]（HDI，Human Development Index）从 2000 年的 0.387 增加至 2017 年的 0.581，处于中等人类发展水平组。

安哥拉 2017 年的人类发展指数为 0.581（见图 4），低于中等人类发展水平国家的平均水平（0.645），高于撒哈拉以南非洲国家的平均水平（0.537）。在撒哈拉以南非洲，2017 年人类发展指数排名接近安哥拉的国家，并且人口规模上相近的国家是塞内加尔（Senegal）和赞比亚（Zambia），它们的人类发展指数分别为 0.505 和 0.588（如表 1 所示）。

---

① http：//hdr. undp. org/sites/default/files/hdr2018_technical_notes. pdf.

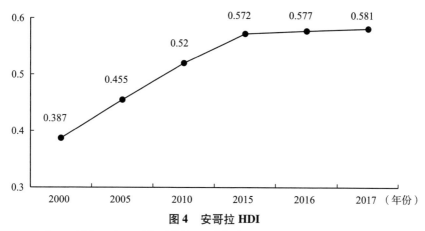

图 4　安哥拉 HDI

资料来源：http：//hdr. undp. org/sites/all/themes/hdr_theme/country-notes/AGO. pdf.

表 1　　　　　　　　　　安哥拉人类发展指标横向对比

国家/地区	HDI	HDI Rank	出生时 预期寿命	期望受 教育年限	平均受 教育年限	人均 GNI （PPP US＄）
安哥拉	0. 581	147	61. 8	11. 8	5. 1	5 790
塞内加尔	0. 505	164	67. 5	9. 7	3. 0	2 384
赞比亚	0. 588	144	62. 3	12. 5	7. 0	3 557
撒哈拉以南的非洲国家	0. 537	—	60. 7	10. 1	5. 6	3 399
中等国家的 HDI	0. 645	—	69. 1	12. 0	6. 7	6 849

资料来源：http：//hdr. undp. org/sites/all/themes/hdr_theme/country-notes/AGO. pdf.

二、安哥拉的消费市场现状

（一）零售行业消费市场

安哥拉国内经济活动近些年来遭受高通货膨胀肆虐，在通货膨胀时期，人们都会加快用钱的速度，同时他们还会对消费品和其他实物资产进行储藏。但是在过去的三年里，安哥拉国内的消费还是在大幅度地减少，同时国内现有产品种类也在不断地减少，这些都与通货膨胀加剧、外汇准入受到限制以及固有的进口限制有关。而这些不确定的气氛最终也导致了新街道商店的开业以及罗安达市中心大型商业项目的结束。

　　安哥拉民众习惯至大卖场采购食品与日用品保值，国外的投资商已经嗅出无限商机，超过 5 家国外超市来安哥拉设立超市据点，其中以南非 SHOPRITE 集团与葡萄牙 Kero 集团较具知名度，犹如雨后春笋般地在安哥拉开设超市连锁店。此外，为响应政府实施日用品需要在国内制造的目标，安哥拉投资集团创立 Candando 大卖场以共享零售这块蛋糕。目前，在安哥拉国内街头商店的优惠租金在每月 65 ~ 75 美元/平方米之间，而购物中心的优惠租金在每月 80 ~ 100 美元/平方米之间（大型商店的优惠租金较低）。而根据布鲁金斯学会的研究报告，食品、烟酒持续成为非洲零售市场上的热门商品①，如图 5 所示。安哥拉国民的购买力依然较低，价格始终是人们购买时考虑的主要因素，但与此同时也会比较注重质量、追求性价比；除此之外，人们也倾向于购买熟悉的品牌。但新兴的中产阶级以及一些年轻人更愿意去尝试新的品牌及一些非生活必需品。在这种情况下，安哥拉国内的街头商店的销售额仍然在 6 500 美元/平方米至 7 000 美元/平方米之间，目前还没有在安哥拉大型商业区的销售记录，但总体来说销售额还是较高的。

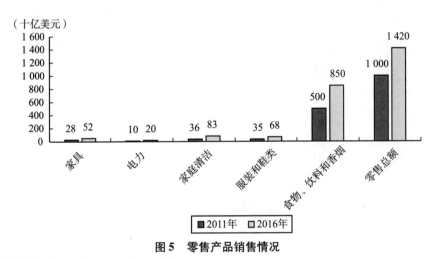

（十亿美元）

图 5　零售产品销售情况

资料来源：http：//www. brookings. edu/.

　　在安哥拉，食品主要是通过现代零售（如大卖场）和非正式渠道销售。据统计，大约 70% 的农产品是通过零售的形式售出的。非正式零售包括小型杂货店和露天市场（当地称为"Cantinas"）。自 2002 年内战结束以来，非正规市场的重要性有所下降，特别是在零售业发展迅速的罗安达等城市的中心。在罗安达，市政当局正在强行关闭街头商贩，其法律规定对卖主和买主都要处以罚款。公共

---

① Africa's Consumer Market Potential Landry Signe. http：//www. brookings. edu/.

卫生问题是非正规露天市场关闭的主要原因，因为货物通常以不良状态出售，食品保存在地面上，没有冷藏并暴露在阳光下，有时出售过期货物。安哥拉只有小部分人口拥有汽车，大多数人会依靠拥挤的公共小客车去超市（或大卖场）购物。因此，大多数人更喜欢在户外市场或小型杂货店附近购物，人们认为这些地方的食品更便宜。即使过去几年在罗安达外围地区开设了便利的超市，但许多安哥拉人还是倾向于去非正规的市场上进行购物。为此，当地正规的零售商提出了许多吸引顾客的策略。例如，Nosso Super 在传统市场附近开设了商店，大型超市 Kero 播放响亮的安哥拉当地的音乐。

安哥拉零售业消费市场目前还处于发展阶段，正规的市场秩序还未成型，交通的制约以及购买方式的不便利仍是影响消费者购买满意度的关键因素。因此，安哥拉零售业消费市场应不断规范市场秩序，形成合理正规的运营机制，并加大交通整改以及市场整改，在不断提高消费者购买便利程度的同时，提高消费者的购买满意度。

（二）饮料行业消费市场

安哥拉的饮料工业并不发达，但饮料进口目前在非洲国家中排名第二，并且国家饮料行业也有望成为安哥拉经济的第二大引擎，仅次于国内石油行业。

2020 年，安哥拉的饮料工业仍保持健康增长（如图 6 所示），具体数据如表 2 所示。软饮料和碳酸饮料仍将是整个饮料行业增长的主要动力，而诸如能量饮料等价值更高的子行业也将对该行业的业绩做出更大的贡献。

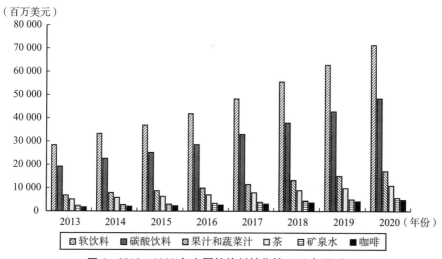

图 6　2013～2020 年安哥拉饮料销售情况（含预测）

资料来源：https://www.marktest.com/wap/a/n/id～2319.aspx。

表 2 　　　　　　　　　　**2013 ~ 2020 年安哥拉饮料销售数据（含预测）**

饮料种类	2013 年	2014 年	2015 年	2016 年	2017 年	2018 年	2019 年	2020 年
软饮料	28 362	33 266	36 908	41 788	48 261	55 573	62 823	71 339
碳酸饮料	19 205	22 623	25 195	28 547	32 949	37 862	42 755	48 428
果汁和蔬菜汁	6 792	7 908	8 714	9 867	11 435	13 255	15 048	17 219
茶	5 106	5 817	6 311	7 001	7 903	8 904	9 840	10 924
矿泉水	2 366	2 735	2 999	3 374	3 878	4 457	5 019	5 693
咖啡	1 747	2 062	2 293	2 627	3 089	3 635	4 184	4 859

资料来源：https：//www. marktest. com/wap/a/n/id ~ 2319. aspx.

　　安哥拉人对甜味和碳酸饮料有强烈的偏好，并且他们喜欢颜色浓烈的饮料。此外，他们喜欢把品牌作为财富和权力的象征。尽管如此，他们越来越少地依赖于品牌，而是专注于购买能够提供最佳成本效益关系的产品。除此之外，他们对自己的健康越来越关心，因此，他们喝的饮料含糖量更少，用甜菊糖等其他替代品代替。总之，安哥拉人关注饮料价格、甜度和对健康的影响。

　　目前，在安哥拉的饮料市场中，安哥拉人最喜欢的饮料是可口可乐。其中，可口可乐占据了安哥拉饮料市场的大部分市场，每一位安哥拉人每一天基本上都要购买一到两瓶的可乐，购买频率最高。其他饮料，如芬达、BLUE、Youki 等，依次在安哥拉饮料市场中占据着一席之地，如图 7 所示。

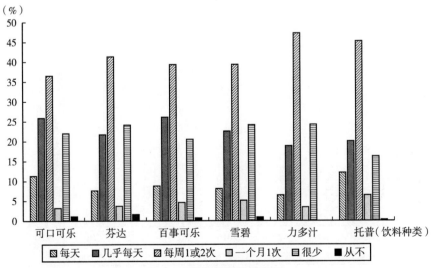

图 7 　安哥拉饮料消费频率

资料来源：https：//www. marktest. com/wap/a/n/id ~ 2319. aspx.

安哥拉饮料消费市场发达，但是工业并不发达，大量的饮料需要依靠进口才能满足当地的消费市场。并且，安哥拉人对于饮料的价格、甜度和对健康的影响非常关心，因此在进入安哥拉消费市场时，可以多考虑饮料的包装及定位是否满足安哥拉消费市场的需求，从而打开安哥拉的饮料消费市场。

（三）酒类行业消费市场

安哥拉作为葡萄牙曾经的属地，有"非洲的巴西"之称，经济潜力巨大，安哥拉是葡萄牙葡萄酒的第六大出口市场，非洲国家中的最大买主，也是阿连特茹省葡萄酒的第三大出口目的地。

安哥拉的酒类消费市场还是以啤酒、白酒和烈酒为主，其中啤酒的消费是最高的。安哥拉也是非洲啤酒市场中最大的消费者之一，如图8所示。

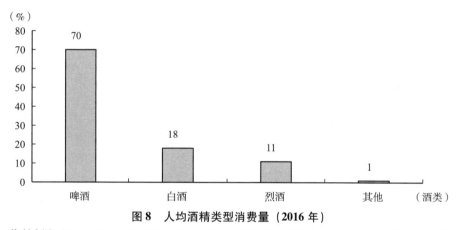

图8　人均酒精类型消费量（2016年）

资料来源：https：//www. who. int/substance_abuse/publications/global_alcohol_report/profiles/ago. pdf.

在安哥拉的啤酒市场中，一直是被葡萄牙酿酒商所占据着。近几年，安哥拉本土市场逐渐推出属于自己的国际啤酒品牌，如"Sagres"和"Luandina"。其中，在2014年中，"Sagres"在安哥拉市场中，约占出口量价值的20%。

安哥拉作为非洲酒水消费最大的市场之一，市场潜力还是非常巨大的。由于安哥拉工业并不发达，因此其制酒业还处于刚刚起步中，亟需新的技术和资金的支持，这也将成为一个巨大的投资机会。

（四）烟草行业消费市场

安哥拉香烟消费市场非常巨大，平均一人每年需要消耗 340 根香烟。目前在安哥拉的烟草市场中，英美烟草公司占据着市场领导者的地位。在安哥拉当地的烟草市场中，排名较前的也基本上是国外的烟草公司，如表 3 所示。

表3 　　　　　　　　　　　　　　安哥拉当地的香烟品牌

1	SL	BAT – 英美香烟品牌
2	YES	BAT – 英美香烟品牌
3	AC	BAT – 英美香烟品牌
4	King' Sport	BAT – 英美香烟品牌
5	Aspen	JTI – 日本烟草国际品牌

资料来源：http：//www.gulftobacco.com/markets/africa/angola-cigarette-brands/.

安哥拉的烟草消费巨大，但是目前占领安哥拉烟草市场的香烟品牌仍是以英美的香烟品牌为主，本土或其他国家的香烟品牌还没有进入安哥拉的本地市场。

三、安哥拉的消费市场分析及启示

（一）安哥拉消费市场分析

本文使用了迈克尔·波特（Michael Porter）于 80 年代初提出的五力模型来分析安哥拉的不同消费市场。五力模型经常被用于竞争战略的分析，可以有效地分析客户的竞争环境，对企业的战略制定产生了全球性的深远影响。这五力分别是：供应商的讨价还价能力、购买者的讨价还价能力、潜在竞争者进入的能力、替代品的替代能力、行业内竞争者现在的竞争能力。

1. 零售行业消费市场分析

（1）供应商的讨价还价能力

安哥拉的零售业消费市场中，主要由国外投资商所成立的连锁超市及非正式的大型卖场为主（正在逐渐被关闭），并且受到国内通货膨胀的影响，安哥拉人更倾向于将手上的钱用于消费购买消费品，而除了在连锁超市或者大型卖场中购买消费品，消费者找不到其他的渠道进行购买，因此供应商的讨价还价能力还是相对较高的。

（2）购买者的讨价还价能力

对于安哥拉的零售业消费市场，人们由于可供选择的购买消费品的渠道有限，只有大型超市和便利店或其他的非正规市场（正在逐渐关闭），并且消费者所购买的消费品基本上都是一些生活必需品，同质化严重但价格相对较低，所以购买者的讨价还价能力还是相对较低的。

（3）新进入者的威胁

安哥拉的零售业消费市场中，政府正在鼓励外来投资者进入安哥拉的消费市场，并给予一定的税收鼓励等形式，因而在安哥拉市场上，国外投资者可能会逐渐地增多，并且随着安哥拉市场秩序的逐渐规范化，零售业消费市场的竞争性也会越来越大。但是由于零售行业的利润相对较低，并且安哥拉人更倾向于在便利的条件下购买自己熟悉的消费品，因而新进入者在进入零售业消费市场时需考虑这些因素，可能会导致新进入者选择再观望一段时间，因此新进入者的威胁还是相对居中的。

（4）替代品的威胁

安哥拉的零售业消费市场中，消费者所购买的都是一些日常生活的必需品或其他一些消费品。而这些消费品除了在超市或其他零售业消费市场中购买，很难找到其他渠道去购买，因此替代品的威胁相对还是较弱的。

（5）同业竞争者的竞争程度

安哥拉的零售业消费市场中，目前主要还是以国外投资的大型连锁超市、便利店以及国内自发形成的大卖场（正在逐渐关闭）为主。并且由于消费品的同质化、安哥拉人的购买能力有限，以及零售业消费市场秩序的不断规范化，因而同业竞争者的竞争程度会越来越大。

2. 饮料行业消费市场分析

（1）供应商的讨价还价能力

安哥拉的饮料行业消费市场中，目前还是供不应求的状态。由于安哥拉工业环境不发达，大多数饮料还是需要依靠进口才可以实现，并且安哥拉的饮料进口目前在非洲国家排名第二，可见缺口还是相对较大的。并且安哥拉人对于饮料的依赖程度以及消费程度也是相对较高的，平均每人每天都会消费一到两种饮料的，因此，供应商的讨价还价能力还是相对较高的。

（2）购买者的讨价还价能力

安哥拉的饮料行业消费市场中，由于消费者的数量庞大，并且安哥拉人对于饮料的依赖程度和消费程度都相对较高，因此购买者的讨价还价能力还是相对较低的。

（3）新进入者的威胁

安哥拉的饮料行业消费市场中，由于饮料行业的不饱和，新进入者成功的机会还是特别大的。并且安哥拉人对于饮料的品牌并不具备忠诚性，他们更倾向于关注饮料价格、甜度以及对健康的影响，因此，新进入者的威胁还是相对较大的。

（4）替代品的威胁

安哥拉的饮料消费市场中，替代品还是相对较多的，例如啤酒、白酒等一些酒类，或者是纯净水等一些制作成本较低的饮品，这些都可以满足安哥拉人的基本需求。并且安哥拉作为"非洲的巴西"，酒类行业的消费也是相当巨大的，特别是啤酒的消费，因此替代品的威胁还是相对较大的。

（5）同业竞争者的竞争程度

安哥拉的饮料消费市场中，目前还是以软饮料和碳酸饮料销售为主。而其中，又以可口可乐、芬达、Blue、Sprite、Youki 等饮料品牌为主，各饮料间差异较小，并且由于安哥拉人对于品牌的忠诚度不高，因而同业竞争者的竞争程度还是较高的。

3. 酒类行业消费市场分析

（1）供应商的讨价还价能力

安哥拉的酒类行业消费市场中，主要还是以啤酒、白酒和烈酒为主。并且其中啤酒的消费是巨大的，是非洲国家中啤酒消费市场最大的国家之一。作为有着"非洲的巴西"之称的安哥拉，其供应商的讨价还价能力还是相对较高的。

（2）购买者的讨价还价能力

安哥拉的酒类行业消费市场中，消费需求是非常巨大的，因此购买者的讨价还价能力还是相对较低的。

（3）新进入者的威胁

安哥拉的酒类行业消费市场中，由于消费市场需求巨大，并且安哥拉人对于品牌的忠诚度不高，其更加关注价格和对健康的影响，因此行业的壁垒还是相对较小，新进入者的威胁还是较高的。

（4）替代品的威胁

安哥拉的酒类行业消费市场中，由于安哥拉对于饮料也有着相当强的依赖程度，因而其替代品的威胁还是相对较高的。

（5）同业竞争者的竞争程度

安哥拉的酒类行业消费市场中，主要还是以啤酒的消费最为巨大，而其中啤酒消费市场一直是被葡萄牙的酿酒商所占据着，但是近几年随着安哥拉本土市场逐渐推出自己的国际啤酒（如"Sagres"和"Luandina"），其酒类行业消费市场的竞争程度会越来越大的。

4. 烟草行业消费市场分析

（1）供应商的讨价还价能力

安哥拉的烟草行业消费市场中，安哥拉人每年每人平均消耗340根香烟，需求量相对较大。并且烟草是安哥拉人民的必需品，因此供应商的讨价还价能力相对较高。

（2）购买者的讨价还价能力

安哥拉的烟草行业消费市场中，目前市场的香烟品牌主要是以英美的香烟品牌为主，本土或其他国家的香烟品牌还没有进入安哥拉的本地市场。因此消费者的选择空间较少，所以购买者的讨价还价能力相对较低。

（3）新进入者的威胁

安哥拉的烟草行业消费市场中，非本土的烟草公司名列前茅。因此，进入市场的门槛较低，所以新进入者机会较多，新进入者的威胁相对较高。

（4）替代品的威胁

安哥拉的烟草行业消费市场中，烟草因其特殊性，替代品较少，因此替代品的威胁相对较低。

（5）同行业的竞争程度

安哥拉的烟草行业消费市场中，目前占领安哥拉烟草市场的香烟品牌仍是以英美的香烟品牌为主，主要有 SL、YES、AC、King' Sport、Aspen，本土或其他国家的香烟品牌还没有进入安哥拉的本地市场，因此同行业的竞争程度相对较低。

5. 各行业的波特五力分析表

根据上述的分析，得出了图9各行业的波特五力分析表，以期为中国投资者提供启示和建议。

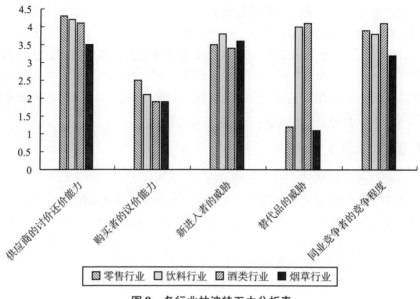

图9　各行业的波特五力分析表

（二）对中国投资者的启示

1. 对于零售行业的启示

对于零售行业来说，安哥拉的市场是远远没有饱和的，并且在安哥拉国内，消费者购买产品的渠道是有限的，这对于中国的零售商来说是一个利好的消息。鉴于安哥拉国内的通货膨胀情况，而安哥拉国内也一直在鼓励国外投资商进入国内市场，所以中国零售商可以抓住这些机会，加强对安哥拉国内市场的预测，研究和了解安哥拉人对于产品需求的变化，并立足于安哥拉人的喜好，将产品根据当地口味或者喜好进行调整，对于产品的包装、广告和品牌等，注意使用葡萄牙语，确保信息传递的有效性，并重视产品服务，不断提高产品的质量以及产品形象，提高消费者的忠诚度。

2. 对于饮料行业的启示

对于饮料行业来说，安哥拉的市场仍是供不应求的一个状态，亟须大量的饮料供应进入从而来满足市场需求。安哥拉人对于饮料产品的忠诚度也不高，但对于饮料的依赖度还是很高的，并且他们所关注的是饮料的颜色、甜度及对其健康的影响。所以中国投资者可以在进入安哥拉市场时，先对安哥拉的饮料市场进行市场分析，了解消费者对于饮料的各方面的评估，从而在打开安哥拉饮料市场时能够对自己的产品进行一定的调整，并能够更加合理地制定进入安哥拉饮料市场的策略。并且由于安哥拉市场目前同业竞争者的竞争程度非常激烈，其主要原因是因为各个企业所推出的产品之间同质性较为严重，因此为了在竞争激烈的饮料市场脱颖而出，中国投资者需更加明确自己产品的定位，如价值主张等能否满足安哥拉消费者的期望。

3. 对于酒类行业的启示

对于酒类行业来说，安哥拉的市场也是处于一种未饱和的状态。安哥拉作为非洲国家中啤酒消费最大的国家之一，酒类行业消费的前景还是相当巨大的。但目前安哥拉的啤酒消费市场还是被葡萄牙酿酒商所占据着，安哥拉本土市场也逐渐推出自己的国际啤酒，所以酒类行业的同业竞争还是相当激烈的。但是在安哥拉市场中，白酒的需求量还是非常大的，特别是对于优质白酒来说。针对这一现象，在 2018 年，中国汾酒首次进入安哥拉市场，并成功地打开了安格拉的白酒市场①。因此安哥拉对优质白酒的需求和便利的投资政策，再加上历史悠久、闻名世界的中国优质白酒的优势，这些都能够帮助中国白酒开辟了国际市场。因此，中国投资商可以抓住这次机会，利用安哥拉对于白酒市场的需求，打开安哥拉的酒类市场，从而在酒类行业中占据一定的位置。

4. 对于烟草行业的启示

对于烟草行业来说，从供应商的角度来说，安哥拉的消费市场巨大但安哥拉现有的品牌市场比较狭隘，中国企业可以出口香烟，进一步打开中国烟草品牌进入安哥拉甚至非洲市场。从购买者来看，新品牌进入市场，不仅仅需要产品的吸引，对于安哥拉这样的外国品牌聚集的市场，企业应该更多关注售后服务等提高品牌的可行度和品牌知名度，以保证消费者的品牌留存率。目前安哥拉的烟草行业竞争程度相对较低，中国企业可以开辟独有的天地。

值得注意的是，烟草等消费品应结合安哥拉本地消费者的习惯，制定符合安哥拉外国品牌本土化的营销策略，对于烟草的包装和定价都应符合消费者习惯，比如在产品包装上注意语言的使用（葡萄牙语是安哥拉的法律要求），同时，关注安哥拉的一些消费印象，比如男性及女性市场的差异，从而制定差异化的市场战略。

---

① http：//news. afrindex. com/zixun/article10972. html.

参考文献

［1］ Programme UND. Human Development Indices and Indicators：2018 Statistical Update. 2018. http：//hdr. undp. org/sites/all/themes/hdr_theme/country-notes/AGO. pdf.

［2］ 托马斯·索维尔. Basic Economics. A Common Sense Guide to the Economy ［M］. 1 ed. 上海：上海译文出版社，2011.

［3］ Eurico Brilhante Dias. The Internationalization of SUMOL + COMPAL to Angola ［J］，July. 2015，https：//repositorio. iscte-iul. pt/bitstream/10071/11140/1/Tese%20Sumol%20Compal%20Angola.

［4］ 中非贸易研究讯：《安哥拉公司将生产葡萄牙 Sagres 啤酒》，载于"中非贸易研究中心网"，2017 年 2 月 13 日，http：//news. afrindex. com/zixun/article8066. html。

安哥拉酒店及旅游市场分析及
前景展望

宋雅楠　苏卓华[*]

摘　要：安哥拉原本为贫穷而无人问津的非洲国家，在 2002 年内战结束后借助石油开采，其经济得到快速发展。近年来随着经济下滑，安哥拉开始重视旅游业发展的可能性。本文介绍了安哥拉旅游业的现状并对比了非洲其他国家的旅游发展状况，分析安哥拉旅游业的相关政策，并展望了安哥拉旅游业发展的前景。

关键词：安哥拉　酒店业　旅游业　现状　展望

安哥拉位于非洲西南部，西临大西洋，北连刚果民主共和国，南邻纳米比亚，东南靠赞比亚。安哥拉境内大部分都是高原，尤其是中部地区地势更加高耸。靠近西部海岸的地方有一片沙漠延伸到了大西洋岸边。安哥拉西北部为马兰哲高原，东北部为隆达高原，南部为威拉高原。这些地形也使得安哥拉拥有着多样化的气候，而这些气候也造就了独有的自然风景，如卡兰杜拉瀑布、基萨马国家公园等。因此安哥拉具有发展旅游业的一定基础。

2002 年 4 月 4 日安哥拉结束了长达 27 年的内战，内战后的安哥拉通过出口丰富的石油资源挽回了衰落的经济。而 2014 年世界石油价格回落后，安哥拉政府希望借助发展旅游业以发展经济，并改善国家的收入来源。据统计，2017 年安哥拉旅游业收入达 8 亿美元，比 2015 年增长了 1 倍多。

---

* 宋雅楠，澳门科技大学商学院副教授。研究方向为国际贸易与投资、中葡经贸关系等。
苏卓华，澳门科技大学商学院硕士研究生。

一、安哥拉旅游业发展的外部环境

（一）安哥拉政治环境

一般来说，政治环境是外国游客与投资者是否要进入东道国的重要因素之一。目前安哥拉是一个政局较为稳定的国家。2002 年 2 月 22 日，安哥拉联盟领导人萨文比被政府军击毙后，在 4 月 4 日安格来政府与安哥拉联盟签署停火协议。安哥拉结束了长达 27 年的内战，实现了全面和平，进入战后恢复重建时期。之后，安哥拉一直致力于战后恢复工作，采取有力的措施巩固国家和平统一，如制定宪法、与不同党派沟通等。2010 年 2 月安哥拉政府国民议会通过新宪法。2017 年 8 月安哥拉举行总统与议会大选，选出了新任总统洛伦索。洛伦索总统上任后明确了旅游业是安哥拉日后发展的重要目标之一，并且为安哥拉制定了更加明确的旅游业发展计划。

（二）安哥拉社会治安情况

由于经过长达 27 年的内战，大量的武器散落在民间，导致安哥拉社会治安问题严峻，社会上时不时会有恶性案件发生。自 2015 年来，由于国际市场石油原油价格下跌影响，安哥拉经济持续低迷，通货膨胀率和失业率不断走高，刑事犯罪（特别是针对在安外国公民的恶性案件）高发频发。安哥拉已成为撒哈拉以南非洲国家中针对外国人恶性刑事案件案发率最高的国家之一。

根据中国驻安哥拉使馆于 2019 年 5 月 9 日发出的《再次提醒在安哥拉中国公民加强安全防范》公告，2019 年 5 月 6 日晚上，罗安达高速公路某华企基地遭多名歹徒闯入，导致一名中国公民不幸遇害。安哥拉当地社会治安形势复杂，涉外国公民刑事案件频发。外资企业和外国公民应高度重视自身和机构安全防范，加强安防措施，增加安防投入，积极参加治安联防组织等互助机制。面对严峻的社会治安问题，虽然安哥拉政府从 2018 年 11 月 6 日起在全境内开展名叫"营救行动"的综合治安长期维稳行动，重点打击持枪抢劫犯罪、各类非法营运车辆和黑市问题，但是社会治安问题并未能得到根本解决。

（三）安哥拉基础设施研究

1. 交通方面

（1）航空交通。安哥拉拥有自己的国营航空公司，其主营航线是安哥拉国内航线，同时还飞往非洲各国、南美洲，也有不少欧洲航线，如里斯本、马德里、巴黎、罗马以及莫斯科。同时，阿联酋航空、南非航空、埃塞俄比亚航空等也开设了飞往安哥拉的航线。

目前，安哥拉多数省会城市均有机场，首都罗安达国际机场可起降大型客机，新国际机场工程正在建设中。安哥拉国家航空公司（TAAG）运营，该公司是国际民航组织成员，航班整体状况较好，但电力设施不完备原因导致机场服务系统故障及其他因素，使得部分航班存在延误率较高的问题。而且机场与市中心无公交专线，游客来回机场需要自驾或搭乘出租车。

（2）公路交通。安哥拉交通运输主要以公路运输为主，其公路总里程为7.5万公里，主干道为柏油路其余为沙石路。安哥拉在各城市间均有公路连接，但不足之处是各城市间的交通主要方式只有自驾、长途客运和出租车三种。前往安哥拉各城市最便宜的方式是长途客运，然而长途汽车车辆少，路线选择不多且车况比较差，价格则只在20～50美元。如果选择安哥拉租车自驾的话，费用较高且车况一般。并且，安哥拉的路况不佳，即使是安哥拉的首都兼第一大城市罗安达，其市内也是道路狭窄，路况欠佳，交通拥堵严重。出租车是费用最高的一种出行方式。近年来，安哥拉政府新开设了城市越野车型的出租车服务。同时，当地人大多乘坐十几座的蓝色面包车（小巴）。但外国人要坐蓝色面包车时则要注意人身安全，抢劫的事件经常发生。

（3）铁路交通。安哥拉铁路总里程为2 800公里，主要分为三条线路，分别是本格拉、纳米贝和罗安达－马兰热。安哥拉的铁路列车运营量少，停靠站点多，车速普遍较低，车厢较少，但是由于载客量多使得铁路票价比较便宜。

（4）水上交通。安哥拉比邻大西洋，拥有漂亮的海岸线以及多个港口。安哥拉主要港口罗安达、洛比托、纳米贝、卡宾达等均可停靠万吨级货船。罗安达港承担全国约80%的进口货物量，其港口已开通多条海运航线往来欧洲和亚洲各国。但针对游客的水上旅游交通尚未开发。

（5）电力供应。水电站和燃机电站是安哥拉主要的发电形式。电力供应则主要分为五个地区，即安哥拉北部、中部、南部、东部、卡宾达地区。由于历史原因，安哥拉输电网络规范设计标准等不明确，电压等级较多，现存的主干网由

400 千伏、220 千伏、150 千伏、132 千伏、110 千伏和 60 千伏组成，线路总长度超过 3 000 公里。由于电力不稳定，经常会出现停电的问题。

2. 教育问题

安哥拉教育部数据显示，安哥拉有超过 400 万年龄在 15～35 岁之间的年轻人仍不会阅读和写作。据安哥拉国家统计局人口普查结果显示，安哥拉全国拥有 2 579 万人口。而其有 15% 以上的人不会读书写字。

基础教育的缺失使安哥拉的旅游业人才不足。近几年来，安哥拉才开始重视旅游业的发展。虽然安哥拉在 2018 年提出要加大旅游业人才培养，但是政府相推出的相关政策仍较少，导致旅游业各方面的发展还较欠缺。

二、安哥拉旅游资源分析

安哥拉是一个历史悠久，充满活力和多元文化的国家。安哥拉拥有许多独特的气候区域，包括潮湿的热带北部丛林，干燥且较冷的中央高原，以及靠近喀拉哈里沙漠的干旱南部地区。同时，安哥拉也拥有着美丽的海岸线，使其从海陆空都坐拥靓丽的景色。

（1）草原。安哥拉北部属热带草原气候，拥有大片的草原与稀疏的森林，其中最出名的是基萨马国家公园。基萨马国家公园成立于 1957 年 12 月 11 日，面积 9 960 平方公里，位于该国西北部罗安达省，距离罗安达约 70 公里，西靠大西洋。在内战期间，基萨马国家公园被忽视并出现大量偷猎，公园拥有较多的水牛、大象和海龟。

（2）断崖。由于安哥拉大部分处于高原地区，很多地区的海拔相对较高。其中，以鲁班戈大峡谷（Fenda da Tundavala）最为出名。鲁班戈大峡谷（Fenda da Tundavala）是安哥拉最壮观的自然景观之一。游客可以在鲁班戈大峡谷海拔 2 600 米上眺望鲁班戈和纳米贝两座城市的景色。这里被称为非洲最佳的观景地点。而且，徒步的旅行者能够随着逐渐下降的海平面来观赏安哥拉所独有的景色，除了观赏岩石外，还可以观赏稀树草原、草地和森林景观。

（3）马永贝高原（Maiombe）。马永贝高原是安哥拉最壮丽的自然景区之一，拥有 400 多平方公里的森林，被称为"非洲亚马逊"。马永贝高原是野生动物爱好者的理想之地，拥有数百种珍稀物种，其中许多物种为该地区独有。马永贝高原中的动物包括大猩猩、大象、黑猩猩、珍稀鸟类和蝴蝶。森林里的树林类别和动物种类一样罕见，其中包括乌木和桃花心木。

（4）安哥拉首都罗安达。安哥拉首都罗安达具有鲜明对比的风情。美丽的大西洋景色被繁忙的船只扰乱，高层现代建筑与精致的小屋形成鲜明对比。

（5）本格拉。安哥拉西部的本格拉市位于同名海湾，是安哥拉重要的旅游目的地之一。本格拉市早期依靠采矿业以及古巴和巴西的奴隶贸易获得经济的提升。当地的葡萄牙建筑和放松身心的美丽海滨都吸引着游客为此驻足。

三、安哥拉旅游业及酒店特征分析

（一）安哥拉旅游业分析

根据安哥拉旅游业统计数据显示，2017 年旅游业为安哥拉创造 3 030 万欧元收入，占国内生产总值的 3.5%，与 2016 年相比收益减少了 600 万欧元。旅游人数方面，2017 年安哥拉接待了 26.10 万名游客，相比 2016 年减少了 13.65 万名游客。这个问题主要归因于外部经济环境的不明朗，以及安哥拉经济形势的不稳定。

根据图 1 显示，安哥拉外国游客以葡萄牙、中国和巴西游客居多。葡萄牙在安哥拉的游客来源国家中位列第一，共计约有 8.26 万名游客，占比 15%；紧随

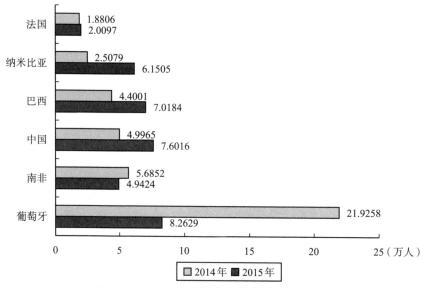

图 1　2014～2015 年进入安哥拉游客国籍统计

资料来源：世界银行。

其后的是中国，约有7.6万名游客；其次是巴西，约有7.02万名游客。这三个国家也是三大在安哥拉外籍劳工来源国。其邻国纳米比亚在2015年向安哥拉也输出6.15万名游客，南非则输出4.94万名游客。

旅游业可以视为安哥拉的朝阳行业，从整体来看，安哥拉旅游业具有以下几点特征：

1. 自然条件良好

安哥拉的旅游业的自然资源较为丰富，包括平原、断崖、河流、瀑布和海岸线。而且，每年旅游旺季的6~8月，安哥拉气温则维持在19~26°，气候也较为怡人。同时，安哥拉也是一个气候类型丰富的国家。安哥拉北部等大部分地区属热带草原气候，南部属亚热带气候，高海拔地区则为温带气候，所以安哥拉的旅游资源多元化。

2. 国际客源不足

表1显示，2008~2011年中安哥拉、莫桑比克、尼日利亚、南非四个国家的国际旅游入境人数都呈现增加的趋势，但到了2014年开始四个国家的国际旅游入境人数都有所减少。2017年，莫桑比克、尼日利亚、南非的国际旅游入境人数都恢复到之前最佳的国际旅游入境状态，甚至出现入境人数增加的情况。

表1　　　　　　　　　**2008~2017年国际旅游入境人数**　　　　　单位：万人

年份	安哥拉	莫桑比克	尼日利亚	南非
2008	19.5	121.2	77.1	920.8
2009	29.4	131.3	119.3	972.9
2010	36.6	141.4	146.1	1 009.8
2011	42.5	155.5	171.8	1 157.5
2012	48.1	71.5	190.2	1 249.6
2013	52.8	48.6	211.3	1 379.6
2014	65.0	60.0	188.6	1 515.5
2015	59.5		166.1	1 509.2
2016	59.2	125.5	155.2	1 505.2
2017	39.7	188.9	163.9	1 615.8

资料来源：世界银行、南非统计局。

相反，安哥拉国际游客入境人数在 2017 年减少到 39.7 万，比 2014 年国际游客入境人数减少 25.3 万。安哥拉游客入境人数的不足也严重阻碍了旅游业的发展。

3. 旅游规划缺乏可行性

安哥拉自从 2014 年的石油价格大幅下跌后，把旅游业视为振兴国家经济的一个新途径，并把其写进国家规划。但是安哥拉政府对于旅游规划的内容较为简单，甚至订立的部分目标较为夸大，缺乏实质的实施措施。如，安哥拉的国家旅游计划中计划每年吸引游客 460 万人次，而根据安哥拉国家统计局的数据显示，安哥拉在最佳表现的 2015 年时接待游客人数仅有 59.2 万名。随着安哥拉社会治安情况恶化，国际游客数量还出现大幅下滑，但未见安哥拉政府出台提升国际游客的具体规划措施。

4. 资金投入有限、基建设备不完备

安哥拉国内储蓄率较低且外部净流动资金日益减少。资金短缺也使得安哥拉政府在旅游业投入有限。同时，安哥拉国内基础设施依然较为落后，从全国看旅游基建设备依然不完备。信息业和电信业不发达，基础的电力系统也不稳定，游客较难获取足够的旅游信息。此外，安哥拉部分旅游地区的酒店、食宿和接待能力都有待完善。

5. 旅游产品单一

目前，安哥拉的旅游产品项目主要是以传统观光、休闲度假为主，产品较为单一。而安哥拉有着丰富的旅游资源，有很多独特和高品质的旅游资源还在处于未开发状态。

6. 社会治安存在安全隐患

安哥拉在 2002 年才结束内战，虽政局相对稳定，但民间仍存在部分武器甚至有大杀伤力武器。且近年来，社会治安情况恶化，发生大量的绑架、枪战、动乱等事件，让国际游客望而却步。

(二) 安哥拉酒店业情况

安哥拉的经济和石油生产是安哥拉酒店业发展动态的关键。首都罗安达也是经济发展的中心，罗安达从石油生产中获益，大多数石油公司在罗安达都有其主

要的公司总部。因此,安哥拉超过55%的酒店和客房集中在罗安达,并且罗安达的酒店以商务游客为主导且价格昂贵。

安哥拉的酒店和旅游业发展迅速,目前有185家酒店,其中客房10 238间,床位13 743张;14家公寓酒店,有725间客房和1 068张床;88个度假村,284间客房,310张床位;以及6间客栈,有113间客房和117张床位。

虽然安哥拉旅游业受国际石油价格影响而下跌,但投资者依然看好安哥拉酒店业的发展前景。近年,安哥拉最突出的新酒店开发项目包括罗安达390间客房的洲际酒店项目和马兰杰146间客房的帕兰卡酒店项目,以及该国五个省份的20多家"AAA"公司参与的酒店建设项目。此外,法国集团Accorhotels还与安哥拉集团AAA建立了合作关系,在2017年之前开设50家酒店,拥有6 200多间客房。在2018年8月,安哥拉政府宣布投资2 000万美元建设当地的酒店培训机构罗安达酒店学校,以促进该国的旅游业。

四、安哥拉与中国的旅游业合作情况

安哥拉于1983年1月12日与中国建交。建交以来,中国与安哥拉关系发展良好,两国的高层之间经常相互进行交流。安哥拉与中国双方合作也将进一步深化。2016年,安哥拉已经是中国全球第三大石油供应国和在非洲的第二大贸易伙伴。与此同时,中国也是安哥拉在全球中最大的贸易合作伙伴。

目前,中国主要对安哥拉进行基础建设帮助,如铁路、码头、水电站建设等。在2018年中国国际进口博览会中,中方邀请了安哥拉旅游部前来参展。在中国国际进口博览会中,安哥拉旅游部旅游促进局主管西蒙马努埃尔佩德罗表示,安哥拉希望通过进博会吸引中国在安哥拉旅游业和其他行业投资。安哥拉参加进博会主要目的是说明本国旅游业开拓中国市场,吸引中国游客,同时,也邀请中国私营企业在安哥拉农业、工业、旅游、渔业等各个领域投资。在会中安哥拉旅游部旅游促进局主管西蒙马努埃尔佩德罗还表示中国在旅游业上还没有与安哥拉建立正式的合作关系,希望安哥拉能够向中国市场展示安哥拉旅游业的发展潜力①。

---

① 搜狐:《安哥拉借进博会吸引中国投资,推动本国旅游业发展》,2018年11月8日,http://www.sohu.com/a/274110411_271142。

五、安哥拉旅游发展的相关政策

1. 安哥拉签证政策

游客及投资者想要进入安哥拉的方式有三种。第一种是到安哥拉大使馆或办事处进行签证。

第二种是安哥拉允许 11 个免签国家的公民进入，这 11 个国家分别是波札那、佛得角、毛里求斯、莫桑比克、纳米比亚、卢旺达、塞舌尔、新加坡、南非、赞比亚、津巴布韦。安哥拉政府所允许的持有外交或公务护照的 22 个国家的人民也可以在没有签证的情况下访问安哥拉。这 22 个国家分别是阿尔及利亚、阿根廷、巴西、佛得角、中国、古巴、埃及、法国、几内亚比绍、印度尼西亚、意大利、莫桑比克、葡萄牙、俄罗斯、圣多美和普林西比、南非、韩国、西班牙、瑞士、委内瑞拉、越南、赞比亚。

第三种是落地签证。安哥拉在 2018 年 3 月 30 日起对 59 个国家的游客开放落地签证。中国也是这 59 个国家之一。中国公民申请安哥拉旅游签证的途径有两种：（1）可向安哥拉驻外使领馆提交旅游签证申请，符合条件者将于 3 个工作日内获发可停留 30 日的旅游签证。（2）可通过安哥拉移民局官网提交旅游签证申请，获得入境许可后，携入境许可及其他申请材料可在罗安达 2 月 4 日国际机场入境时办理旅游签证。

安哥拉自宣布对 59 个国家开放落地签证后，截至 2018 年 4 月 20 日已有 1.16 万名游客进行了申请。

2. 安哥拉旅游业政策

安哥拉在经历 2014 年石油价格下跌后，重新制定安哥拉的国家计划，将安哥拉旅游业定为重点发展的产业。安哥拉总理在 2013～2017 年制定安哥拉旅游发展 5 年计划。随后在 2018 年中，安哥拉总理就过去 5 年的计划总结并重新制定了《2018～2022 年国家发展计划》旅游业部分。在报告中提到安哥拉政府支持发展文化旅游，应对文化旅游进行推广和传播，要让历史建筑遗产和文化得以传承。并且提出每年吸引游客 460 万人次，并且创造出相应 100 万个职位。在改进计划中提出：

（1）优先进行促进与各部门企业家的旅游业务会议，促进私人投资，扩大安哥拉的酒店和旅游网络，细分游客的市场并进行分类。在旅游产品方面要做到促进各部委之间在罗安达、马兰热和宽多的旅游基础设施上的协同作用。

（2）对旅游资源清单和登记处（ICRT）数据库进行分类和组织。发展旅游统计数据系统。制作安哥拉旅游宣传材料。

（3）通过引入旅游认证，提高旅游产品和服务质量。建立学校酒店，让学生有地方学习旅游相关知识，从而通过其学习到的知识去运用于国家旅游业的发展中。

（4）促进和加强国家旅游人员培训能力。确保逐步参加国际旅游博览会，以获取投资，建立游客信任的安哥拉旅游形象。在全国建立 48 个旅游信息办公室，以应对游客在旅途中的突发事件。重新启动并推广 BITUR 同时增加参展商数量，促进和支持改善内部和外部可访问性，此外，促进旅游签证的简化。

安哥拉通过这些政策，希望其旅游业能够得到一个良好的发展。但是安哥拉的旅游业还存在旅游产品供应缺乏多样性、旅游业产品性价比低、内部和外部市场准入限制、人力资源匮乏以及私人投资不足等问题。《2018～2022 年国家发展计划》旅游业部分的政策能否真正对安哥拉旅游业发展发挥作用，达到吸引国内外游客、增加收入和就业的目的，还需要在实施层面给予更多观察和时间。

六、前景展望及建议

通过旅游业促进经济发展是安哥拉在 2014 年世界石油价格大跌后的政府规划之一。而面对安哥拉混乱的社会治安、薄弱的基础设施和匮乏的专业人才及培养体系，安哥拉想要成为具有吸引力的国际旅游目的地，仍需从各方面进行培育。

对安哥拉政府而言，首先需要采取积极的措施，消除社会治安隐患，保障国际游客和投资人的安全。安全问题是游客和投资者选择是否到该国投资或旅游的关键问题之一。这个问题能否解决好，决定了游客是否愿意到该国家。安哥拉在结束内乱后社会治安仍然不稳定，对于投资者及游客存在安全威胁性。安哥拉政府必须采取积极的措施，如收缴社会中留下的武器，招募更多警察，在公共场所或景点设立游客保护站，游客如需报警、求医、法律援助或咨询等服务都可以联系相应部门得到切实解决，以保障国际游客的生命财产安全。创造一个安全的环境家，让游客安心进行观光与投资。

其次，安哥拉政府应该更加重视旅游业发展。旅游业是安哥拉具有巨大潜力的支柱产业，发展旅游业能够带动安哥拉国家经济发展，增加外汇收入，为国家创造更多的就业机会，也是安哥拉脱离贫困的重要途径之一。安哥拉政府要更加重视旅游业发展，同时学习南非、尼日利亚等其他非洲国家旅游业发展的经验，退出具有安哥拉特色的旅游产品。

对于中国投资者而言，安哥拉拥有多种的气候区域和不同旅游资源，可以根据不同省份、不同的资源开发其拥有自身特点的特色旅游项目。规划和设计高品质旅游项目，面向目标顾客群推广。另外，旅游业人才的缺乏是安哥拉旅游业的一个重要问题。专门学习旅游知识的学校在安哥拉相对较少。中国投资人可以考虑输出中国旅游发展的经验和技术，或合作进行旅游相关专业人才的培养。以便在未来，获得安哥拉旅游业发展的红利。

参考文献

［1］中华人民共和国外交部：《安哥拉国家概况》，2019 年 6 月 9 日，https：//www. mfa. gov. cn/chn//pds/gjhdq/gj/fz/1206_2/1206x0/。

［2］安哥拉统计局：《旅游统计年鉴》，2018 年。

［3］中国领事服务网：《再次提醒在安哥拉中国公民加强安全防范》，2019 年 6 月 9 日，http：//cs. fmprc. gov. cn/zggmcg/ljmdd/fz_648564/agl_648752/fwxx/t1662145. shtml。

［4］戴晴蕾、詹思贤：《葡萄牙旅游市场现状分析及未来展望》，载于《葡萄牙投资环境报告》，经济科学出版社 2018 年版，第 119 ~ 130 页。

［5］宋雅楠、张艺馨：《巴西旅游市场分析及前景展望》，载于《巴西投资环境报告》，经济科学出版社 2019 年版，第 191 ~ 206 页。

安哥拉商业与政策环境

安哥拉私人投资法浅析

宋雅楠[*]

摘　要: 2018 年 6 月 15 日颁布的新的第 10/18 号《私人投资法》反映了安哥拉在面对金融挑战和减少储蓄以资助经济的同时, 通过更加开放的私人投资, 消除新资本进入的壁垒, 减少官僚主义和简化程序以期提升本国经济发展。通过吸引私人投资, 特别是与中小型企业有关的私人投资, 为安哥拉创造新的就业机会, 并有助于经济多元化进程。因此本文通过回顾安哥拉投资法的历史演变及目前投资环境变化, 总结新《私人投资法》的内容与变化, 帮助有意对安哥拉进行投资的企业梳理法规内容、提高决策水平、降低跨国经营风险。

关键词: 私人投资法　投资环境　安哥拉

投资法律作为投资社会环境的因素之一, 是所有投资环境中, 投资者首要考虑的因素。安哥拉是非洲大陆法系国家之一, 在立法上采取成文法形式。国民议会是国家最高立法机关, 有权制订、修改宪法以及其他法律。安各政府部门也有一定的立法权。历史上, 安哥拉先后制定了多部投资法律, 并且不断随着国内外经济发展趋势的改变加以修改、补充和完善。[①]

一直以来, 撒哈拉以南非洲地区在私人投资方面落后于非洲其他地区, 增加国内外私人投资对实现可持续和包容性增长至关重要, 安哥拉政府近年来大力支持国外私人投资者来安投资, 推出一系列鼓励优惠措施。通过私人投资法, 完善投资环境, 以吸引更多的外资。同时也可以减少国家对外援的强烈依赖, 使经济向着独立发展的道路前进。

---

* 宋雅楠, 澳门科技大学商学院副教授。研究方向为国际贸易与投资、中葡经贸关系等。
① 何勤华、洪永红著:《非洲法律发达史》, 法律出版社 2005 年版, 第 289 页。

一、安哥拉投资法的历史演变

安哥拉在 1975 年获得国家独立之后，于同年颁布了第一部投资法（法令第 10/79 号）。根据这部法律，外商投资的形式仅限于本地居民或公司与单个外国投资者合作建立混合性公司，并且规定私营公司的经营活动期限最短为 10 年，最长不得超过 15 年。根据该法，投资准入的申请由财政部直接受理，财政部受理后，将申请提交安哥拉国务委员会审批，后者将作出批准或否决的决议。依据该法第 37 条的规定，如果申请者是已经成立的公司，并且该公司向安哥拉国家银行申请特殊登记，则国务委员会应在 90 天内作出是否批准的答复。[①]

此后，安哥拉政府又于 1988 年 6 月 16 日颁布了新投资法（法令第 13/88 号）以适应当时剧烈变化的国际政治、经济局势，并于 1989 年 4 月 1 日设立外商投资办公室，旨在确保投资许可程序的有效执行，以及监控外商投资的进程。

1994 年 12 月 13 日安哥拉颁布了法令第 15/94 号投资法，法令第 13/88 号投资法随之失效。法令第 15/94 号投资法对外国投资者的权利、税收制度、投资程序等作了详细规定。[②] 依据此部法律的规定，国家设立专门的外商投资管理机构——外商投资局，负责外商直接投资的审批；投资价值在 25 万美元以下将不视为外国投资活动，属于外汇法规管辖，由安哥拉国家银行负责投资准入的审批；如投资价值达到或超过 2 500 万美元，则由首相和国务委员会负责投资准入的审核事项。国家保证外国投资者对其投资资产享有产权。外国投资者可根据本法成立公司，在遵守安哥拉税收法律的情况下，可享受与安哥拉本土公司相同的税收优惠。此外还规定，在事先获得安哥拉财政部和中央银行的批准和许可后，投资者可以向国外金融机构申请贷款。但这部法律投资准入申请费时费事，因此 1994 年的投资法并没有对安哥拉投资环境的改良以及投资法律制度的完善起到应有的作用。

2003 年 5 月 13 日颁布的法令第 20/11 号《安哥拉私人投资基本法》（以下简称《私人投资法》）、2003 年 4 月 2 日颁布的《安哥拉私人投资税收和关税鼓励法》（以下简称《税收和关税鼓励法》）是安哥拉现行的专门投资法律。《私人投资法》确认了投资在国家经济发展中的重要地位，明晰了私人投资者、国内投资者、外国投资者等概念的定义，并规定了在安哥拉进行投资活动的限制条件和

---

① Anabela Nhandamo Pe reira da Gama. FDI in Angola "Constrains Encountered by Investors in the Angolan" Territory Advantages and Implications of FDI to Angola, University of Western, 2005：23.

② 黄泽全著：《投资非洲》，京华出版社 1998 年出版，第 122 页。

优惠措施的总原则，以及私人投资者责任与义务等。为鼓励国内外投资者，《私人投资法》降低了投资限额，并规定国内投资者和国外投资者享有平等的地位，享受相同的税收和关税的鼓励措施。《私人投资法》还简化了投资准入申请程序，降低了投资起点金额。而《税收和关税鼓励法》则专门规定了投资鼓励措施的细则。它在《私人投资法》的基础上进一步细化了获得投资优惠的标准、先决条件以及具体的优惠措施等。①

2015 年 8 月 11 日，安哥拉公布了第 14/15 号法律的《私人投资法》（PIL 2015）。这项法律在公布的当天开始生效，引入了显著的更改，与此同时废除旧法第 20/11 号法律。2015 版《私人投资法》的主要目的为减少投资审核行政程序的官僚化，以及使税务海关鼓励和优惠系统适应国家现时的经济动态。2003 版《私人投资法》强制规定外商投资最低限额为一百万美金，相反地，2015 版《私人投资法》放宽外国投资不设限额，但私人国内投资额最低为五千万宽扎（约为 39.6 万美元）。然而，这项制度不适用于国有资本 50% 或以上的私法人及其他拥有自身法规公法法人。同时，安哥拉政府还在同年颁布了第 181 号总统令：《私人投资政策指南》、第 182 号总统令《私人投资法实施细则》、第 185 号总统令《私人投资技术小组成立办法》等法规完善安哥拉投资环境。

之后，安哥拉政府又于 2018 年 6 月 15 日颁布新的第 10/18 号《私人投资法》，替代了 2015 年第 14/15 号法律的《私人投资法》，也被称为新私人投资法。

二、新私人投资法下的安哥拉投资环境

安哥拉是葡语国家共同体（CPLP）成员，也是南部非洲发展共同体（SADC）的成员国之一。南共体共有 15 个成员国，约 2.3 亿人口，约占非洲总人口的 28%。安哥拉作为主要成员国之一，可作为企业进入南部非洲市场的跳板。

并且，安哥拉拥有丰富的石油、天然气、钻石和其他矿产资源储备，庞大的水文网络，广阔的可耕地，以及非常有利于农业、畜牧业、渔业、狩猎和乡村旅游的热带气候。同时，安哥拉劳动力充足，拥有近 3 000 万人口，且人口年龄结构属于年轻型，24 岁以下人口占比 65%，人口平均年龄为 20.6 岁，劳动适龄人口占总人口百分比为 88.19%。国内市场需求有巨大的潜力。安哥拉政治和经济的稳定发展成为其吸引外来投资的主要原因。

2014 年以来，安哥拉因油价急剧下跌而陷入严重危机，经济增速骤降，物

---

① 宁宁：《安哥拉私人投资法律制度研究》湘潭大学 2011 年硕士学位论文。

价上涨严重，失业率居高不下，石油财富掌握在少数人手中，引发了深刻的经济和社会变化。因此，2017年安哥拉新任总统若昂·曼努埃尔·贡萨尔维斯·洛伦索就职后，就把"促进就业，增加供给，减少进口和外债，致力解决温饱问题；改善居住条件，提高水电供应，提高城市化水平；简政放权，加强监督，深化改革，打击腐败；完善基础设施建设，改善交通状况，实现贸易畅通；提高教育普及率，改善医疗条件，保障弱势群体；寻求产能合作，提高工业化水平，实现经济多元化目标"作为执政纲领。

但是，安哥拉营商一直以来存在着诸多不利因素，根据IMF（国际货币基金组织）发布2019年非洲国家营商环境排名，安哥拉排名第173位，尼日利亚排名第146位，南非排名第82位，同为葡萄牙语共同体的国家莫桑比克排名第135位，圣多美和普林西比排名第170位。而安哥拉主要是在办理破产、获得信贷、执行合同、跨境贸易、登记财产、获得电力方面低于撒哈拉以南非洲地区的平均水平（见图1）。尤其是官员腐败和手续办理问题是长期困扰外来投资的重要问题。例如，在安哥拉开办一家企业平均需要36天，而撒哈拉以南非洲国家所需的平均天数仅为24天。在安哥拉登记公司财产的时间则不少于190天，是撒哈拉以南非洲国家平均天数的三倍多。

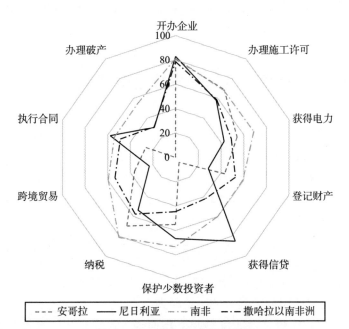

图1　2019年安哥拉营商环境

资料来源：世界银行。

安哥拉因油田老化、投资不足等问题，面临着自 2002 年结束内战以来最艰难的时刻。所以，经济危机倒逼安哥拉政府进行经济多元化改革，因此改善投资环境、吸引外资是当前改革的重点，出台新的《私人投资法》也是必然的选择。

与此同时，在过去的几年中，安哥拉还一直在实施反洗钱（AML）和打击资助恐怖主义（CFT）的立法，并努力确保严格遵守已经批准的有关 AML 和 CFT 的程序。这些对关注安哥拉的外国投资者构成了另一种潜在的推动作用。2016 年，防止洗钱金融行动工作组织（FATF）将安哥拉列入"不再受 FATF 正在进行的全球反洗钱/打击资助恐怖主义合规程序管辖的管辖区"列表中。该组织指出"金融行动特别工作组欢迎安哥拉在改善其反洗钱/打击资助恐怖主义机制方面取得的重大进展，并指出安哥拉已经建立了法律和监管框架，以履行其在行动计划中对金融行动特别工作组于 2010 年 6 月确定的战略缺陷的承诺，以及 2013 年 2 月，因此，安哥拉将不再受到正在进行的全球 AML/CFT 遵从程序下的 FATF 的监视程序的影响，安哥拉将与东部和南部非洲反洗钱小组（ESAAMLG）合作，继续解决全部问题。"① 但是，到目前为止，安哥拉仍不在"高风险和其他受监视的司法管辖区"列表中。

对此，洛伦索政府也承诺改变官僚作风、提高制度现代化、提高司法水平和扩大投资者获得银行信贷的机会，促进外国投资及吸引高层次、紧缺人才。

三、安哥拉新私人投资法的内容与特点

（1）2018 版《私人投资法》投资法取消了最低外商投资的优惠门槛，5 000 万宽扎（约合 23.09 万美元），并取消以前外国人在安注册公司时需要安籍公民至少拥有 35% 股权的要求。安哥拉私人投资局（AIPEX）也表示会有专门的部门去审核所申报的投资项目，会根据项目的可行性报告和企划书来确定项目的投资是否合理，各行各业会有不同的标准，但没有一个明确的数字来划定投资门槛。

对于战略领域的投资项目，例如酒店商务和旅游、运输和物流、电信和信息技术，取消了拥有安哥拉合作伙伴的强制性要求（包括股本和管理）。

但是，新的私人投资法对石油、矿产、金融等行业仍未解禁，外商投资者在这些行业中的权益保障和优惠均属于特殊范畴。

（2）新的《私人投资法》还公布了受惠的主要行业，包括：农业、粮食和

---

① IFLA. Angola signals a new era for foreign investors. https：//www.iflr.com/Article/3839380/Angola - signals-a-new-era-for-foreign-investors.html？ArticleId = 3839380. 最后访问日期：2019 年 10 月。

农用工业；专门的卫生部门和服务；酒店商务、旅游和休闲；建筑、公共工程、电信和信息技术；以及机场和铁路基础设施等。尽管这不是安哥拉政府第一次促进特定部门的发展，但这是第一次在《私人投资法》中明确了一个综合而重要的经济部门清单。

优先部门包括：

①教育、专业培训、大学教育、科学研究和创新；

②农业、食品和农业综合企业；

③健康；

④植树造林、森林资源和林业的产业转型；

⑤纺织工业、服装业和制鞋业；

⑥酒店、旅游和休闲；

⑦建筑、公共建设、电信和信息技术、机场基础设施和铁路基础设施；

⑧能源生产和分配；

⑨基本卫生、废物收集和处理。

这一法规显示了安哥拉政府试图避免过度依赖石油产业发展，试图解决增加非石油收入的问题。

（3）新《私人投资法》还列明了将持续给予经济开发区更多优惠，旨在为安哥拉的农村和欠发达地区吸引更多的投资。这些经济开发区包括：

①A 区 – 罗安达省、本格拉省和乌伊拉省的省会城市和洛比托市；

②B 区 – 比耶省、本戈省、北宽扎省、南宽扎省、万博省、纳米比省及本格拉省和乌伊拉省其余市；

③C 区 – 宽多 – 库邦戈省、库内内省、北隆达省、南隆达省、马兰热省、莫希科省、威热省和扎伊尔省；

④D 区 – 卡宾达省。

（4）新《私人投资法》对投资项目的制度，增加了事前通知制度和特别制度。投资者可以自由选择任何一种制度。

新的事前通知制度是批准投资项目的简化制度，其特征是向主管机构简单提交投资建议书，以优惠利益和注册。在这种制度下，公司应已经成立，而《公司注册法》中对《私人投资证书》的填写则可以免除。

并且，在事先通知制度允许以下税收优惠：

①房地产转让税 – 将适用税率降低 50%，以购买将作为投资的办公地点和投资目的的房地产；

②企业所得税 – 在两年内将临时税率和最终税率降低 20%；

③资本利得税 – 在两年内将股息分配的税率降低 25%；

④印花税 – 在两年内将税率降低 50%。

而特别制度则适用于在优先活动部门和开发区进行的私人投资，其特点是要求投资人与主管机构就投资的具体条款和给予的利益进行谈判。关于给予福利，私人投资须在具有法律效力的主管机关内注册。

根据特别制度，公司可免交任何费用和关税，即海关费用和关税，只要这些费用和关税是由非政府公司的任何政府实体要求的，且期限不超过 5 年。

（5）新《私人投资法》规定私人投资和促进出口局（AIPEX）是负责批准和监督私人投资项目的监管机构。

2018 年 3 月，洛伦索总统撤销了原有的"私人投资技术局""投资促进局""私人投资支持技术局"，将其职能并入新成立的"私人投资出口促进局"（AIPEX），旨在为私人投资提供审核投资申请、成立公司、申领许可证照的前期准备等一站式服务。但外资普遍比较关注 AIPEX 如何监管法律，希望了解更多安哥拉新的投资框架。2019 年 5 月，安哥拉政府宣布已进一步对涉及"私人投资及出口促进局"（AIPEX）的法例作结构性修改。据"非洲葡语国家法律数据库与东帝汶地区协调委员会"称，有关修改已刊于《第 96/19 号总统令》，并已生效。《总统令》确认 AIPEX 为《私人投资法》（2018 年修订）所称之"公共行政权力机构"，有权就进行相关投资进行登记。

根据新修订，AIPEX 也负责监察、管控已登记投资项目的落实和推行，这些在此前的 LIP 都属"投资和国际企业研究和监察部"的职权范围，而非 AIPEX 的职责。AIPEX 的"投资建议评核部"负责向通过审核的私人投资者发出证书。该部同时负责确保接收私人投资项目申请及处理，符合 LIP 有关优先支持领域、优先支持地区的政策规定。

然而，"非洲葡语国家法律数据库与东帝汶地区协调委员会"表示，AIPEX 已不再负责谈判和审批私人投资项目。其结果是，迄今仍负责私人投资项目合约之洽谈的"投资合约洽谈委员会"（AIPEX 的行政机关），将停止运作。新修订迄今尚未公告洽谈和批核私人投资项目的职权将委托予何机构①。

（6）投资程序从提交给 AIPEX 的私人投资建议开始，必须以下文件为指导：

①要求注册私人投资项目并颁发私人投资注册证书（"CRIP"）的信件；

②必须通过电子私人交易处理系统（SETIP）提交的投资项目申报表（可在 AIPEX 网站上获得）；

---

① 《安哥拉再修改吸引投资及项目洽谈制度》，MACAUHUB。最后访问日期：2019 年 10 月，https://macauhub.com.mo/zh/feature/pt-novas-alteracoes-ao-sistema-de-captacao-e-negociacao-de-investimento-de-angola/。

③如果是个人，则提供招标人的身份证明副本（身份证或护照）；如果是法人，则提供招标人的法律文件（即公司章程和商业登记证）的副本；

④证明财务状况的文件（资金证明）；

⑤培训计划；

⑥委托书（如果有代表）。

（7）新《私人投资法》规定，在外商投资红利返还方面，新投资法中的第16条明文保障投资者在履行法律、协议以及合同规定的义务后分得的净利润、外国投资者在安哥拉投资所得合法利润、专利使用费、引进技术的价款等均享有"汇出的权利"。

（8）新《私人投资法》仍然保持现行法律的税收优惠制度，例如最高免税年限仍为 10 年，免税幅度的大小仍然由投资项目所在区域投资规模大小和项目所属行业等条件决定，不同的是取消了现行法律对外商投资额的最低门槛，原为100 万美元。

关于税收减免的给予，新投资法认为对"可以取代或减少进口的行业应该给予最大的减免支持，另外能丰富产业结构更多元化的行业，包括出口行业，也将是获得减免最多的行业。例如：食品和农产品加工、森林资源、纺织业、服装、鞋类制造业、酒店、旅游、娱乐、民用建筑、路桥等公共建设行业，通信、信息技术行业，支持加工业的辅助配套设施行业，水电、教育、培训以及科研和健康产业都将是受惠的主要行业"。

安哥拉总统洛伦索曾强调，安会全力保障外国投资者的资本及红利的返还，保证外商在安投资得到政府相关部门的保护。同时，新投资法还专门设立了针对外国投资者的特殊签证和居留卡政策①。例如，自 2019 年起，外国人入境安哥拉签证的有效期将由目前最高的每年 60 天停留期延长至最高的 120 天或 365 天，此举为鼓励外来投资。在此前的 2018 年，安哥拉特别向持普通护照的中国公民提供落地签的便利。

（9）新《私人投资法》旨在吸引更专业的投资者，要求投资者在提交项目方案时需要提供若干技术文件，如可行性研究报告、项目执行时间表、项目环境影响研究报告等和更多的金融和经济信息。减免税待遇不再是自动赋予的，每个投资项目都要求投资方与政府开展谈判。

政府在确定减免税、利润和股息返回原籍国等优惠待遇力度时，需要考虑投资项目位置、投资金额、投资方式、创造的就业机会、对安哥拉经济的影响等多

---

① 《安哥拉通过新的〈私人投资法〉更加方便外国投资》，新华丝路。最后访问时间：2019 年 10 月，https://www.imsilkroad.com/news/p/92608.html。

方面因素给予税收减免。而过去这种减免是自动性的，但现在却是契约性的。

（10）新《私人投资法》对外来企业在对安哥拉本地就业和培训本地员工劳动技能的提升上有了更多的要求。

四、总结与建议

2018 年颁布的《私人投资法》，反映了安哥拉在面对金融挑战和减少储蓄以资助经济的同时，通过更加开放的私人投资，消除新资本进入的壁垒，减少官僚主义和简化程序，以期提升本国经济发展。通过吸引私人投资，特别是与中小型企业有关的私人投资，为安哥拉创造新的就业机会，有助于经济多元化进程。

但是，国际投资者对该国的政治和投资条件仍持保留态度。尽管引入了新的限制性较小的投资法，但仍然存在使外国企业家望而却步的挑战，例如，难以将利润转移到安哥拉之外，以及安哥拉法院在处理争端时的信誉。

此外，安哥拉的政治动荡和金融体系缺乏可靠性是投资者谨慎的主要原因。例如，美国联邦储备局就禁止向安哥拉银行或在该国经营的外国银行分支机构出售美元实施的持续制裁。

还有，新《私人投资法》要求投资者在提交项目方案时需要提供更多的金融和经济信息。减免税待遇不再是自动赋予的，每个投资项目都要求投资方与政府开展谈判。政府在确定减免税、利润和股息返回原籍国等优惠待遇力度时，需要考虑投资项目位置、投资金额、投资方式、对安哥拉经济的影响等多方面因素。因此，对投资者自身的业务能力和与安哥拉政府的沟通谈判能力也提出了更高的要求。

因此，在新《私人投资法》下，建议外资企业在进行项目选择前需对安哥拉本地市场进行考察和调研，杜绝盲目跟风投资。

同时，各企业和个人尽量做到合法合规化经营，遵守当地的法律制度和税务制度。中国企业近年来在安哥拉因自身的不合法合规经营，被开具了多张罚单，金额巨大。安哥拉当局在近年对各中资企业的各类税务，资质和文件进行抽查。此外，安哥拉的劳动法律制度不断完善，并有大量的政府机构，工会和民间组织在为当地劳工提供法律咨询和权益维护，导致各中资企业不断出现劳资纠纷问题。

特别，投资前要对所投资领域的税务征收种类，优惠减免政策进行研究，有一个全面的了解和分析，使用当地允许的会计核算法。聘请或向当地会计师对税务问题进行咨询。按法律要求做账并长久保存票据，以便随时应对当地税务机构的审查等。

　　此外，2015 年后国际油价大幅下跌，对安哥拉经济造成严重影响，安哥拉货币宽扎汇率受油价、国际收支、安国内通货膨胀等因素影响存在很高的汇兑风险。企业要重视汇率和汇兑的相关风险。

安哥拉人力资本与劳动就业政策分析

宋雅楠　薛桂洪*

摘　要： 自中国提出"一带一路"倡议以来，中国与安哥拉之间的经贸合作稳步推进，安哥拉力求在经济上能够得到迅猛的发展。随着两国之间的经贸合作越来越深入，安哥拉的经济增长也呈上升趋势。由于安哥拉优越的自然条件、逐渐稳定的政局以及宽松的经济政策，中国越来越多的投资者将目光投向了安哥拉。但是，面对安哥拉人力资本不足、社会治安问题突出、工作效率低、交通条件差以及经济环境不全面等一系列问题时，中国投资者应该意识到这些问题带来的风险。本文主要从安哥拉人力资本和劳动就业政策两个方面对安哥拉目前的劳动力市场进行分析，强调其中对中国投资者可能存在的风险，并给出合理的规避风险的建议。

关键词： 安哥拉　人力资本　就业政策　劳动法

一、安哥拉人力资本基本情况

（一）人口构成

人口是构成人力资本的关键要素，近几年来安哥拉人口快速增长，至 2017 年人口总数约为 2 978 万人。其中城镇人口约为 1 931 万，占总人口数的 64.84%，农村人口约为 1 047 万人，占总人口数的 35.16%，人口密度约为

---

* 宋雅楠，澳门科技大学商学院副教授。研究方向为国际贸易与投资、中葡经贸关系等。
薛桂洪，澳门科技大学商学院硕士研究生。

23.89 人/平方公里（见表1）。

表1

表1 2017 年安哥拉人口构成状况

人口构成	总数			增长率（%）	
	人口数量		占比（%）	2016 年	2017 年
全国（万人）	2 978	男：1 460	49.04	3.37	3.31
		女：1 518	50.96		
城镇人口（万人）	1 931		64.84	4.47	4.38
农村人口（万人）	1 047		35.16	1.43	1.37

资料来源：世界银行。

由表1可知，2017 年，安哥拉全国女性人口数量多于男性人口数量，而农村人口数明显少于城镇人口数。从增长率来看，与2016 年3.37%的人口增长率相比，2017 年人口增长率下降了0.06%，而2017 年城镇人口的增长率为4.38%，比农村人口增长率高出3.01%。

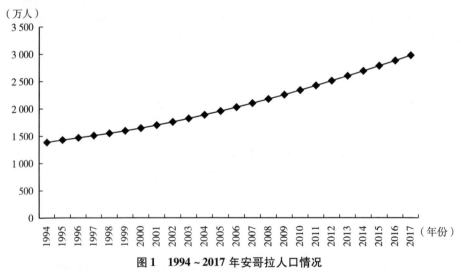

（万人）

图1 1994～2017 年安哥拉人口情况

资料来源：世界银行。

从图1中可以看出，近几年安哥拉的人口增长趋于平缓，但仍在持续增长。安哥拉解放后，由于国内内战开始，经济发展缓慢并且医疗卫生条件差，导致出生率有所下降。图2所示，从1994 年开始到2017 年，出生率已从50%下降到40%左右，人口总数依然保持增长趋势。根据联合国发布的关于全球人口状况的年度报告显示，2019 年安哥拉人口数量达到 3 180 万。2010~2019 年间安哥拉人口数量年均增长 3.4%，是非洲葡语国家中人口增速最快的国家。

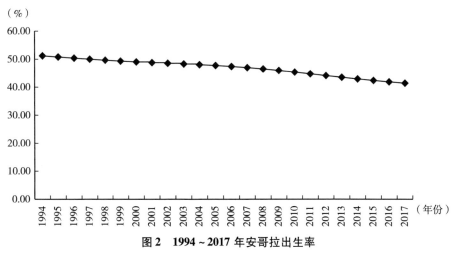

图 2 1994~2017 年安哥拉出生率

资料来源：世界银行。

从图 3 可以看出，2017 年安哥拉的男女比例相对均衡，15~64 岁的适龄劳动人口中，男性适龄劳动人口占人口总数的 24.65%，女性适龄劳动人口占人口总数的 26.12%，女性人口数量多于男性人口数量。

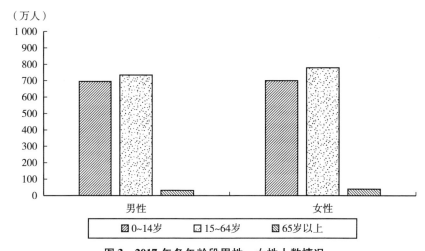

图 3 2017 年各年龄段男性、女性人数情况

资料来源：世界银行。

总体来看，安哥拉虽然在非洲国家中具有较快发展，但由于长期被殖民以及内战的影响，依然没有达到世界发展的平均水平。安哥拉在 1975 年 11 月 11 日宣告独立，之后进入了长达 27 年的内战时期，直到 2002 年 4 月 4 日，安哥拉才真正进入全国重建时期。而被殖民期间，葡萄牙没有投入太多资金发展安哥拉，仅是贩卖大量的人口到世界各地做奴隶，因此传统上安哥拉的人力资本发展也受到了限制，阻碍了重建以来的发展速度。同时，安哥拉女性的地位卑微，虽然政府出台了《消除对妇女一切形式歧视公约》的政策，但由于人们传统思想的根深蒂固，也限制了女性在人力资本中的作用。

（二）受教育程度

教育对于一个国家的发展来说是不可忽略的重要因素，国民的教育水平是国家生产力水平的最好体现。自 2002 年结束内战以来，安哥拉政府致力于推进教育事业的发展，受教育人数不断增加。2004～2010 年，在校学生人数从 4 393 497 人增加到 6 168 454 人，平均学生人数达到 5 325 619 人，人数增长了 40.4%。教育改革前，学生教室有 27 276 间，在实施教育改革期间，安哥拉政府大力新建教室，到 2010 年教室数量达到 53 592 间，增长了 96.4%。

然而，安哥拉国民的受教育水平依然落后，很多应该接受教育的适龄人并未受到正规教育。据统计，22 岁以上的安哥拉青年中，仅有 52% 接受过专业的高等教育，已经完成大学教育的为 25%，已经完成硕士研究生课程的为 5%。

从图 4 可以看出，安哥拉对男性的教育投入高于女性。安哥拉女性人口多于男性人口，而受到教育的女性人数却远低于男性人数，这种不合理的教育分配影响着人力资本的发展。陈旧的思想阻碍了父母对其孩子在教育方面进行投资，而另一些家庭因为无力承担高昂的学费迫使孩子放弃其教育的机会，从而降低了适龄儿童的识字率。

对于女性而言，2010 年安哥拉女性议员的比例已经达到 38.6%，议会制度规定了所有的女议员为妇女议员团成员，致力于促进妇女参政议政。然而对于大部分女性，文盲却限制了其得到平等的工作机会，导致女性在劳动力市场的参与率也大大减小。因此，政府还需要加大对适龄上学人口的培育，特别是对女性的教育。

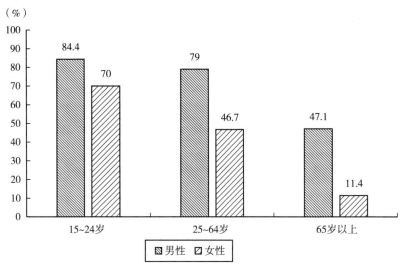

图4 2017年15岁以上人口识字率（按性别、年龄）

资料来源：2018年安哥拉营商环境指南。

二、安哥拉劳动力市场现状和特征

（一）劳动力市场现状

1. 安哥拉劳动力

　　劳动力市场是否处于均衡条件，由国家现有人力资本和国家发展需求两个因素共同决定。劳动力需求是一个国家发展的基本需求，相对于劳动力需求，劳动力供给更多地是由劳动者本人的行为决定，因为劳动者在衡量成本和收益之后，做出是否选择工作或者是否选择教育的结果。

　　图5显示，安哥拉的适龄劳动人口数在逐年上升，2018年已经达到1 277万人。据统计，接受过高等教育和专业培训的青年劳动者中，9.73%期望进入银行和保险业，6.79%期望进入石油和天然气行业，期望进入服务业的有6.42%，ICT行业为6.27%，以及6.17%的人期望进入教育行业。而安哥拉劳动力市场上的就业人口主要分布在农业、工业和服务业，而这三大行业就业人数占总就业人数的情况各不相同。从图6可以看出，农业就业率从1995年开始下降到最低点，从2004年开始增加至2011年到达最高，此后至2017年农业就业率保持在50%左右。服务业就业率从1995年开始逐年增加，到2004年达到最高，此后一直呈

下降趋势。至 2011 年达到最低就业率，此后至 2017 年一直保持在 40% 左右。工业就业率相对稳定，就业率从 1995~2017 年基本保持在 10% 左右。

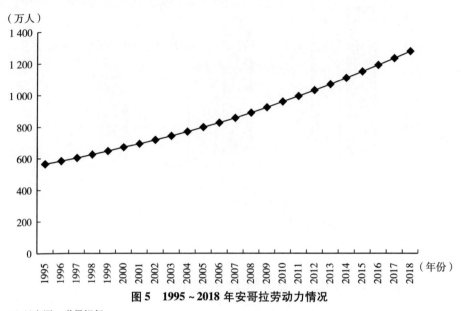

图 5　1995~2018 年安哥拉劳动力情况

资料来源：世界银行。

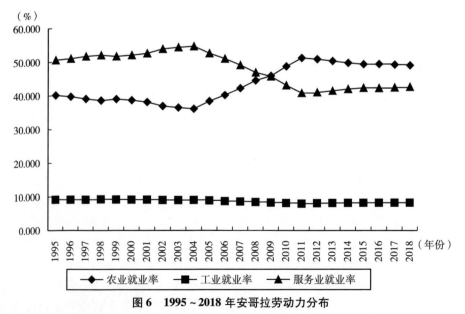

图 6　1995~2018 年安哥拉劳动力分布

资料来源：世界银行。

目前，安哥拉劳动力市场形势仍处于非常严峻的状态。随着国内政治、经济形势的逐渐稳定，越来越多的外国投资者到安哥拉寻求发展机遇，更多的外国公司进入安哥拉市场，为安哥拉带来大量的外部劳动力，也为安哥拉的建设发展提供了必需的支撑。在劳动力市场被逐渐填充的同时，也带来了对人力资源的更高需求，安哥拉适龄劳动人口由于在知识水平、技能等方面的欠缺，外来企业必须面对当地劳动人口的技术水平缺失和培训等问题。

2. 人力资本指数

人力资本指数（HCI，Human Capital Index）用于衡量国家对教育和健康的投资水平，人力资本指数越高，其劳动者的创造力和薪资就越高，也就意味着这个国家的整体财富值更高、经济发展更好。与世界平均人力资本指数水平相比，安哥拉的人力资本指数还处于较低的位置。

从表 2 中可以看到安哥拉和部分国家之间的人力资本指数，其中最高的是葡萄牙，人力资本指数为 0.78，而最低的是尼日利亚，人力资本指数为 0.34，安哥拉目前还处于比较低的水平，人力资本指数为 0.36。在非洲国家中，安哥拉的人力资本指数相比发展较好的南非等国，有一定差距。但与作为葡语国家的葡萄牙和巴西相比，仍存在巨大差距。根据人力资本指数来看，国家对教育和健康的投资较低，从而反映出安哥拉依靠劳动者所创造的价值比较低。

表 2   **2017 年部分国家 HCI 比较**

国家	HCI
葡萄牙	0.78
巴西	0.56
南非	0.41
安哥拉	0.36
莫桑比克	0.36
尼日利亚	0.34

资料来源：世界银行。

3. 人类发展指数

人类发展指数（HDI，Human Development Index）从健康长寿、获得知识和生活水平三个方面评估人类发展。

根据联合国人类发展报告，安哥拉 2017 年的人类发展指数（HDI）为 0.581

（见表3），进入了中等人类发展水平，在189个国家和地区中排名第147位。从2000～2017年，安哥拉的HDI值从0.387上升到0.581，增长了50.2%。具体从每项HDI指标来看：1990～2017年，安哥拉的出生时预期寿命增加了20.1岁，平均受教育年数增加了0.7岁，预期受教育年数增加了8.0岁。从1990～2017年，安哥拉的人均国民生产总值增长了约182.4%。这些数据表明，虽然安哥拉的经济水平快速增长，但国民的教育和健康水平亟需发展。

表3   1990～2017年安哥拉HDI相关数值

年份	出生时 预期寿命	预期受 教育年数	平均受 教育年数	人均国民 总收入*	HDI
1990	41.7	3.8	—	2 050	—
1995	43.1	3.9	—	1 880	—
2000	47.1	5.1	4.4	2 443	0.387
2005	52.8	7.2	4.4	3 504	0.455
2010	58.2	8.6	4.7	5 421	0.520
2015	61.2	11.0	5.0	6 251	0.572
2016	61.5	11.4	5.1	5 956	0.577
2017	61.8	11.8	5.1	5 790	0.581

注：＊生活水平以2011年不变价表示的人均国民总收入来衡量。
资料来源：联合国人类发展报告。

4. 工资水平

根据表4，从2012～2019年，最低工资标准已经上调了10 658.1宽扎。2019年，安哥拉政府已将国家最低工资上调至21 454.10宽扎（约合60欧元），比2018年设定的最低工资额增加了30%，尽管如此，仍无法缓解本国货币贬值的下行压力。安哥拉近几年多次被评为世界物价最高的国家，特别是其首都罗安达，物价水平甚至超过了中国香港，而最低工资水平仅为60欧元。在当地缺乏劳动力的情况下，这一现象也加重了当地居民的生活负担。

表4   2012～2019年安哥拉最低工资水平   单位：宽扎

年份	最低工资水平
2012	10 796.00

年份	最低工资水平
2013	10 796.00
2014	15 000.00
2015	15 000.00
2016	15 000.00
2017	16 503.30
2018	16 503.30
2019	21 454.10

资料来源：中华人民共和国商务部。

自 2014 年底以来，安哥拉一直受经济、金融和汇率危机的影响，其主要原因是由于石油出口收入下降造成。自 2018 年 1 月实行新的汇率制度以来，宽扎兑欧元和美元已经贬值了近一半。在经济低迷，宽扎持续贬值，民众购买力始终不强的情况下，政府以提高薪酬作为增加居民购买力的手段，无疑为经济处于低谷中苦苦支撑的企业更增添一重压力。

5. 劳动力市场的失业率

2002 年，随着安哥拉内战的结束，安哥拉政局在保持稳定的发展，安哥拉政府也在加大对国内的战后重建工程，政府做出了一系列的措施来保障国家稳定、统一的发展局面。在建设过程中，国家对劳动力的需求日益增加。但是由于国家长期处于战争的侵蚀，安哥拉人力资本有限，国民健康得不到保障，国民知识教育不能普及，国民的知识技能得不到提升，这些问题都成为战后重建的阻碍。

当然也要看到，安哥拉政府经过长期的努力，在不断改变国民劳动力的情况下，制定了一系列的政策，包括教育、员工培训、劳动就业等政策，以此来达到确保劳动者利益的同时增强劳动者的劳动市场竞争力，但是人才缺乏、劳工失业的问题依然十分严重。

从图 7 中可以看出，2017 年安哥拉失业人群主要集中在 16 ~ 24 岁，年龄越大失业率越低。16 ~ 19 岁的失业人群中，男性失业率高于女性，20 ~ 44 岁是女性失业率高于男性，45 岁以上的劳动人口，男性失业率均高于女性。从整体来看，随着年龄的增加，失业率在逐渐降低，因为 16 ~ 24 岁年龄阶段的劳动者在本来就处于弱势的情况下，还缺乏工作经验而在选择中被淘汰，因此这也给安哥拉当地的劳动力市场造成了很大的冲击，致使当地适龄劳动人口得不到工作的机会。

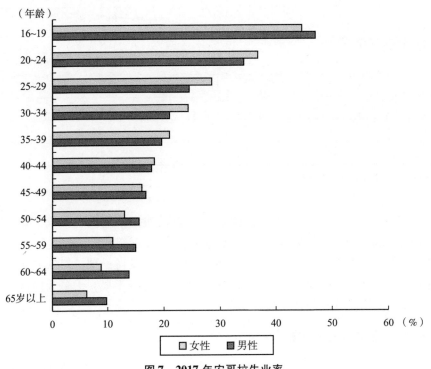

图 7　2017 年安哥拉失业率

资料来源：世界银行。

　　根据安哥拉国家统计局公布的数据，2019 年安哥拉 15～64 岁人群的失业率达到了 28.8%。表 5 显示，男性失业率为 26.6%，女性达到了 30.9%，相较于农村失业率，城市失业率约为农村的 2.3 倍，作为劳动力中的青年群体，失业率高达 52.4%[①]，青年就业是安哥拉亟需解决的重大问题。

表 5　　　　　　　　　　2019 年安哥拉 15～64 岁人口失业率情况

	性别		地区		年龄段（岁）	
	男	女	城市	农村	15～24 岁	25～64 岁
失业率（%）	26.6	30.9	36.5	16.2	52.4	47.6

资料来源：驻安哥拉使馆经商处。

---

　　① 驻安哥拉使馆经商处：《安哥拉失业率达到 28.8%》，2019 年 4 月 10 日，http://www.mofcom.gov.cn/article/I/jyjl/k/201904/20190402855203.shtml。

（二）安哥拉劳动力市场特征

1. 健康医疗情况差，严重威胁人力资本形成

医疗卫生和国民的健康状况是一个国家发展的后勤保障。安哥拉主要的流行性疾病有疟疾、登革热、艾滋病、霍乱等，这些疾病严重威胁着安哥拉国民的健康，同时也给安哥拉劳动力市场带来巨大的危害。据安哥拉艾滋病毒/艾滋病服务组织（ANASO）统计，在安哥拉每天至少有 10 例艾滋病病毒感染者报告，这是一个相当惊人的数据。近年来，安哥拉平均登记了 25 000 例新的艾滋病毒感染者和 13 000 例感染者死亡。宽多－库邦戈、库内内、莫希科、北隆达、北宽扎和罗安达等省的感染人数最多，15～24 岁之间的妇女受影响最大。

安哥拉目前的医疗水平还无法解决国家的需求。截至 2018 年，安哥拉仅有 6 400 名医生，平均每 4 400 人拥有一名医生，远未达到世界卫生组织建议的平均每 1 000 人拥有 1 名医生的标准[①]。在国民非健康的状态下，安哥拉的劳动力市场面临巨大的挑战。

2. 教育普及率较低，本地缺乏技术人才

由于教育水平受到限制、知识以及相关技能的欠缺，安哥拉绝大多数劳动者只能从事体力劳动或者缺少技术含量的工作。安哥拉青年员工的主要工作岗位为行政人员或者办公室白领，其中 14.49% 的安哥拉从业者与其所学专业相同，10.47% 为工程相关领域专业，10.04% 是销售和客户服务专业，IT 专业占 9.47%，财务与会计专业占 7.36%。随着经济的发展，社会对技术人才的需求进一步扩大，安哥拉当地劳动者由于知识水平低、技能欠缺而无法担任外劳人员的工作内容，从而失去工作机会。安哥拉政府为此在《安哥拉私人投资法》中提出：中资企业进入安哥拉后，应雇用当地劳工，并且对其进行岗位技术培训，以便其逐步替代外籍员工，让当地劳工获得工作机会的同时学到相关知识技能。

3. 外来劳动力弥补本地需求，本地劳动力面临外部挑战

自从安哥拉开始对外开放经济以来，越来越多的投资者看中了安哥拉的发展

---

① 驻安哥拉使馆经商处：《安哥拉每 4 400 人仅拥有 1 名医生》，2018 年 1 月 26 日，http：//www. mofcom. gov. cn/article/i/jyjl/k/201801/20180102704803. shtml。

潜力，安哥拉外资公司逐渐增加，推动了安哥拉经济的发展，为安哥拉劳动者提供了更好的就业机会。但与此同时，也为安哥拉劳动力市场带来了巨大的竞争力。由于经济的开发性，安哥拉外劳的增加让原本缺乏劳动力的状况得到缓解，但当地劳动力就业则受到挑战，安哥拉当地劳动者往往由于劳动力素质不高，无法胜任多数岗位而失业。

4. 工作文化不同，带来矛盾冲突

安哥拉当地劳动者的工作标准是遵守作息时间：一周工作四天，每天工作六小时。不加班，除非有高昂的加班费①。而中国的外劳人员，在中国高压环境的工作氛围下，为了完成工作，加班是常态。

除此之外，安哥拉国民受教育水平限制，长期在葡萄牙文化影响下，形成了高权力距离和集体主义的工作文化。例如，在应聘时，安哥拉当地劳动者给管理者展现的是忠诚度和服从性，忽略自我的生产力和创造力，因为当地劳动者认为管理者需要员工的绝对服从。而中国管理者重视员工的服从性，更重视其创造力与创新能力；做重大决策时，安哥拉管理者更愿意采用管理者和工人集体讨论的方法来做决定，而中国管理者基本不会让工人参与决策，仅为告知结果。中国与安哥拉之间的工作文化具有差异，如果企业管理者无法处理文化差异带来的矛盾冲突，将会为个人甚至是企业带来损失。

5. 工会代表劳工权益，协调劳资关系

公司的发展关系到员工的切身利益，为了维护自我利益，员工有权利和义务向管理层进行及时沟通，工会则代表劳工维护其权益。工会代表劳工与管理层进行沟通，若沟通无效，工会将以罢工的方式维护劳工利益。例如，2018 年由于对薪资、工作环境的不满，安哥拉罢工事件频发。安哥拉人权法律部司法部门的工作人员对薪酬待遇、职业发展和工作环境的诉求未得到解决，司法办公室工会秘书长宣布罢工五日②。工会以罢工来维护劳工利益的同时也会带来负面影响，不利于员工生活的稳定、企业的发展，甚至是社会的稳定。

---

① 环球：《为什么中国人在安哥拉不受待见？七宗罪》，2018 年 11 月 2 日，https：//kknews.cc/zh-mo/world/8zm43yl.html。

② 安哥拉华人网：《安哥拉各行业罢工频发》，2018 年 5 月 21 日，http：//feizhou168.com/article - 18801 - 1.html。

三、安哥拉劳动就业政策

（一）劳动就业政策的发展历史

劳动就业政策是指一个国家或者是地区政府为了能有效地调节劳动存量，合理地配置劳动力资源，使之适应产业的结构变化，促进经济发展而制定的具有相关性的系列政策，主要包括：就业政策、医疗保险政策、个人所得税政策、劳动报酬政策、教育培训政策以及其他政策。劳动就业政策的制定与一个国家或者地区的发展状况紧密相关，是维系这个国家或者地区经济发展以及社会文化的纽带，同时也是这个国家或者地区人力资源发展状况的最好体现。

安哥拉属于不发达国家之一，这里有丰富的资源，而且地理位置优越，具有一定的工农业基础，但是常年的战乱使国家的基础设施受到严重的损毁，影响了经济的发展。内战结束后，政府的工作重点转为了使经济恢复和社会发展，调整经济结构，大力投入基础设施建设，优先解决关系国计民生的社会发展项目。因此，安哥拉积极展开与其他国家的经贸互利合作，其目的就是吸引外资，为国家的战后重建提供可能，在这个过程中，安哥拉政府也在健全国内劳动体系、完善就业劳动制度。

1975 年 11 月 11 日，安哥拉颁布了第一部宪法，直至 1999 年才颁布《劳动法》。安哥拉国民议会为国家最高的立法机构，于 1999 年 8 月 5 日通过安哥拉《劳动法》，这是第一部关于安哥拉劳动者的就业政策法律，于 2000 年 2 月 11 日在《共和国日报》上公布，从公布之日起 60 日后这部《劳动法》开始生效。2001 年 6 月 19 日第一次对这部法律进行了修改，安哥拉现行的是 2015 年 6 月 15 日，安哥拉政府修订的《劳动法》（Lei Geral do Trabalho）（第 8/15 号法律），并于当年 9 月生效，实施至今。

对于安哥拉政府来说，现行的《劳动法》仍需完善，没有在最大程度上保护劳动者的合法权益，而大大削弱了劳动者自身维权的能力。例如，劳动法中仍然存在一些劳动不公的问题：妇女怀孕期间和分娩后的 15 个月，每个月享有一天的带薪休假，但是分娩后所提供的劳务薪资需按兼职劳动所得进行支付，这对劳动妇女造成了严重的不公现象。对比中国法定产假 98 天而言，安哥拉妇女的权利始终未得到保障。而根据现行劳动法，工作满 9 年的劳动者可以被解雇，即当劳动者工作的时间未满十年时，可以被自由解雇，并且解雇之后的赔偿金是由雇主决定。那这项规定增加了雇主的权利，使劳动者被迫处于被动且弱势的地位，并没有真正地保护劳动者的利益。为了保障安哥拉劳动者的利益不受雇主侵害，也为改善安哥拉人们的生活创造动力，政府应对现行劳动法进行修订。

除此之外，为了满足国家对人才的需求，促进和加强对高素质员工的培训以及顺利开展针对劳动者的教育政策，例如：专业技术和示范培训，安哥拉政府于2012 年制定了国家员工培训计划（PNFQ）。这是一种根据国家的需求改变教育和培训供求关系的工具，也是一种为实现 2020 年关于增加的毕业生人数，在校生人数目标的办法。政府部门通过对新干部进行技术、职业教育、教师教育、公共管理和企业家精神等的培训，使政府部门每年平均增加 109 000 名管理人员，年增长率约为 7%。

（二）劳动就业政策相关内容

在安哥拉工作，不仅劳工需要用劳动法保护自己的合法权益，雇主也需要利用劳动法合法雇员，合理获利。现行劳动法（见表 6）适用于上市公司、合资公司、私营企业、合作社和未纳入管理中的社会组织范围内提供的劳动。

表 6   安哥拉劳动法部分内容

劳动合同类型	劳动合同可分为定期合同、不定期合同和特殊合同三种。特殊的劳动合同包括了十一类：集体合同、承包合同或任务合同、学习合同和实习合同、贸易及捕鱼作业船上的劳动合同、飞机上的劳动合同、家庭式劳动合同、军事制造机构内文职劳工的劳动合同、农村劳动合同、非居民的外国劳工劳动合同、临时性的劳动合同以及其他法律声明的合同
薪资福利	国家最低工资标准不定期公布，2019 年安哥拉最低工资标准为 21 454.10 宽扎，约合 60 欧元。具体为：农业部门最低工资增加至 21 454 宽扎（60.33 欧元），商业人员增加到 26 187 宽扎（74.54 欧元），采掘、贸易人员则为 32 181 宽扎（90.65 欧元） 加班报酬是正常工作时间报酬另加 50%，每月不超过 30 小时。超过 30 小时，加班时间报酬增加部分为 75% 法定节假日全天停工，劳工可领取正常工作日工资。每年年假为持续 22 天
工作时间	正常工作期间，每周不超过 44 小时，每天不超过 8 小时。轮班制情况下，每周正常工作时间可延长到 54 小时。每天正常的工作时间应在休息和用餐时间时中断，中断时间应不少于 1 小时不超过 2 小时，并且劳工不连续提供超过 5 小时的正常劳动

劳动合同的终止	劳工有稳定的就业权利，禁止雇主通过终止劳动合同终止法律劳资关系，应依据法律规定正当、合理的终止劳动合同关系。终止原因有三种：超出了双方控制的客观原因；双方的自愿决定；任何针对另一方单方面决定的一方无论何种理由或者形式终止劳动合同，雇主都有义务向劳工交付工作证明
雇主的义务	尊重劳动者；提供良好的工作条件；及时支付劳动者合适的工资；树立良好的工作关系；收集并研究劳工对于工作安排的批评、意见和建议；向劳工提供训练设施和职业培训；在工作中采取适当的卫生和安全条件；确保工会和劳工代表职能的行使；不雇用属于其他雇主的骨干人员；遵循相关法律义务
劳工的义务	在规定的形式、时间和地点尽职工作；遵守和执行其负责的工作事项、纪律和命令；准时出席工作；对雇主忠诚；正确使用雇主提供的设备材料进行工作；严格执行工作中的安全卫生、防火规则和指示；保守职业秘密，不透露雇主的隐私信息；履行法律或劳动集体协议规定的其他义务

资料来源：安哥拉劳动法。

为了更好地吸引外资和巩固本国投资者，2018 年安哥拉颁布了《安哥拉私人投资法》。该法明确安哥拉政府为私人投资者提供的优惠和便利政策、获得优惠和便利的条件以及私人投资者的权利、义务和享有的保障，适用于任意金额的国内和外国私人投资。同时，该法案也强化了投资者对安籍员工的培训义务。例如，《安哥拉私人投资法》第四十六条中明确规定私人投资者必须雇用安籍员工，向其提供必要的职业培训，提供符合其资质的工资及社会福利，禁止任何形式的歧视。同时，私人投资者可依据现行法律雇用合格的外籍员工，但应严格执行对当地技术人员的培训计划，以便这些岗位逐步由安籍员工替代，并且进行投资项目登记时，注册投资项目文件必须包含安籍员工培训和其逐步替代外籍员工计划，以此来确保本地劳动人口的利益。

安哥拉对外来劳工不实行许可制度，政府对外劳人员的就业岗位、学历和技术资质不设限，但是外劳人员必须从移民局获得工作签证。在安哥拉办理工作签证需提出申请，工作签证获得许可有效期为一年，如要继续工作，需在到期前一个月办理延期手续，过期则需缴纳罚款。一般情况下，工作签证是由雇主替雇员进行提交，先致函安哥拉公共工程部，待审核通过至移民局购买申请表，移民局批准后，再到安哥拉驻外大使馆办理签证。

四、安哥拉劳动就业政策比较分析

由表 7 可以看出，安哥拉最低工资水平低于其他国家，而法定的每周工作时长也少于南非、莫桑比克等国。

表 7 安哥拉与部分国家劳动就业政策的比较

国家	每月最低工资标准	工作时长
安哥拉	21 454.10 宽扎,约合 60 欧元(2019)	每周不超过 44 小时,每天不超过 8 小时
南非	当地雇员每小时最低工资不得少于 20 兰特,家政业、农场雇工除外,每月约合 1 082.7 欧元(2019)	每周不超过 45 小时,每天不超过 9 小时
葡萄牙	雇员年薪按 14 个月计算,每月 700 欧元(2019)	每周不超过 40 小时,每天不超过 8 小时
巴西	954 雷亚尔,约合 219 欧元(2018)	除了原有的每周 44 小时的工时,新法也允许工时至 30 小时一周,但不得加班。工时至 26 小时则可加班最多不超过六小时
尼日利亚	30 000 奈拉,约合 70 欧元(2019)	每周 40 小时,周一至周五每天八小时
莫桑比克	3 642~10 400 美提卡不等,平均约合 99.5 欧元(2017)	不得超过每周 48 小时和每天 8 小时
中国	工资不得低于当地最低工资标准	每周不超过 44 小时,每天不超过 8 小时

资料来源:各国劳动法(最低工资按 2019 年汇率换算为欧元)。

对于同样是处在非洲的葡语国家尼日利亚和莫桑比克,尼日利亚每周工作时长低于安哥拉和莫桑比克,但是最低工资标准高于安哥拉,高于莫桑比克部分职业。

五、总结及对中国投资者的建议

(一)总结

安哥拉目前是吸引外资最多的非洲国家之一,虽然安哥拉奉行的是"和平共处和不结盟"的对外政策，主张在相互尊重主权、互不干涉内政、平等互利的基础上同世界各国建立和保持外交关系。但是 2008 年金融危机以来，受到国际市场原油价格大幅下跌的影响，安哥拉的经济增速明显放缓。安政府采取了多项措施积极应对，促进经济的多元化发展，同时将经济外交工作的重点放在了寻求更多的外援和投资商上，并且积极参与国际和地区事务，谋求国家的发展。

中国与安哥拉在 1983 年建交以来，两国关系的发展比较顺利。2010 年 11 月，中安建立了战略伙伴关系。中国也不断向安哥拉提供经济技术方面的援助，例如已经完成了的经济住房、罗安达省医院、农村小学等成套项目。在 2004 年，中安两国通过"以资源换取基础设施"的模式进行合作，即"安哥拉模式"，该模式对两国的政治经济关系的发展起到了积极的促进作用。

同时，安哥拉也在健全、完善相应的措施，力求促进本国人才的培养和经济的发展。例如，安哥拉近两年来也在重视教育问题，已经通过"一带一路"的机遇输送了国内部分人才到中国学习。为了更好地吸引外国及本地的投资者，于 2018 年出台了《安哥拉私人投资法》的政策。为了更好地保障劳动者的合法权益，工会不断呼吁对《劳动法》进行改革，这一系列的政策和措施都是为了改善国内劳动力市场的状况。

（二）对中国投资者的建议

1. 了解相关投资政策

许多投资者到国外设立外资公司，但是由于对国外的各种法规制度不了解，就容易触犯国外的规定，从而引发不必要的问题。所以，对外投资应该充分了解被投资国的一系列相关政策，特别是《劳动法》。《劳动法》中对雇主和员工的权利以及义务、劳动时间、薪资报酬等都进行了明确的规定，使企业在法律的基础上促进安哥拉的经济建设。

安哥拉为了更好地吸引外资，2018 年 5 月 17 日，于罗安达由国民议会审议并通过了新的《安哥拉私人投资法》，并于颁布之日起就生效。这部法典降低了最低投资额，并且适用于任意金额的国内和外国私人投资，不适用于政府持有全部或多数股份的国有企业开展的投资。投资模式可以分为国内投资、外国投资和混合投资三种，根据投资方式的不同来进行区分。这部法典中还包括了多种优惠政策，因此了解这些法条，也可以节约投资成本。

2. 协调与工会关系

安哥拉的中资企业雇用的当地劳动力多为临时性，雇佣关系松散，从而增加了公司的雇佣风险。而安哥拉工会组织培训干部，强化职能，会以罢工的形式向企业管理层发起诉求。罢工一旦开始，将影响企业的正常运作，为企业带来损失。因此，重视与协调与工会的关系，也就降低了企业的管理成本。

3. 重视对安国员工的培训

《安哥拉私人投资法》中明确规定了企业应对安哥拉当地员工进行职业培训和职业生涯发展规划，以便其达到代替在职外劳人员的业务水平。在安哥拉，本地劳动者技能短缺的情况严重，所有公司的劳动力本地化率都较低。尽管如此，中国企业仍应重视对安籍员工的技能培训，配合《私人投资法》和安哥拉社会日益增强的技能需求。

4. 尊重当地文化和宗教信仰

安哥拉是非洲葡语国家，有着和中国不一样的生活方式和风俗习惯和宗教信仰，当不了解二者的情况时，就可能会产生文化不适问题。当地民生风俗会对企业的工作生产和企业内部沟通、工作氛围等产生影响，只有了解安哥拉当地的民俗文化，互相尊重风俗和传统，才能更好地融入当地的生活，去适应安哥拉的生存环境。

5. 注重社区融入

企业来自社会，也必须回馈社会，这是一种新形势下的社企关系。一个企业，能否做大做强，实现可持续发展，其中一个重要因素就是取决于这个企业是否能融入驻在国社会，而融入驻在国社会的重要标志就是企业具有强烈社会责任感并积极回报当地社会，这是企业在国际市场上做大做强、营造竞争优势的基本功。社会责任不仅是投入，而且能产生无形和有形的经济效益，有了高度的社会责任感，意味着企业收入更高，运营风险和成本则更低。

近来，在非洲投资的中国公司经常会受到许多不实批评，也是提醒中资企业除了在当地组织生产经营外，还应注重社区融入，关注企业社会责任。企业的生产经营活动会对其所处社会产生影响，所以，承担对员工的培训、职业生涯发展规划的责任、对社会发展和环境保护的责任，是企业融入社区的关键。

6. 保障人身安全

目前，安哥拉的医疗卫生条件依然较差，对于疟疾这类疾病，注意个人卫生以及蚊虫的叮咬便比较容易避免。但近两年来，安哥拉有很多因为感染艾滋病而蓄意报复社会的情况出现，因此，在安哥拉工作生活，需要加强对陌生人的防范，提防有可能造成的伤害。

此外，2018 年，安哥拉共登记 7.2 万起犯罪案件，较 2017 年增加了 2.6 万起，主要是抢劫、人身伤害、谋杀、使用和贩卖毒品等案件数量增长较多。暴力抢劫、绑架外国公民，尤其是中国公民的案件常有发生，在安投资和工作者必须提高警惕，保证自身人身安全。

参考文献

［1］UNCTAD. Vulnerability Profile of Angola，December 2014.

［2］刘辉、霍小平、段汉明：《中国人力资本受教育水平研究》，载于《长安大学学报（社会科学版）》2011 年第 13 期。

［3］宋雅楠、左洋：《经济变迁下的葡萄牙劳动就业政策与人力资源发展》，载于《葡萄牙投资环境报告》，经济科学出版社 2018 年版，第 131～142 页。

［4］宋雅楠、陆卢舟：《巴西人力资本及劳动就业政策分析》，载于《巴西投资环境报告》，经济科学出版社 2019 年版，第 250～267 页。

［5］人力资本差距：促使政府投资于人 . 外交事务网 . 访问日期：2019 年 7 月 23 日，https：//www. shihang. org/zh/news/opinion/2018/06/18/human-capital-gap。

［6］驻尼日利亚使馆经商处：《妖魔化非洲的中国公司的劳工政策是错误的》，2019 年 7 月 5 日，http：//www. mofcom. gov. cn/article/i/jyjl/k/201907/20190702879369. shtml。

安哥拉国际投资争端解决机制及
对中国投资者的启示

摘　要：安哥拉是新兴市场地区，近年来已成为非洲吸引外资数量较大的国家之一，同中国也保持着密切的投资往来。目前中国对安哥拉的投资已分布在石油、建筑、商贸等众多领域。然而，投资力度的不断加大也带来了数量日渐增多的投资争端，而投资争端解决机制的完善与否，在相当程度上影响着外国企业的投资决策，特别是在安哥拉当前的政治环境欠佳、法律环境有待改善的状况下，争端解决机制的不完善将加大外国投资者在东道国权益的不确定性风险，良好的国际投资争端解决机制迫在眉睫。

关键词：安哥拉　国际投资争端　争端解决机制　中国投资者

一、引言

安哥拉是南部非洲幅员最辽阔的国家，自 2002 年安哥拉内战结束后，其国内经济发展获得了一个相对稳定的政治环境，经济保持缓慢增长。据 2017 年联合国贸发会议发布的《世界投资报告》，安哥拉吸引外资流量达到 143.64 亿美元，吸收外资存量为 495.45 亿美元，在非洲国家位列第七。主要投资母国包括美国、法国、意大利、比利时、英国、葡萄牙、中国等。安哥拉已成为撒哈拉以南非洲第三大经济体和最大的引资国之一，伴随着对安哥拉直接投资的明显增长，活跃的资本流动提升了投资风险和投资争端发生的概率，在投资过程中因风

---

* 张鸿敏，澳门科技大学商学院助理教授；
　周靖卓，澳门科技大学商学院工商管理硕士。

险因素而导致的摩擦与纠纷也变得越来越突出。国家间在经济文化、社会风俗、宗教信仰、法律制度等方面的众多差异，也在相当程度上增加了在安哥拉投资的冲突损失和争端数量。在这种情况下，投资争端解决机制的存在与完善与否，与投资者利益休戚相关。

二、安哥拉投资争端及解决机制概述

国际投资争端在国际投资活动中频繁发生，其实质是国际间不同政治经济利益的相互冲突，涉及当事人之间的复杂法律关系，通常包括外国投资者与东道国政府之间的争端、外国投资者与东道国投资者之间的争端、外国投资者与东道国其他企业之间的争端。

自 2002 年结束内战以来，安哥拉进入了一个相对稳定的发展时期，国家通过颁布法律、缔结双边及多边协定、加入国际组织等方式，以较为开放的态度进行国际经贸合作，吸引外资的能力位居非洲第七。尽管如此，由于税赋征收、法律变更、经济改革、政治动乱、民族与宗教冲突以及公共安全等方面的因素，安哥拉的投资者利益受损导致争端不断，主要集中在寻求公正与公平待遇、战争及损害赔偿、征收及补偿标准、东道国汇兑限制、东道国违约等方面。世界银行《2017 年营商环境报告》显示，安哥拉在全球 190 个经济体中营商环境位列第182 名。其法治评级仅为 - 1.2，尽管相较历年已经呈现缓慢向好趋势，但是在 - 2.5 ~ 2.5 的区间状况仍然差强人意，表明其法制完备程度、履约质量、产权保护等方面仍然存在很大不足。中华人民共和国驻安哥拉共和国大使馆更是发出警告，提醒在安投资者切实防范风险，根据《中国领事保护和协助指南》指出，争端面前，驻外使馆难以仲裁或者解决劳资争端。

（一）投资者与安哥拉政府之间的争端

1. 因安哥拉政府的行政管理行为而引起的争端

东道国政府依据经济主权而享有管理外国投资和外国投资者的权利，在此过程中因行政机关行使职权或公务员的公务行为而引发与外国投资者之间的争端。安哥拉特殊的政治环境和政府行政能力及腐败在很大程度上加剧了投资者受损案件的发生。根据透明国际 2018 年腐败感知指数，在 180 个国家公共部门中，安哥拉位于第 165 位，属于世界上最腐败的国家之一。

2. 因安哥拉国家立法行为而引起的争端

近年来，安哥拉在经济领域加强了法律约束，如在环境方面，相继颁布了《环境基础法》《环境保护协会法》和《环境影响评估条例》等法律法规，严格限制由其施工作业所引起的污染、噪音等后果所造成的损害和妨害以此保护环境[①]。目前安哥拉所吸引的投资中，建筑业、采矿业、制造业等环境影响性与资源依赖性行业都高居投资存量的前列，新法的颁布令部分企业，特别是在投资协议中没有约定法律冻结、再协商等条款的项目，其常规操作面临惩罚。相似地，外汇管制和税收方面的因素亦是争端发生的原因之一。

3. 因特殊原因而引起的争端

这通常发生在安哥拉政府基于经济主权而对于外国投资者所实施的国有化或征收所导致的外国投资者利益受损，进而引发涉及对国有化措施的合法性或损失补偿问题而引起的争端。此外，还包括战争、武装冲突、民族主义运动、政权更迭等引发的投资争端。

4. 因特许协议而引起的争端

对于此类争端，如果是基于对协议解释或执行而引发的，通常因不涉及东道国政府与外国投资者间的基本关系或根本问题而较易解决，其解决主要是根据契约的规定做评判。但如果是因东道国政府违反特许协议而产生争端，则问题的解决会更困难。

（二）外国投资企业与安哥拉国内其他国企业之间的争端

此种类型的争端在性质上属于东道国企业之间的争端，按照国际法惯例一般适用东道国国内法进行调整。

（三）外国投资者和东道国投资者之间的争端

此类型的争端主要体现为合资或合作企业中双方的利益分配及权利之争，其解决机制则应依照其相互间的投资合同约定来解决。法律规定，如果在安哥拉的投资者之间所签订的投资合作合同中，明确约定解决投资争端的途径为仲裁，那

---

① 张小虎：《加强中非投资合作的环境法律风险防控》，载于《中国社会科学报》2018 年 3 月。

么在产生纠纷时，可以向仲裁法庭申请仲裁。在合同中亦可以就仲裁事项约定国际仲裁或者异地仲裁，甚至可以选择解决争端适用哪个国家的法律。

在上述各种类型的投资争端中，第一种类型的争端是基于东道国政府的"公行为"引发的，在解决过程中常因为双方主体资格的不平等地位，加之涉及主权豁免等问题，若投资国母国决定行使外交保护权，就容易导致投资争端演变成东道国与投资母国之间的争端，使争端解决更趋政治化、复杂化。实践中，该类型投资争端最多，解决也最为复杂。

当前安哥拉投资争端主要依靠国内法机制来解决。就上面所提到的第一种争端类型来说，由于安哥拉尚未加入《关于解决国家与其他国家国民之间的投资争端公约》，即《华盛顿公约》，因此有关外国投资者同安哥拉争端的解决无法提交至"解决投资争端国际中心"（ICSID），且投资法规定私人投资者与安哥拉政府相关部门所签订的投资合同不适用仲裁，因此，争端将依照"用尽当地救济"原则（ELR）根据安哥拉国内法律在行政和私法制度内寻求损害赔偿。而第二、第三种类型的争端解决则视当事双方有关争端解决途径的选择并依据当地司法制度解决或者视其投资合作协议中的约定来解决争端。

三、安哥拉国际投资争端解决之法律环境

国际投资争端是各国在发展经济、吸引外资过程中不可避免要解决的课题，而争端解决机制的选择在很大程度上取决于东道国国内法律的设置以及其对国际争端解决机构的采纳程度。安哥拉作为非洲撒哈拉以南最大经济体，近些年为了使其国家立法更加现代化而进行了法律改革，制定新法、修订旧有规则，并陆续以相对开放的态度对外缔结贸易及投资协定，加入国际组织。

（一）国内投资相关立法

1. 与投资相关的实体法规则

（1）投资法方面

2018 年 6 月安哥拉通过了新《私人投资法》。根据该法，在安投资者可享有国民待遇，安哥拉保护其对投资的所有权和支配权。对于私人投资合同中的争端，可选择调解、谈判、诉讼以及仲裁等方式解决。此外，相关规范还有《税收和关税鼓励法》《公司法》《税收法》《劳动总法》中涉及投资的部分。

（2）专门法律方面

涉及石油、钻石以及金融机构的外国投资须接受专门法律的管理，包括1978年颁布的《石油活动总法》、2004年颁布的《石油活动法》，1994年颁布的《钻石开采法》，1997年颁布的《外汇法》、2004年颁布的《金融机构法》。

（3）规范投资活动的法规、规章和条例

安哥拉政府部门根据宪法和法律，制定了规范投资活动的规章、法规和条例。如安哥拉贸易部2000年颁布的《进出口商品管理办法》和《对外贸易管理条例》、环保部颁布的《环境影响评估条例》、商务部颁布的《外国公司代表处细则》等。

2. 自愿仲裁法

2003年7月安哥拉通过第16/03号法令颁布了《自愿仲裁法》，以规范国内和国际仲裁行为。该法以葡萄牙自愿仲裁法为蓝本，适用于在本国领土上进行的仲裁。其中，第一条规定，任何与当事人权利有关的争端都可以酌情决定提交仲裁，除非法律规定该类案件必须通过法庭在诉讼程序中寻求救济。根据该条款，经济交往中涉及的投资争端被认为是可以仲裁的，双方当事人可以在仲裁协议中选择组成仲裁庭的仲裁员以及适用的法律和仲裁程序。仲裁裁决一旦做出则获得既判力，当事方不得再行上诉。同时，在某些情况下仲裁必须适用安哥拉法律，仲裁语言为葡萄牙语。

（二）国际投资法律层面

在安哥拉的国际投资争端解决还可用于保护国际投资的法律渊源，包括国际习惯法、国际协定、区域性投资协定及多边投资协定、双边投资协定、避免双重征税协定及一般法律原则和司法判决等。

1. 国际习惯法

根据习惯国际法，当外国投资者与东道国发生争端时，投资者在诉诸任何国际救济之前必须用尽当地救济，即ELR规则，其根本目的在于维护国家主权的同时，确保"违法的国家有机会在其国内制度的框架内用本国办法进行补救"[1]，该规则业已成为国际社会解决国际争端的共识。然而在实践中，此规则的实行大致有两种表现：一是规定具体的期限（三个月到五年不等）来使得国内救济有被

---

① 联合国第五十八届会议《国际法委员会报告》，第52页。

用尽的充分时间，但并不要求国内法院实际做出最终决定，其适用态度更趋开放；二是以保障国家主权利益为主，要求在用尽国内救济途径之前不能诉诸其他国外或国际的争端解决方式。安哥拉此问题上采用了后一种方式，相对来说其态度更趋于保守和封闭，这一点在安哥拉国内投资法规范及仲裁法律中亦有非常明确的反映。

2. 与国际投资争端解决相关的国际性或区域性组织

在国际性组织方面，安哥拉于 1989 年加入了世界银行的多边投资担保机构（MIGA），根据《多边投资担保机构公约》，安哥拉的外国投资者可以获得该机构对非商业性风险，包括征收风险、货币转移限制、违约、战争和内乱等政治风险的担保。当约定的保险事故发生时，保险人向投资者支付保险金后，即代位取得了投资者基于保险事故对东道国的索赔权以及代位求偿权。

在区域性组织方面，非洲商法协调组织（OHADA）是目前该区域最重要的商事协调组织之一，旨在统一成员国商法、营造良好的法律环境，并积极推动仲裁成为解决商事争端的主要手段，其陆续发布了《统一仲裁法案》《统一调解法案》和修订后的《司法与仲裁共同法院仲裁规则》。遗憾的是，安哥拉尚未列入其中。

除此之外，成立于 2007 年的非洲替代性争端解决组织（非洲 ADR 组织）是非营利争端解决管理机构，旨在促进和鼓励当事人采用替代性争端解决方式（如仲裁）解决国内和国际民事争端。据信，有关更多撒哈拉以南非洲国家加入该联盟的谈判正在进行之中。①

3. 有关投资的国际公约/多边协定

在《华盛顿公约》之下建立的解决投资争端国际中心 ICSID，专为仲裁政府与外国私人投资者之间的争端而设立，是目前最重要的国际争端解决机构，居有独立自治和超国家性质的特点，其所做出的裁决被视同于国内法院的最终判决，有效避免了东道国法院对裁决的司法审查，为外国投资者胜诉东道国提供了保障。但安哥拉迄今为止仍未加入，这也就意味着外国投资者与安哥拉政府的投资争端无法诉诸 ICSID，只能通过安哥拉国内诉讼及行政复议等途径寻求救济。

在承认和执行仲裁裁决方面，有《承认及执行外国仲裁裁决公约》即《纽约公约》，专门处理外国仲裁裁决的承认和仲裁条款的执行问题。2017 年 6 月安哥拉加入该公约。加入并坚持"纽约公约"条款无疑是安哥拉向国际通行的贸易争端机制迈进的重要一步，意味着由外国投资者根据合同约定所取得的对东道国

---

① 竞天公诚律师事务所主编，《非洲国际仲裁——撒哈拉以南非洲国家国别指南》，第 6 页。

其他企业的仲裁裁决的执行力进一步得到保障。但是，安哥拉法律中并非所有类型的案件都可以通过仲裁解决，因此根据《纽约公约》第5.2.（a）条，如果有关法院认定，争端事项依据承认和执行地法律无法通过仲裁解决，则法院可拒绝执行裁决；第5.2.（b）条规定，如果有关法院认定承认和执行仲裁裁决会违反承认和执行地的公共政策，则可以拒绝承认和执行，等等。由此可见，要使得加入《纽约公约》之初衷得到更好的实现，安哥拉还需要进一步改革，使其仲裁法和安哥拉民事诉讼法中的规定与新接受的公约义务保持一致。

4. 双边投资保护协定

双边投资协定传统上都是国际争端解决的重要依据，而争端解决机制条款通常被视为是双边投资协定的灵魂，直接关系到两国在面临投资争端时应该采取的措施。目前，安哥拉与美国签订了《双边贸易与投资框架协议》（TIFA，2009），与德国（2003）、意大利（2007）、俄罗斯（2009）、佛得角（1997）、巴西（2015）分别签署了双边投资协定并已生效，此外，与葡萄牙（2008）、南非（2005）、西班牙（2007）、英国（2000）、阿联酋（2017）等国也签署了双边投资协定①。

总体看来，安哥拉并未提供目前通行的国际投资争端机制下的充分解决途径。尽管如此，这并未影响其对外资的吸引力，根据安哥拉私人投资及出口促进局发布的新闻显示，自2018年6月26日至2019年6月30日止，当局新增登记投资项目达155个，涉及投资金额24.89亿美元，其中中国企业15个项目，共投资1.75亿美元②。即使是投资数额有所波动，也主要因为受到国际油价下跌影响而导致投资推延。

四、安格拉投资法律争端解决机制评述

（一）国际商事调解

在国际投资争端解决机制中，调解凭借"高效、灵活、经济、省时"等特点

---

① UNCTAD 联合国贸易和发展会议 https：//investmentpolicy. unctad. org/international-investment-agreements/countries/5/angola，美国政府官网 https：//www. state. gov/countries-areas/angola/，最后访问日期：2019 年 10 月。
② 《中国和葡萄牙高居安哥拉外资来源国榜首》，澳门经贸资讯网，最后访问日期：2019 年 8 月，https：//macauhub. com. mo/zh/2019/07/25/pt-china-e-portugal-principais-investidores-estrangeiros-em-angola/。

备受推崇。在众多国际机构和多边及双边投资协议的争端解决机制中，都有关于首先运用这种非司法争端解决程序的相关规定，如规定一定时限的冷静期用于阐明事实，自愿友好地协商解决争端。根据新《安哥拉投资法》规定，与投资者权利相关的任何有可能发生的纠纷协商、调解和调停都是推荐采用的方法，除非法律明确规定须专门提交司法法院或仲裁部门审理。中国也有诸如上海经贸商事调解中心等国际商事调解机构。协商是让争端当事方在协商一致的基础上进行磋商，力求达成共识来解决争端。

（二）国际商事诉讼

1. 东道国法院诉讼

对于以资本输出方式"走出去"的企业来说，其行为必然要受东道国强制性法律规范的规制，这是基于东道国的司法主权，同时也是属地管辖权优先原则和用尽当地救济原则的体现，只要相应规范没有违背东道国依据其加入或缔结的国际条约所承担的国际义务即可。同样的，安哥拉的投资争端也首先通过其国内司法程序解决，按照安哥拉的民事诉讼程序规则进行。

2. 外国法院诉讼

这是当受损的投资者用尽当地救济后并未获得满意的解决，或者认为继续寻求当地救济已属徒劳无益时，继而向投资者母国或者第三国所提起的诉讼，是二战后兴起的一种救济方式。按照现有的属地管辖原则适用标准，有时投资母国或者第三国法院对投资者提起的投资争端诉讼也有管辖权，比如被告或者被告的办事处在投资国或者第三国，抑或是诉讼相关法律事实发生在该地等等。① 因此，对于投资者与安哥拉政府或企业之间的争端亦可以根据具体情形选择向外国法院诉讼。然而，这种争端解决的问题在于，他国法院判决在安哥拉得到承认和执行的不确定性，它取决于他国法院判决是否能通过安哥拉相关法院的司法审查。当然，如果投资诉讼是针对东道国提起的，它就会涉及国家主权豁免的问题，也有可能导致无法受理的尴尬处境。

3. 国际法院诉讼

根据《联合国宪章》，国际法院可以解决国际投资争端。安哥拉于 1976 年加

---

① 王玉楼：《深入非洲遇贸易纠纷，要善用各种法律思维》，载于《中国对外贸易》2017 年 9 月 22 日。

入联合国，因此安哥拉政府或者企业与其他联合国成员国及其投资者之间所发生的投资争端亦可以提交国际法院诉讼。但是对于国际私人投资争端，在实践中，国际社会基于个人出现诉权问题以及私人投资的性质问题，认为国际法因不能直接对个人赋予权利和义务而要求投资者诉诸国内法，或者是通过行使外交保护权而由投资国向国际法院提起对东道国的诉讼来解决争端。①

（三）国际商事仲裁

安哥拉投资活动中的私人投资者之间的争端，如果当事人间明确约定了解决投资争端的途径为仲裁，那么在产生纠纷时，可以向仲裁法庭申请仲裁。在合同中可以约定国际仲裁或者异地仲裁，甚至可以选择解决争端适用哪国法律，仲裁裁决将对争端双方都有拘束力。② 对于仲裁的执行则与东道国的仲裁法息息相关。由于安哥拉并未加入《华盛顿公约》，也尚未采纳《联合国国际贸易法委员会国际商事仲裁示范法》，因此相关投资争端的仲裁不能适用 ICSID 争端解决机制以及 UNCITRAL 争端解决机制。但是，安哥拉已于 2017 年 6 月正式成为《纽约公约》缔约国，其明确规定除非发生《纽约公约》第五章排他性条款中列明的情形，例如仲裁程序存在严重瑕疵、仲裁事项不具有可仲裁性或违反公共政策等，否则缔约国不得拒绝仲裁裁决的承认和执行。但是，对于外国投资者与安哥拉政府之间所签订的私人投资合同引发的贸易争端，法律明确规定不适用商事仲裁。

（四）外交保护

谈判磋商、调停调解都是较为常见的争端解决方式，有利于在平等友善的基础上寻求利益共同点或者做出合理退让，防止争端矛盾的继续激化。应当注意的是，国家在行使外交保护时并非是以投资者的申请为前提，更不是代理投资者向东道国提出权利请求，因而国家一旦行使外交保护，就将本来属于私人投资者与东道国政府之间的投资争端上升为投资母国与东道国政府之间的关系，将争端政治化，外交保护权的滥用有可能会干涉东道国内政。因此，外交保护的适用要遵守国籍连续原则和用尽当地救济原则，它应是政府维护本国投资者利益的最后手段。

---

① 史晓丽：《国际投资法》，中国政法大学出版社 2005 年版，第 281 页。
② 商务部：《对外投资合作国别（地区）指南——安哥拉（2018）》，第 46 页。

五、对中国投资者的几点建议

目前，中国已经成为全球第五大对外直接投资国，也是安哥拉直接投资的重要来源国。根据商务部统计，截至 2017 年底，我国企业对安直接投资存量 22.6 亿美元，2018 年，我国企业对安直接投资额为 2.58 亿美元。目前在安哥拉经营的中资企业有 200 余家，主要集中在石油、建筑、商贸、地产、农业及加工行业。诚然，对安直接投资给企业带来了较大经济利益。然而，安哥拉属于新兴市场地区，其政治环境、法律制度、国家保护主义及文化语言的障碍等因素增加了中国企业在当地的投资风险，出现争端时常常处于不利地位。因此，防范风险、寻求更好的争端解决途径，对企业的投资运营显得尤为重要。

（一）充分利用东道国当地救济

在安哥拉现有的法律制度环境下，由于中国与安哥拉尚未签署双边投资保护协定，其他投资争端解决方式也存在缺位，当涉及投资者重大投资利益受损时，坚持不干涉内政的原则又会令母国的外交保护机制启动困难。因此，在投资争端中，诉诸其国内司法与仲裁、充分利用当地救济是最实际的做法。

目前来看，安哥拉的国内法律环境并不乐观，尤其是在国内诉讼方面，根据 2017 年世界银行《营商环境报告》数据，安哥拉的合同执行方面在 190 个国家和地区中排第 186 位，法律诉讼周期大约为 1 296 天，诉讼费用平均为争端金额的 44.4%。尽管如此，熟悉并遵守当地法律，依照法律规定寻求当地救济仍是投资企业争取合法权益的重要途径，一方面保障正当权益不受损害，另一方面自觉守法避免不必要的争端。比如，安哥拉《劳动法》从劳动时间、工资、休假、辞退等方面对本地劳动者进行了充分的保护，违反相关规定的行为必将令投资方陷于被动。除此之外，环境方面的严格立法，也使得投资者需要加强环境法律风险的防控意识。

（二）力争双边投资保护协定的间接保护

很明显，在中国与安哥拉日渐频繁的合作交流中，双方的投资争端仅靠单一机制来解决显然是不足的，亟待一部可以对中国投资者的公平公正待遇以及政治风险中的损失补偿等权利进行有效保护的双边投资保护协议。

值得一提的是，自 1988 年起，中国在同部分其他国家的双边投资保护协定中将间接投资纳入了保护范围，这使得投资者可以战略性进行投资规划。① 例如，中国企业有意投资安哥拉，尽管中国与安哥拉之间尚未签订有效的双边投资保护协定，但是如果安哥拉与第三国之间签订了有效的双边投资协定，那么，中国企业就可以通过它在该第三国的子公司向安哥拉投资，从而获得第三国双边投资保护协定对其在安哥拉的投资的保护。当然，采取这种方式的前提是，在安哥拉与第三国双边协定中已约定了对间接投资的保护。

目前，中国与安哥拉之间与投资相关的有关协定，主要是 2011 年签署的《中华人民共和国政府与安哥拉共和国政府在劳务领域合作协定》和 2018 年的《中华人民共和国政府和安哥拉共和国政府对所得消除双重征税和防止逃避税的协定》。

（三）寻求国际诉讼和国际仲裁

对于适用仲裁方式的投资者之间的投资合同争端，当事方可以根据双方的仲裁协议或者合同中的仲裁条款，在约定的仲裁庭进行国际仲裁或者异地仲裁。对于此类投资争端，仲裁依然是最佳解决途径。因此，中国企业要善于选择适当的国际或地区性仲裁机构，如中非联合仲裁中心 CAJAC 和南部非洲仲裁基金 AFSA 等机制，通过第三方仲裁的方式化解环境法律争端，以减少企业经济损失，促使争端顺利解决。

此外，根据属地管辖原则，在适用外国法院或者国际法院管辖的情况下，企业可以选择国际诉讼。例如，中国于 2018 年 7 月 1 日分别在深圳和西安设立了最高人民法院第一国际商事法庭、第二国际商事法庭，可以对涉外商事争端做出公正、高效的解决，逐渐构建多元化的投资争端解决机制。

（四）投保海外投资保险，规避风险

外国投资者在东道国的投资常常会受到某些非商业风险干扰，如外汇禁止兑换或者汇出、国有化或者征收、违反投资协议甚至是战争、武装冲突、民族主义运动、政权更迭等。为避免由此造成的损失，投资者可以在投资前考虑多边投资担保机构所提供的担保或者其他海外投资保险，但通常保障范围只限于政治风

① 陈鲁明：《中国企业投资非洲及拉美之争端解决的法律和实践》，载于《君合法律评论》2013 年第 2 期。

险，如征用险、外汇险、战争险等。

中国（1988）和安哥拉（1989）都是多边投资担保机构 MIGA 成员国，对于中国投资者来说，为避免在安投资遭遇某些政治风险而向 MIGA 投保不失为是一种明智的选择。作为担保业务的一部分，MIGA 还帮助投资者和政府解决可能对其担保的投资项目造成不利影响的争端，防止潜在索赔要求升级。

（五）完善合同条款，确保权益

国际投资争端解决由于涉及复杂的商事关系及法律制度，通常解决周期长、成本高、执行困难，其解决结果也因受众多因素的影响而相当不确定。因此，对于投资者来说，未雨绸缪、合理设计合同条款，通过完善合同条款来规避风险、确保权益，非常重要。

（1）在投资合同中增加仲裁条款

由于中国与安哥拉尚未签订有关"投资者—东道国争端解决条款"的双边投资协定，因此，中国投资者应当尽量签订包含仲裁条款的投资合同，将仲裁列为未来争端解决的约定方式，并且明确适当的仲裁机构、适用的法律以及程序规则，使仲裁条款能更好地达成投资者的目的，并在争端发生时保护其利益。

（2）设置稳定条款

稳定条款是东道国通过合同或者立法条款，向外国私人投资者做出的保证外国投资者的合法权益，不致因该国法律或者政策的改变而受到不利影响的承诺。[1]稳定条款的作用在于稳定与投资者利益相关的，诸如财产权、税收、外汇管理制度及合同等相关法律结构，以避免投资者合同利益因法律、政策等的改动而受到损害，在某些情况下，投资者强大的财力能够保证这些投资者或者他们的联合体可以在投资合同中要求东道国做出更多的承诺，以保障其投资安全。[2] 事实上，当今国际投资法中的许多法律制度都是由这类投资合同发展起来的，如争端解决的非东道国化、不予征收的承诺、法律冻结与再协商条款等。

根据 PRS 集团的国际国别风险指南评估数据显示，安哥拉的政府稳定性评分为 8.6（评分区间 0～12），显示其政府执行政策能力以及保持政权稳定性的能力依然不容乐观，政局的不稳定导致国内法律、投资政策也经常处在变化之中，由此导致投资者利益受损。应当说，在安哥拉现有的投资环境之下，中国企业投资

---

① 王斌：《论投资协议中的稳定条款——兼谈中国投资者的应对策略》，载于《政法论丛》2010 年第 6 期。

② 陈鲁明：《中国企业投资非洲及拉美之争议解决的法律和实践》，载于《君合法律评论》2013 年第 2 期。

时选择适用稳定条款来对相关禁止事项、确定的权益、条款的持久力及适用法律等方面内容加以明确，显得非常必要。

（六）预先调查，妥善应对

投资争端解决涉及复杂的当事方权利义务关系及法律制度，鉴于陌生而繁杂的东道国法律，专业法律人士的提早介入非常必要。一方面，可以帮助中国投资者快速了解当地相关法律法规；另一方面，可以协助投资者根据当地法规和政策，选择合理的投资模式和交易结构，对目标公司和项目进行尽职调查、拟定有利的合同条款规避风险，并可以担任日后争端解决的代理人。为了日后争端中利益的救济，留存证据至关重要，包括一切与争端有关的，如投资前后相对方在商谈中所给予的任何优待、承诺或者保证等，比如，安哥拉法律规定，私人投资项目中的税收优惠均需以个案方式与主管部门谈判商定，由此，商定过程及涉及内容的有效记录对确保利益至关重要，甚至如果存在政府或者其他人实施与之相关的不当行为，都可以留存记录，以利于日后在争端解决中明确责任。

此外，对于在安哥拉所发生的某些争端，特别是中国投资者合法权益受损时，中国驻外使领馆亦有责任在国际法及当地法律允许的范围内实施保护。因此，中国投资者应当进行备案并保持与经商参处的日常联络。在某种程度上，商会亦有助于争端解决。

六、结语

简单来说，对外投资中的争端解决机制是国家间投资合作过程中至关重要的环节，解决机制的不完善，将加大外国投资者在东道国权益的不确定性风险。安哥拉内战之后在经济方面的锐意进取，使得其同其他投资来源国之间的关系愈加密切，然而作为经济交往中弱势一方的安哥拉，基于确保主权等因素，在国际仲裁等争端解决机制的采纳态度上仍有保留，这在一定程度上加大了外国投资者的争端解决风险。应当说，只有在现有基础上，努力营造多元而完善的投资争端解决机制，安哥拉才能保持对投资的持续吸引力及经济合作的持续开展。

安哥拉高等教育的历史发展与现状

王小月　季小钰　张维琪*

安哥拉共和国于 1975 年获得独立，属于世界上较为年轻的国家。独立后的近 30 年时间里，安哥拉内战频发，各党派为了争夺执政权而进行武装斗争。内战使得安哥拉的大量资源被运用到军事安全领域，而国家建设方面的成就有限。2002 年，随着安哥拉人民解放运动（MPLA，简称安人运）与争取安哥拉彻底独立全国联盟（UNITA，简称安盟）签署停战协定，内战终于结束。从此，稳定的政局和以石油、钻石开采为支柱的经济使安哥拉踏上了真正意义上的国家发展之路。

一、安哥拉人口的增长与现行教育系统

国家建设离不开人才，教育关乎人才的培养，是国家发展之本。常年内战的后果则让安哥拉的教育远远落后于撒哈拉以南的非洲国家。"2001 年，安哥拉的全国识字率只有 20%……到 1995 年初时，安哥拉 80% ~ 90% 的农村学校已经关闭，全国约计 5 000 所学校被毁。"① 如何让这个年轻的国家在教育领域发展起来，成为内战结束后安哥拉面临的重大问题。

另一方面，安哥拉人口不断增长的现实状况必然要求国家重视教育事业的发展。世界银行公布的数据表明，1960 ~ 2018 年安哥拉人口总体持续增长，而且随着内战的结束，社会生活趋于稳定，人口的增长速度也呈现出不断加快的趋势。同时，美国中央情报局的数据则显示，2018 年安哥拉人口已然超出 3 000 万（见图 1），其中，0 ~ 14 岁占比 48%，15 ~ 24 岁占比 19%，25 ~ 54 岁则占 28%（见

---

* 王小月，浙江外国语学院西方语言文化学院教师。
季小钰，上海外国语大学西方语系研究生。
张维琪，上海外国语大学西方语系副教授。
① 刘海方：《安哥拉》，社会科学文献出版社 2006 年版，第 371 页。

图2），人口平均年龄为15.9岁。可见，安哥拉人口年龄结构属于年轻型，且女性人口总体多于男性（见图3）。随着国家的发展，安哥拉的城市化也不断取得重大进步。2018年，该国城镇人口占总人口的65.5%，其中首都罗安达的人口达到777.4万人，占安哥拉总人口的25.6%。①

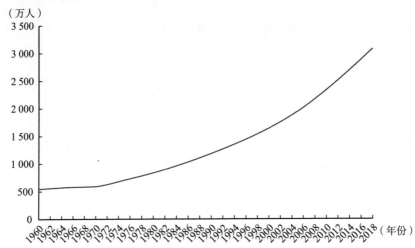

图1 安哥拉人口总数（1960～2018年）

资料来源：世界银行、联合国统计司。

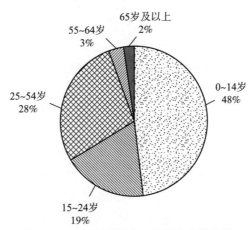

图2 2018年安哥拉人口年龄分布结构图

资料来源：美国中央情报局。

---

① 美国中央情报局：《世界概况——安哥拉》，https：//www.cia.gov/library/publications/the-world-factbook/geos/ao.html。

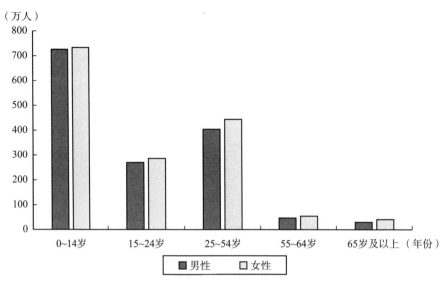

（万人）

图3　2018 年安哥拉各年龄段男女人口数量

资料来源：美国中央情报局。

　　通过不懈的努力，安哥拉政府已然在教育领域取得了不俗的成就。根据安哥拉 2016 年 10 月 7 日第 17/16 号法律第 17 条，该国现行教育体系包含有 6 个子系统：学前教育（educação pré-escolar）、普通教育（ensino geral）、职业技术教育（ensino técnico-profissional）、教师培训（formação de professores）、成人教育（educação de adultos）以及高等教育（ensino superior）。与历史数据相对比，早在 1975 年安哥拉获得独立之时，文盲率达到总人口的 85%。到了 2015 年，安哥拉全国识字率（占 15 岁以上人口的百分比）已上升至 71.1%，其中男性识字率为 82%，女性为 60.7%。[①]

　　总体上，当前安哥拉的学校教育可以划分为 4 个层次，即学前教育、初等教育、中等教育以及高等教育。普通教育包括初等教育与中等教育，初等教育包括 3 个阶段，每个阶段历时 2 年，总共 6 年；中等教育包括两个阶段，第 1 阶段为初中，第 2 阶段为高中，每个阶段各 3 年，总共 6 年。义务教育则涵盖了学前课程（classe da iniciação）[②]、初等教育与中等教育第一阶段，共 10 年。世界银行、联合国教科文组织统计研究所的数据显示（见图 4），2014 年，安哥拉 25 岁及以

---

　　① 美国中央情报局：《世界概况——安哥拉》，https：//www.cia.gov/library/publications/the-world-factbook/geos/ao.html。
　　② 安哥拉 2016 年 10 月 7 日第 17/16 号法律第 23 条指出，幼儿园包含为 5～6 岁儿童开设的学前课程，但是该课程也可以在初等教育中开展。

上人口达到或完成初等教育的百分比为 44%，初中为 28.9%，高中为 15.9%，大学本科为 2.6%。近几年，安哥拉初、中、高等教育学校毛入学率逐年上升，其中 2016 年高等院校毛入学率达到 9.43%。①

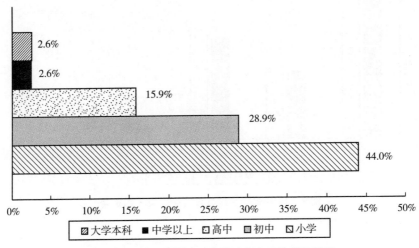

图 4　2014 年安哥拉 25 岁及以上人口的学历状况

资料来源：世界银行、联合国教科文组织统计研究所。

二、安哥拉高等教育的发展历程

（一）安哥拉高等教育的三个发展阶段

高等教育旨在培养高素质人才。安哥拉的高等教育发展史以 1975 年和 2002 年这两个重要时间节点为界，分别标志着安哥拉的独立和内战的结束。以此为基础，把安哥拉高等教育分为三个发展阶段，即殖民地时期的初步发展阶段、获得独立以后的缓慢发展阶段，以及内战结束之后的蓬勃发展阶段。

一直到葡萄牙殖民后期，安哥拉本地的高等教育才得以实现了零的突破。最初的起步源自基督教宗教团体：1958 年，天主教会创立神学院，开设高等教育课程。之后，根据 1962 年 8 月 21 日第 44.530 号法令，在安哥拉设立隶属于葡萄

---

① 世界银行数据库：《安哥拉 – 2014 年 25 岁及以上人口的学历状况》，https：//data. worldbank. org. cn/country/% E5% AE% 89% E5% 93% A5% E6% 8B% 89。

牙大学的大学通识教育课程。1963 年 10 月 6 日，葡萄牙共和国总统赴安哥拉举行建成仪式。在罗安达、万博、卢班戈等地相继开设了医学、科学、工程学、农学等科目。[①] 1968 年 12 月 23 日第 48.790 号法令颁布，在此前通识教育课程的基础上，成立罗安达大学（Universidade de Luanda - UL），并且创建了物理、化学、生物、机械等本科专业。罗安达大学在此后曾被拆分为三所独立的大学，而随着安哥拉独立，又被重新合并。

1975 年 11 月 11 日，安哥拉正式宣布独立，罗安达大学成为第一所国立大学。时任总统安东尼奥·奥古斯提诺·内图（António Agostinho Neto）担任校长一职。政府正式规定建立教育部，1985 年 1 月 24 日，为了纪念安哥拉的首位总统，同时也是该校首位校长，罗安达大学正式更名为奥古斯提诺·内图大学[②]。安哥拉内战期间，由于战乱频繁、教学资源缺乏、师资力量薄弱，安哥拉教育发展整体较缓，未再开设任何高等教育机构。

2002 年，安哥拉内战结束。稳定的环境为安哥拉的高等教育的发展创造了条件，使之获得了迅速发展。卡亚瓦拉·布拉大学（Universidade Katyavala Bwila - UKB）、独立日大学（Universidade 11 de Novembro - UON）、若泽·爱德华多·多斯·桑托斯大学（Universidade José Eduardo dos Santos - UJES）等一大批高等院校相继建立，时间主要集中于 2009 年。

（二）安哥拉高等教育主管机构

安哥拉政府重视本国教育事业的发展，特别是高等教育以及与之相关的科研创新工作。近十多年来，安哥拉高等教育的主管机构发生了多次变化。最初，安哥拉的高等教育由教育部（Ministério da Educação - MED）负责管理。为此，安哥拉教育部设置了制定高等教育政策等相关工作的国家高等教育局（Direcção Nacional para o Ensino Superior）、提供与高等教育相关事务咨询的高等教育委员会（Conselho do Ensino Superior）等部门。2011 年，安哥拉政府设立了高等教育与科学技术部（Ministério do Ensino Superior e da Ciência e Tecnologia - MESCT），负责主管国家的高等教育相关工作。2014 年，安哥拉政府把该国家部委的主管工作进行分拆，成立高等教育部（Ministério do Ensino Superior - MES）、科学技术部（Ministério da Ciência e Tecnologia - MCT），分别管理国家的高等教育与科技相关事务。

---

① Carvalho, P. Evolução e Crescimento do Ensino Superior em Angola. *Revista Angolana de Sociologia*. 19 de 5 de 2012. pp. 51 – 58.

② 简称内图大学，国内也译作安哥拉内图大学。

2017 年，新一届安哥拉政府上台。随后，高等教育的主管部门迎来新一轮变化：新政府将高等教育部、科学技术部两个国家部委合并，新设高等教育、科学、技术和创新部（Ministério do Ensino Superior, Ciência, Tecnologia e Inovação – MESCTI，以下简称高教科创部）。高教科创部主要负责制定、执行、监督、审查和评估与高等教育、科学、技术、创新相关的政府公共政策与部门计划。安哥拉高教科创部领导层包括一位部长以及两位国务秘书。现任部长为玛丽亚·桑博（Maria Sambo），高等教育国务秘书（Secretário de Estado para o Ensino Superior）为尤金尼奥·阿多夫·阿尔维斯·达·席尔瓦（Eugénio Adolfo Alves da Silva），科技创新国务秘书为多明戈斯·达·席尔瓦·内图（Domingos da Silva Neto）。

安哥拉高教科创部设有 4 个行政部门，其中，国家本科生培养局（Direcção Nacional de Formação Graduada）与国家研究生培养局（Direcção Nacional de Formação Pós – Graduada）负责促进教学、科研活动开展，监督实施进程，扩大高等教育的规模，并且为不同层次的学生提供职业相关的指导与帮助。高教科创部另有 4 个委员会，提供相关咨询支持事务：理事会（Conselho de Direcção）、咨询委员会（Conselho Consultivo）、国家高等教育委员会（Conselho Nacional do Ensino Superior）、国家科技创新委员会（Conselho Nacional de Ciência, Tecnologia e Inovação）。此外，高教科创部还有 5 个监督机构，其中就有对安哥拉高等教育发展具有重大意义的国家奖学金管理委员会（Instituto Nacional de Gestão de Bolsas de Estudo – INAGBE）、国家高等教育教学研究评估与认证所（Instituto Nacional de Avaliação, Acreditação e Reconhecimento de Estudos do Ensino Superior – IN-AAREES）。

（三）安哥拉高等教育的重要法规

安哥拉高等教育的法规主要集中在规范教育体系层次、设立设置高等教育主管机构及其组织结构等方面。2016 年 10 月 7 日安哥拉议会通过第 17/16 号《教育教学体系基本法》，废除了 2001 年 12 月的旧版《安哥拉教育体系基本法》，在原有初等教育、中等教育以及高等教育三个层次的基础上，把学前教育纳入新教育体系之中。[①] 2017 年 8 月 23 日，安哥拉举行了总统选举。在随后的政府重组过程中，高等教育部（5 月 27 日第 111/14 号总统令）与科学技术部（5 月 9 日第 101/14 号总统令）合并，改名为高等教育、科学、技术和创新部。目前，安

---

① 安哥拉高等教育与科技创新部：《安哥拉教育教学体系基本法》，2016 年 10 月 7 日，http：//www. mescti. gov. ao/verlegislacao. aspx？id = 2222。

哥拉高教科创部最新的组织法规为 2018 年 2 月 1 日第 26/18 号总统令。安哥拉高等教育不断发展，国民议会、教育部、高教科创部根据时代背景与教育发展情况，不断修改、更新、制定新的法律法规，例如：2018 年 8 月 10 日第 193/18 号总统令就对安哥拉高等教育的本科课程进行了详细的规定。

（四）安哥拉高等教育培养层次与学科门类

安哥拉的高等教育旨在为该国经济与社会活动的各个部门培养高层次人才，为科学、技术、文化与人文领域的发展做好坚实的准备。根据 2016 年 10 月 7 日第 17/16 号议会法的第 68、69 条例，安哥拉高等教育包括本科生阶段（graduação）与研究生阶段（pós-graduação），其中本科生包括执业学位（bacharelato）与学士学位（licenciatura），执业学位的学制为 3 年，学士学位的学制为 4～6 年。研究生培养又分为两个类别：学术型与专业型，共有硕士研究生与博士研究生两个培养层次，硕士的学制为 2～3 年，博士的学制为 4～5 年。

根据 2018 年 8 月 10 日第 193/18 号总统令第 17、18 条，安哥拉高等教育采取学分制，1 学分相当于 15 小时学习时间，每门科目的学分必须大于 1 且不超过 20，学生每学期需要获得 40 学分。课程学分包括面授学习（理论课、实践课、理论实践课）以及自主学习（个人或小组进行）、辅导课、评估考试。除此之外，学生可以选修课外学分，每学年最多修 15 学分，累计修得的课外学分不能超过一学年的 70%，即 56 学分。

2016 年，安高教部国家高等教育教学研究评估与认证所发布了公立与私立高等教育机构合法的学科与专业（见表 1）。在公立高等教育机构中，奥古斯提诺·内图大学拥有的学科与专业数量最多，占比 15.5%，其次为若泽·爱德华多·杜斯·桑托斯大学，占比 10.1%。安哥拉公立高等教学资源主要集中在首都罗安达，共 70 个专业，占比 23.6%。

表1 安哥拉主要公立高等教育机构学科与专业数量

序号	高等教育机构名称	专业数量
1	奥古斯提诺·内图大学（Universidade Agostinho Neto – UAN）	46
2	津帕·维塔大学（Universidade Kimpa Vita – UNIKIVI）	10
3	独立日大学（Universidade 11 de Novembro – UON）	26
4	卡亚瓦拉·布拉大学（Universidade Katyavala Bwila – UKB）	21
5	卢艾吉·阿恩孔德大学（Universidade Lueji A'Nkonde – ULAN）	25

续表

序号	高等教育机构名称	专业数量
6	曼都美·恩德莫法尤大学（Universidade Mandume Ya Ndemufayo – UMN）	26
7	若泽·爱德华多·杜斯·桑托斯大学（Universidade José Eduardo dos Santos – UJES）	30
8	北宽扎高等教育学校（Escola Superior Pedagógica do Kwanza Norte – ESP-KN）	10
9	本戈高等教育学校（Escola Superior Pedagógica do Bengo – ESPB）	5
10	比耶高等教育学校（Escola Superior Pedagógica do Bié – ESPB）	9
11	高等艺术学院（Instituto Superior de Artes – ISARTES）	3
12	军事技术高等学院（Instituto Superior Técnico Militar – ISTM）	5
13	奎托·瓜纳瓦勒大学（Universidade do Cuito Cuanavale – UCC）	10
14	罗安达教育科学高等学院（Instituto Superior de Ciências da Educação de Luanda – ISCED – Luanda）	10
15	马兰热高等理工学校（Escola Superior Politécnica de Malanje – ESPM）	5
16	马兰热高等理工学院（Instituto Superior Politécnico de Malanje – ISPM）	2
17	马兰热农业食品技术高等学院（Instituto Superior Técnico Agroalimentar de Malanje – ISTAM）	1
18	南宽扎高等理工学院（Instituto Superior Politécnico do Cuanza Sul – IS-PCS）	5
19	社会服务高等学院（Instituto Superior de Serviço Social – ISSS）	2
20	体育运动高等学院（Instituto Superior de Educação Física e Desportos – ISEFD）	1
21	通信科学高等学院（Instituto Superior de Ciências da Comunicação – ISUCIC）	1
22	万博教育科学高等学院（Instituto Superior de Ciências da Educação de Luanda – ISCED – Luanda）	13
23	威拉教育科学高等学院（Instituto Superior de Ciências da Educação da Huíla – ISCED – Huíla）	14
24	威热教育科学高等学院（Instituto Superior de Ciências da Educação do Uíge – ISCED – Uíge）	15

序号	高等教育机构名称	专业数量
25	信息与通信技术高等学院（Instituto Superior de Tecnologia de Informação e Comunicação – ISUTIC）	2
	总计	297

资料来源：2016 年安哥拉高教部国家高等教育教学研究评估与认证所。

安哥拉公立高等教育设置的学科与专业以教育学为主，占比 42%，目标是培养教育人才，扩大教师队伍，提高安哥拉的整体教育水平，其中目标科目主要为物理、化学、生物等理科类以及葡语、英语、法语等语言类。其他主要专业依次为工学（18%）、医学（9%）、理学（8%），旨在为大力发展国家工业、推动基础设施建设、提高医疗卫生水平提供高层次人才（见图 5）。

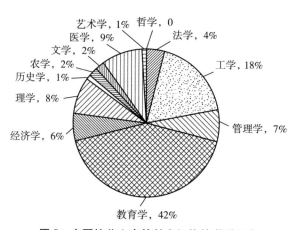

图 5　安哥拉公立高等教育机构的学科门类
资料来源：2016 年安哥拉高教部国家高等教育教学研究评估与认证所。

三、安哥拉高等教育院校

（一）运作模式

2016 年 5 月，安哥拉高等教育部发布了《2016 年安哥拉高等教育年鉴》，对安哥拉境内 64 所高等教育机构进行了统计。其中，综合性大学 18 所，高等教育学院 42 所，高等教育学校 4 所。

综合性大学中，共有公立大学 8 所，私立大学 10 所。从公立大学的成立时间来看，奥古斯提诺·内图大学是安哥拉历史最悠久的大学，早在殖民地时期就已成立。此后，在 2009 年，安哥拉政府对奥古斯提诺·内图大学进行了结构调整，学校本部仍位于罗安达，同时辐射本戈省。其余拆分为 6 个部分，建立六所公立大学，遍布安哥拉不同省份，辐射整个安哥拉，自此形成了安哥拉的七个高等教育区。2014 年，奎托·瓜纳瓦勒大学成立，该大学原属于曼都美·恩德莫法尤大学，在安哥拉高等教育改革的大背景下成立，为了更好地进行管理，缩小了曼都美·恩德莫法尤大学的辐射范围，由此诞生了安哥拉第八高教区。

这八个高等教育区中，每个高教区均覆盖二到三个省，其中第一高教区由沿海的罗安达省（Luanda）和本戈省（Bengo）组成；第二高教区包含北部的威热省（Uíge）和北宽扎省（Cuanza Norte）；第三高教区包括西北部的卡宾达省（Cabinda）和扎伊尔省（Zaire）；第四高教区由东北部的马兰热省（Malanje）、北隆达省（Lunda Norte）和南隆达省（Lunda Sul）构成；第五高教区涵盖了中、东部地区的万博省（Huambo）、比耶省（Bié）和莫希科省（Moxico）；第六高教区为西南部的纳米贝省（Namibe）和威拉省（Huíla）；第七高教区为西部沿海的南宽扎省（Cuanza Sul）和本格拉省（Benguela）；第八高教区为位于南部的库内内省（Cunene）和宽多库邦戈省（Cuando Cubango）。每一高教区中均设有一所公立大学，具体分布情况见表 2。

表 2　　　　　　　　　　　　安哥拉公立大学基本情况

序号	大学名称	成立时间	所属高教区
1	奥古斯提诺·内图大学	1962	第一高教区
2	卡亚瓦拉·布拉大学	2009	第二高教区
3	独立日大学	2009	第三高教区
4	卢艾吉·阿恩孔德大学	2009	第四高教区
5	若泽·爱德华多·杜斯·桑托斯大学	2009	第五高教区
6	曼都美·恩德莫法尤大学	2009	第六高教区
7	津帕·维塔大学	2009	第七高教区
8	奎托·瓜纳瓦勒大学	2014	第八高教区

资料来源：2016 年安哥拉高教部国家高等教育教学研究评估与认证所。

除公立大学外，每个高教区中还设有若干公、私立高等教育学院，同时在部分高等教育区域中设有私立大学和高等教育学校。其中，所有的私立大学均位于罗安达，即第一高等教育区内。因此，第一教育区内的教育资源占全国的 50% 以上。而在第八高教区，目前仅有奎托·瓜纳瓦勒大学一所高等教育机构，教育分布不均衡现象依然明显。

安哥拉的十所私立大学中，于 1992 年成立的安哥拉天主教大学是安哥拉成立最早的私立大学。2002 年内战结束后，安哥拉先后成立了 8 所私立大学。2007 年成为安哥拉私立大学创办较为集中的一年，其具体情况如表 3 所示。

表3 安哥拉私立大学基本情况

序号	大学名称	成立时间	所属高教区
1	安哥拉天主教大学（Universidade Católica de Angola – UCAN）	1992	第一高教区
2	安哥拉让·皮亚杰大学（Universidade Jean Piaget de Angola – UNIPIAGET）	2001	
3	安哥拉卢济塔尼亚大学（Universidade Lusíada de Angola – ULA）	2002	
4	安哥拉独立大学（Universidade Independente de Angola – UNIA）	2005	
5	安哥拉私立大学（Universidade Privada de Angola – UPRA）	2007	
6	贝拉什大学（Universidade de Belas – UNIBELAS）	2007	
7	格雷戈里奥·塞梅朵大学（Universidade Gregório Semedo – UGS）	2007	
8	安哥拉卫理公会大学（Universidade Metodista de Angola – UMA）	2007	
9	奥斯卡·里巴斯大学（Universidade óscar Ribas – UOR）	2007	
10	安哥拉技术大学（Universidade Técnica de Angola – UTANGA）	2007	

资料来源：2016 年安哥拉高教部国家高等教育教学研究评估与认证所。

从招生人数来看，根据《2016 年安哥拉高等教育年鉴》相关数据显示，2015 年，安哥拉高等院校应届毕业生总数为 14 735 人，其中公立院校毕业人数占总人数的比例为 61.38%，私立院校所占比例为 38.62%；从招生计划来看，国家招生总人数为 104 305 人，其中公立院校招生人数占总人数的比例为 24.6%，私立院校所占比例为 75.4%；从报考情况来看，2015 年报考总人数为 197 760 人，其中，74.32% 的学生报名公立大学，25.68% 的学生报名私立大学，最终录取人数为 66 029 人，录取比例为 33.39%，其中私立院校录取 40 090 人，占比 20.27%；公立院校录取 25 939 人，占比 13.12%。这些数据在一定程度上表明，安哥拉公众对公立院校认可度相对更高，同时，公立教育招生人数相对较少，录取率低于私立院校。因此，报考公立院校相对私立院校而言难度更高。

除高等教育机构外，安哥拉全国 23 所科研院所涉及核工业、农业、工程、渔业、地理、森林开发、公共卫生、文化质量管理等多个领域，其中安哥拉国家科学研究中心（Centro Nacional de Investigação Científica – CNIC）和安哥拉国家科技中心（Centro Tecnológica Nacional – CTN）是两个规模较大的公立综合研究中心。

安哥拉国家科学研究中心致力于开展多学科科学研究，以及标准化、质量控制、认证等其他类型的科技活动。涵盖生命科学研究和社会科学研究两大研究单位，在研领域包括：食品安全与营养、生物活性原理、植物化学研究等。

安哥拉国家科技中心主要开展应用科学研究活动和技术领域的实验开发，目前共有机电一体化、无损检测、应用化学、追踪电台、信息和通信技术、纺织等多个实验室。

（二）安哥拉著名学府

教育高校评价机构 Unirank™2019 年最新排名显示，目前安哥拉排名前五的高校依次为安哥拉天主教大学、安哥拉卫理公会大学、奥斯卡·里巴斯大学、安哥拉技术大学、奥古斯提诺·内图大学，在非洲高校总排名中分列第 26、31、53、58、86 位。在这五所大学中，奥古斯提诺·内图大学为公立大学，其余均为私立大学。而从招生规模来看和录取比例来看，奥古斯提诺·内图大学相比其他四所私立大学，招生人数多，录取比例低，且学科分布较为齐全，在安哥拉当地具有较高的声誉。以上五所大学均位于罗安达，即第一高教区内，具体情况如下：

1. 奥古斯提诺·内图大学

奥古斯提诺·内图大学成立于 1976 年，是安哥拉最大的大学，也是安哥拉成立最早的公立大学。内图大学由 7 个学院、1 个高等教育学院和 1 个高等教育学校组成；共有 43 个本科专业，13 个专业硕士专业，31 个硕士专业和 7 个博士专业。其中七个学院分别为：医学院、文学院、工学院、商学院、法学院、社会科学学院和科技学院，另有酒店管理高等学校和健康科学高等学院。根据该校官网统计，内图大学共培养本科生 5 497 名，研究生 1 516 名，自 2011 年以来，科学活动增长达 1 590%。科研方面，内图大学在安哥拉一直处于领先地位，共有 14 个研究中心，涵盖社会和人文科学、教育、法学、政治、行政管理、地球和可持续发展、化学和环境等多个领域。

值得一提的是，2004 年，奥古斯提诺·内图大学、哈尔滨师范大学、中信建设有限责任公司共同建立奥古斯提诺·内图大学孔子学院，是目前安哥拉唯一一所孔子学院，该项目由中国中信建设有限责任公司出资捐建，由内图大学和哈尔滨师范大学共同运营。

2. 安哥拉天主教大学

安哥拉天主教大学成立于 1992 年，是安哥拉最早的私立大学，位于安哥拉首都罗安达。安哥拉天主教大学由 5 个学院、3 个高等教育学院组成；共有 20 个本科专业、经济学硕士专业和 MBA 课程。其五个学院分别为法学院、经济与管理学院、人文科学学院、神学院和工程学院。此外，该校还开设了经济与能源管理、发展经济学两个硕士专业课程。在科研方面，天主教大学共有三个科研中心，包括科学研究中心（Centro de Estudos e Investigação Científica – CEIC）、科学与人文实验室（Laboratório de Ciências Sociais e Humanidades – LSCH）和法律研究中心（Centro de Investigação do Direito – CID）。此外，安哥拉天主教大学在国际交流方面发展迅速，与巴西、意大利、西班牙、葡萄牙等地十所大学签署合作协议，是葡语语言大学联盟、天主教大学国际联盟等多个高校国际性高校联盟成员。

3. 安哥拉卫理公会大学

安哥拉卫理公会大学成立于 2007 年，是一所私立大学，位于安哥拉首都罗安达。卫理公会大学由 6 个学院组成，共有 19 个本科专业和 4 个硕士专业。该校官网数据显示，截至 2019 年 9 月，该校学生人数为 10 260 人。硕士课程设立于 2018 年 4 月，共计招生 120 人。

4. 奥斯卡·里巴斯大学

奥斯卡·里巴斯大学成立于 2007 年，以安哥拉著名作家奥斯卡·里巴斯的名字命名，由安哥拉 PITABEL 集团创立，位于罗安达，设有科学与技术学院和人文科学学院，学科专业包括通信与信息工程、机械电子、法律、市场营销与管理、心理学、国际关系等。此外，该校官网显示，奥斯卡·里巴斯大学已与墨西哥、葡萄牙、巴西、西班牙、韩国等国的多所教育机构达成合作，如波尔图理工学院、西班牙萨拉戈萨大学、雷利亚理工学院等。

5. 安哥拉技术大学

安哥拉技术大学成立于 2007 年，是一所位于罗安达的私立大学，共设有三个学院，即工程学院、文学与社会科学学院及经济与管理学院。工程学院开设有地理、建筑与城市化、通信与电气工程、地质与矿业工程、土木工程、环境工程、信息工程、矿业工程专业。文学与社会科学学院设有英语、国际关系、心理学、英语语言文学、法律专业。经济与管理学院则开设有管理、会计与金融等专业。

（三）国际交流

独立后的安哥拉一方面自主培养高等教育人才，另一方面则派遣留学生赴国外接受高等教育。即便是内战期间，也有相当数量的人员赴海外学习。1982 ~ 1992 年间，共有 1 733 名高级技术人员在东欧、西欧、拉美等地区接受高等教育。[①] 1992 年之后，派遣留学生政策得到了进一步的加强，安哥拉用于学生国外留学的奖学金资助投资一度超过对内高等教育投资。派遣学生赴海外留学，成为安哥拉高等教育对外交流的重要途径。

内战结束之后，安哥拉加强了国内教育方面的投资，而在留学生派遣方面，主要派遣留学生赴外学习安哥拉暂时无法开设的专业。2011 年，安哥拉国家奖学金管理委员会曾对安哥拉奖学金学生派驻国进行了排名，俄罗斯位列第一位，其次为阿尔及利亚和古巴，葡萄牙和巴西分列第四、第五位，中国则位居第九位[②]。2018 年，安哥拉国家奖学金管理委员会的数据显示，共有 5 598 名学生获留学生奖学金，这些学生分布在 29 个国家。其中，在古巴留学人数最多，达 2 556 人，其次为俄罗斯和阿尔及利亚。[③]

2014 年 6 月，安哥拉政府颁布法令，对海外留学生奖学金进行了具体的规

① Ermelinda L. A Formação de Quadros Angolanos no Exterior：Estudantes angolanos em Portugal e no Brasil [J]. *Cadernos de Estudos Africanos*. 29 de março de 2012，pp. 109 – 130.
② Ermelinda L. A Importancia da Cooperação Internacional na Formação Superior de Angolanos [J]. *Horizontes*. v. 35，n. 1，abril de 2017，pp. 121 – 132.
③ 安哥拉通讯社：《国家奖学金管理委员会暂缓发放新的留学奖学金》，2018 年 5 月 11 日，https：// www. angop. ao/angola/pt_pt/noticias/educacao/2018/4/19/INAGBE – suspende-atribuicao-novas-bolsas-externas，daad989f – 165d – 430e – ac15 – 0be1a590b37a. html。

定，而在近年来，受经济危机影响，奖学金人数不断减少，还暂停授予新的奖学金①。目前，安哥拉国家奖学金管理委员会共有 3 617 名留学生，分布在 23 个国家，其中本科生为 3 060 人，受经济危机影响，这些学生的奖学金处于暂缓发放状态。②

此外，2019 年安哥拉国家奖学金管理委员会启动高层次人才荣誉奖学金项目。该项目于 2019 年 2 月获批，在 8 月正式启动，共计 300 个名额。其中，医学专业硕士人数达 60 人，非医学类专业硕士 150 人，博士 90 人。

除派遣留学生外，安哥拉国内各高校也积极推进国际化建设，引进国际教育合作项目。其中，由中信建设有限责任公司援建，哈尔滨师范大学与奥古斯提诺·内图大学共同创立的孔子学院就是成功的范例。此外，安哥拉几大高校与东亚、欧洲、拉美和非洲地区的各类高等院校也存在广泛的国际合作。

（四）师生情况

《2016 年安哥拉高等教育年鉴》数据显示，安哥拉各类高等院校在校学生总计 241 284 人，教师数量 8 758 人。其中，男性教师 6 587 人，女性 2 171 人，生师比约为 28∶1。2016 年度高等院校计划录取人数为 104 305 人，其中，公立高校计划录取 25 608 人，私立高校计划录取 78 697 人，学生报名人数为 197 790 人，录取比例约为 58.3%。从实际录取情况来看，公立高校录取人数为 25 939 人，私立高校录取人数为 40 090 人。其中，公立高校录取比例仅为 17%，远低于私立高校 78% 的录取率。相比 2015 年，进入公立高校的难度进一步增加。而从毕业生情况来看，2015 年毕业生总人数为 14 735 人。其中，公立高校毕业人数为 8 050 人，私立高校毕业人数为 6 685 人。综合性大学方面，八所公立大学毕业人数共计 4 275 人，十所私立大学毕业人数共计 3 659 人（见图 6）。

分专业情况来看，教育专业，以及社会科学、商学与法学两类专业毕业生最多，人数分别为 5 613 人和 5 082 人，占总人数的 70% 左右。工程与生产加工业类专业，以及卫生、社会保障类专业毕业生人数相比其他优势更为明显，分别达到 1 317 人和 1 769 人；而农学类、科学类、文学与艺术类、服务类专业人数较少。其中，服务类专业毕业人数仅为 20 人。此外，公立高校与私立高校在专业分布上差别显著（见图 7）。

---

① 安哥拉通讯社：《国家奖学金管理委员会暂缓发放新的留学奖学金》，2018 年 5 月 11 日，https：//www. angop. ao/angola/pt＿pt/noticias/educacao/2018/4/19/INAGBE－suspende-atribuicao-novas-bolsas-externas，daad989f－165d－430e－ac15－0be1a590b37a. html。

② 安哥拉报：《国家奖学金管理委员会发布 6 500 个奖学金名额》，2019 年 5 月 17 日，http：//jor-naldeangola. sapo. ao/sociedade/inagbe-anuncia-inscricoes-para－6500－bolsas-de-estudo。

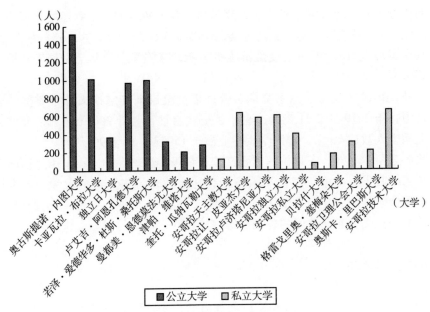

图6 安哥拉各大学毕业生人数

资料来源：2016年安哥拉高教部国家高等教育教学研究评估与认证所。

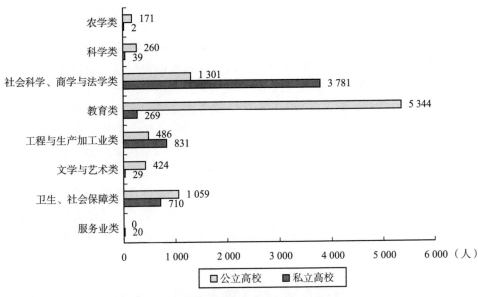

图7 安哥拉高等教育各专业毕业生情况

资料来源：2016年安哥拉高教部国家高等教育教学研究评估与认证所。

从毕业生专业分布情况来看，公立高校毕业学生以教育学、医学和社会科学学生为主，私立高校毕业生在商学、法学方面人数较多。而私立高校中，农学和基础科学领域人数较少，尤其是生命科学、物理学和数学领域人数为零。而从师资情况来看，全国高等教育教师人数 8 758 人。其中，公立院校教师总数 3 927 人，私立院校教师总数为 4 831 人，公、私立院校教师任职情况、学历情况见表 4。

表4   安哥拉全国高等教育师资情况

文化程度	公立高校		合计	私立高校		合计	总计
	全职	兼职		全职	兼职		
博士	491	110	601	59	178	237	838
硕士	1 321	387	1 708	257	952	1 209	2 917
本科	981	597	1 578	495	2 577	3 072	4 650
不详	36	4	40	34	279	313	353
合计	2 829	1 098	3 927	845	3 986	4 831	8 758

资料来源：2016 年安哥拉高教部国家高等教育教学研究评估与认证所。

可以发现，安哥拉高校教师学历以本科、硕士为主，所占比例高达 86%，博士比例接近 10%。更需要关注的是私立高等院校的情况，全职博士教师总数仅为 59 人。此外，私立高校中全职教师较少，大部分教师为兼职教师，部分私立高校兼职教师任职于公立高校。据安哥拉通讯社报道，按高教科创部部长表示，目前，安哥拉至少需要 1 万名全职高校教师。[①] 另一方面，从教师职称来看，安哥拉公立高校教师职称分为教学与研究两大体系。其中，教师体系职称从高到低依次为教授、副教授、助理教授、讲师、助教五个等级，研究员体系包括高级研究员、研究员、副研究员、助理研究员、实习研究员，各职称等级人员分布情况如图 8、图 9 所示。

---

① 安哥拉通讯社：《高等教育现缺乏 1 万名教师》，2019 年 3 月 22 日，https：//www. angop. ao/ango-la/pt_pt/noticias/educacao/2019/2/12/Ensino－superior-precisa-dez-mil-docentes，d35739a7－b542－4b87－abb3－f785cf0b6a22. html。

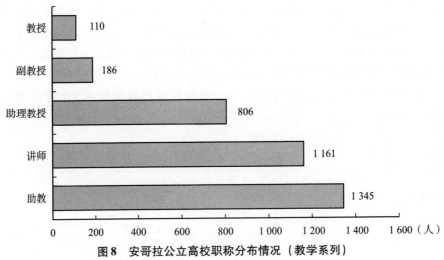

图8 安哥拉公立高校职称分布情况（教学系列）

资料来源：2016 年安哥拉高教部国家高等教育教学研究评估与认证所。

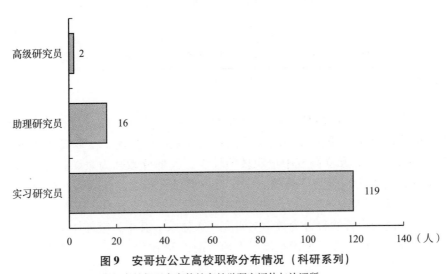

图9 安哥拉公立高校职称分布情况（科研系列）

资料来源：2016 年安哥拉高教部国家高等教育教学研究评估与认证所。

可见，安哥拉高校的教师职称呈金字塔结构。初级、中级职称人数较多，高级职称人数较少。尤其是在科研系列中，科研人员数量较少，并未形成完整的人才梯队，国家目前高级职称研究人员几乎处于零的状态。

（五）高职、理工、继续与成人教育情况

《2016 年安哥拉高等教育年鉴》指出，目前，安哥拉共有 4 所高职学校，42 所高级学院。其中，4 所高职学校均为公立；42 所高级学院中，12 所为公立院校，30 所为私立院校。安哥拉 4 所公立的高职院校中，有 3 所师范类院校。而高级学院中，公立院校也以师范类院校居多。

这一现象的产生也是为了适应当前安哥拉基础教育薄弱，教师资源缺乏的现实情况，各公立院校专业基本以师范类专业为主。而在私立院校中，以理工学院居多，专业多集中在管理、工程学、法学、经济学等领域。

四、安哥拉的高等教育评估及其未来发展

（一）安哥拉高等教育评估制度建设

2018 年 8 月 30 日，安哥拉政府颁布了首个高等教育机构质量评估与认定司法制度，这一制度是在 "2018~2022 年国家发展规划" 的框架下建立，对高等教育评估的目的、原则，高等教育机构评估流程组织，高等教育机构的权利、义务和任务等多个方面进行了规定，这是安哥拉第一部有关高等教育质量评估的司法制度，为高等教育自评、第三方评估和认证的相关规章奠定了基础。根据该制度，高等教育质量评估的原则包括教育性、包容性、全面性、参与性、延续性、差别性、依法性、平等性、公开性、技术权威性，并从安哥拉国情出发，同时与国际质量标准接轨。同时规定，评估将通过三种流程进行，即自评、第三方评估和认证。设立国家高等教育评估、认证和认定学会和国家高等教育评估与认证协会以及各高等教育机构的自评委员会，这些机构全部参与到教学评估中，并对每一评估环节的目标、原则、具体指数等做了具体的规定。

然而，截至 2018 年，安哥拉尚未有一所高等教育机构进行过评估。"没有评估，高等教育质量就无从谈起"，安哥拉高教科创部部长在 2019 年初举行的一次高等教育课程评估研讨会上表示[1]。目前，安哥拉的高等教育评估工作正处于起

---

① 安哥拉报：《高等教育评估将在各高校实行》，2019 年 2 月 20 日，http：//jornaldeangola. sapo. ao/sociedade/avaliacao-de-desempenho-em-todas-as-universidades。

步阶段，安哥拉高等教育部正积极向葡萄牙高等教育评估认证机构（Agência de Avaliação e Acreditação do Ensino Superior – A3ES）汲取经验，以确定安哥拉高等教育机构的课程质量具体标准。

（二）未来改革举措

2018 年，安哥拉政府批准了"2018～2022 年国家发展规划"，这一发展规划是继"2013～2017 年国家发展规划"之后的第二部国家中期发展规划。其中，对教育问题和高等教育问题作了具体的规划。

根据该发展规划，在 2018～2022 年，教育改革须达到三个目标：第一，提高高等教育毕业生人数，尤其是通过优化和拓展高等教育机构网络，在教育资源较为薄弱的地区实现这一目标。第二，提高各级学校的质量，以提升安哥拉高等教育的整体质量。第三，通过巩固国家科学与技术系统、培养科研人员，促进科研机构和高等教育机构间的交流以及创立安哥拉科技学会等方式开发安哥拉的人文、科学、技术潜力。

针对每一具体目标，"2018～2022 年国家发展规划"设立了 2022 年要达到的具体量化指标。在新增高等院校数量、高等教育机构的毕业生人数、硕博海外培养人数、师资进修人数、高学历研究人员人数、科研项目、实验室数量等方面都予以明确规定。同时，还制定了具体行动方案，确保达成上述具体目标。除了师资培训、发放奖学金和研究基金以外，还包含创建安哥拉科学院、建设国家数据发布共享和接入平台、发展线上教学和远程教学、对奖学金和贷款进行制度化、与国际知名高校建立伙伴关系等十余项行动方案。

截至目前，安哥拉科学院已于 2019 年 5 月落成并投入运作。对科研人员的职业晋升路径方面，安哥拉也已颁布了立法。奖学金方面，安哥拉已颁布了派遣 300 名本科生赴世界顶级高校修读硕、博士课程的奖学金相关规定，并开始了第一轮申请。而国家大学生奖学金项目已在落实过程中。至于新设高校方面，2019 年 6 月，安哥拉政府批准新建五所私立理工学院。①

五、结论

安哥拉自内战结束以来，高等教育得到了实实在在的蓬勃发展。公立、私立

---

① 安哥拉报：《新的高等教育机构》，2019 年 6 月 20 日，http：//jornaldeangola. sapo. ao/politica/novas-instituicoes-de-ensino-superior。

教育机构相继成立，高等院校数量不断突破新高，毕业生人数逐年增加，为国家发展输送了大批的优秀人才。同时，在科研方面，多所科研机构的设立助力国家科技发展，提升了国家的科技水平。然而，安哥拉的高等教育发展仍不充分，其教育资源分配不均等诸多问题亟待解决。这不仅成为安哥拉高等教育发展的挑战，对其国家未来的发展也会产生重要影响。

首先，教育资源分布不均。从区域分布来看，虽然当前的安哥拉已形成了辐射全国的高等教育分区制度，但是大部分教育资源仍集中在第一高教区，即首都罗安达所在区域，而其他高教区的高教资源偏少，差异悬殊。而从学科分布来看，当前安哥拉各高等教育机构专业分布也呈现不均情况：教育学、社会科学相关专业占据绝对优势，工程、技术类专业数量偏少。部分对国家发展起到关键作用的专业，如医学、工程学、石油等相关专业只能依靠派遣学生赴境外留学。

其次，师资短缺、水平有待提高。目前，安哥拉高等教育机构教师缺口严重，生师比又过高。其中，罗安达地区以外高校机构的医学和健康科学方面教师缺口尤为严重。在私立高等教育机构中，全职教师偏少，大部分以兼职教师为主。此外，如前所述，当前安哥拉高校教师文化程度和职称分布情况不均，具备博士学历和高级职称的教师人数过少，大部分教师和科研人员仅为本科或研究生学历，拥有初级、中级职称，这一师资结构对安哥拉高等教育发展造成了限制。

最后，教育资金后续供应不足、基础设施条件有待改善。近年来，由于经济危机的影响，国家高等教育机构面临资金短缺问题。国家奖学金管理委员会对留学奖学金的发放产生延迟，并一度暂缓发放新的留学贷款。同时，基础设施条件有待改善，实验室、图书馆等硬件设施不足也是高等教育发展的一大阻力。

即便面临重重困境，安哥拉政府始终高度重视高等教育发展，并在近年来取得了一系列重要成就。一方面，安哥拉建立起高等教育发展管理机构，大力推动高等教育的均衡发展，初步建立起了辐射全国的高等教育网络。另一方面，安哥拉把高等教育纳入国家中长期发展规划的重要环节，不仅设立了较为清晰、具体的发展目标，还给予其具体的量化指标进行政策支撑。近年来，高等教育评估、科研人才晋升等多项制度相继制定，使高等教育制度化不断完善。此外，安哥拉高等教育主管机构还大力推进高校教师培训，规定高校教师需完成进修。

总体而言，安哥拉高等教育起步较晚且基础薄弱，目前仍存在资源分布不均、师资水平不理想、基础设施有待提高等诸多问题。但是，不可忽视的是，自独立以来，安哥拉政府对高等教育予以了高度重视并不断加大投入，让安哥拉高等教育获得了良好的发展势头，并取得了相当积极的成果。因此，我们完全有理由相信，安哥拉高等教育的发展充满潜力，未来可期。

参考文献

［1］刘海方：《列国志：安哥拉》，社会科学文献出版社 2006 年版。

［2］李汤：《安哥拉内图大学孔子学院汉语教学情况调查报告》，载于"中国知网"，2016 年。

［3］Carvalho，P. Evolução e Crescimento do Ensino Superior em Angola ［J］. *Revista Angolana de Sociologia.* 19 de maio de 2012.

［4］Ermelinda L. A Formação de Quadros Angolanos no Exterior：Estudantes angolanos em Portugal e no Brasil ［J］. *Cadernos de Estudos Africanos.* 29 de março de 2012.

［5］Ermelinda L. A Importancia da Cooperação Internacional na Formação Superior de Angolanos ［J］. *Horizontes.* v. 35，n. 1，abril de 2017.

［6］Gabinete de Estudos Planeamento e Estatística：Anuário Estatístico do Ensino Superior 2016 ［EB/OL］. https：//www. ubi. pt/Ficheiros/Sites/65/Paginas/717/Anuário% 20Estat% C3% ADstico% 202016% 20WEB. pdf.

投资安哥拉与
中国澳门特区"中葡平台"

中国居民赴安哥拉私人投资税收策略分析

何冠文*

摘　要：安哥拉政府于2018年出台新的《私人投资法》，确立私人投资的基本原则，明确政府为私人投资者提供的优惠和便利政策、获得优惠和便利的条件，以及私人投资者的权利、义务和享有的保障。为帮助有意在安哥拉开展投资、经营活动的中国居民，本文对安哥拉现行税制以及私人投资税收政策进行系统分析，为中国居民在安哥拉开展私人投资项目提供参考。

关键词：安哥拉　私人投资　税收政策

一、安哥拉税制概览

（一）安哥拉税收法律体系

安哥拉只设国家税不设地方税，现行的税收体制建立于20世纪70年代，在过去数十年里没有发生太大的变化。本文在对具体税种进行分析时，将安哥拉税种划分为所得税类、流转税类和其他税类：所得税类包括工业税、投资所得税、就业所得税；流转税类包括增值税、消费税和关税；与不动产相关的不动产所得税和不动产交易税；其他税类包括印花税和产业税制中包含的特殊税种（见表1）。

---

* 何冠文，澳门科技大学会计学硕士，任职于北京理工大学珠海学院。

表1 安哥拉主要税种及税率

序号	税种	纳税人	计税依据	税率或单位税额	征收方式
1	工业税	企业	利润总额	30%	按年度申报缴纳
	工业税预缴	企业	收到的支付服务金额	6.5%	由支付服务单位代扣代缴
			上半年销售收入（销售额）	2%	由企业自行申报缴纳
2	投资所得税	企业	利息、分红	5%、10%	企业自行申报缴纳
3	就业所得税	个人	个人薪金所得	0%~17%	由雇用单位按月申报代扣代缴
			个人提供服务所得	10.50%	有支付服务单位代扣代缴
4	社会保障缴款	个人承担部分	薪金总额	3%	由雇用单位按月代扣代缴
		企业承担部分	薪金总额	8%	
5	增值税	企业、个人	销售额	14%	按月申报缴纳
6	消费税	企业、个人	销售额	10%	按月申报缴纳
7	关税	企业、个人	进口货物及服务金额	2%~70%	报关时申报缴纳
8	印花税	企业、个人	各类协议、合同、银行转账入账金额	1%	按年申报缴纳

资料来源：本文作者整理。

近年来，安哥拉在实施一系列的税收征管改革，对税收管理服务管理结构进行简化合并。第324/14号总统令设立一般税务管理局（AGT），其基本使命是提出并执行国家的税收政策以及研究、促进、协调、管理和改进相关的税收措施和行动，与纳税人建立新的税收服务关系，目标是向纳税人提供现代化税收服务，支持经济多元化，重点是非资源产业（石油产业、采矿业）的税收征管。

2018年10月9日，在中华人民共和国主席习近平和安哥拉总统洛伦索的见证下，国家税务总局局长王军与安哥拉财政部部长阿歇尔·曼盖拉签署了《中华人民共和国和安哥拉共和国对所得消除双重征税和防止逃避税的协定》及议定书（下文简称《中安税收协定》）。协定将为两国跨境纳税人避免双重征税，提供税收确定性，对于进一步推动两国间经济合作与资本、技术、人员往来具有积极作用。目前，《中安税收协定》尚未生效，中国居民赴安哥拉投资经营暂不能享受税收协定待遇。

（二）安哥拉现行税种简介

1. 所得税类

（1）工业税

安哥拉的企业所得税即工业税（Imposto Industrial），一般税率为30%，农业、水产养殖、家禽、林业、牲畜和渔业的税率为15%。总部或者实际管理机构设立在安哥拉的企业为居民企业，就来源于安哥拉境内、境外的所得作为征税对象。非居民企业在安哥拉设立常设机构的，需要就其所设的常设机构取得的利润缴纳工业税。在常设机构的利润归属方面，安哥拉工业税采用"引力原则"，即安哥拉不仅对非居民企业通过常设机构取得所得要征税，对虽没有直接通过常设机构，但经营业务与常设机构经营相同或相类似所获取的所得，也要将其纳入该常设机构的征税范围。

（2）投资所得税

对于分配的股东股利和非居民企业取得的利润回汇，安哥拉专门制定投资所得税（Impostosobre a aplicação de capitais）。投资所得税的应纳税所得额为利息、股息、特许权使用费和类似性质的其他所得，一般税率为10%。安哥拉居民企业取得投资所得，需要在次年1月申报缴纳投资所得税。如果安哥拉居民企业对非居民企业支付投资所得，则需要在支付相关所得代扣代缴投资所得税，其性质类似预提所得税。

（3）就业所得税

就业所得税（Impos to Sobre Rendimentos do Trabalho）是安哥拉的个人所得税，纳税人为在安哥拉获得工作收入、商业收入或专业收入的自然人。安哥拉就业所得税采用单一的来源地管辖，判断所得来源地时采用支付地标准。当自然人的收入由安哥拉实体支付或者此类收入的相应费用是由安哥拉居民企业承担时，才需要缴纳个人所得税。

就业所得税的应纳税所得额包括工资薪金、独立劳务报酬和从事工商业活动的经营所得。其中，工资薪金的起征点是34 450宽扎，适用5%～17%的超额累进税率，企业在支付工资薪金时需要为雇员代扣代缴个人所得税。对于个人取得的股息、利息、不动产租金或转让所得等，应分别按照投资所得税、不动产所得税和不动产交易税的规定申报缴纳相关税款。

2. 流转税类

（1）增值税

2019 年 4 月 24 日，安哥拉颁布了第 7/19 号法令，正式颁布了《增值税法》，对在安哥拉境内销售货物和服务、进口货物的企业征收增值税（Imposto Sobre OValor Acrescentado）。其中，年营业额超过 5 000 万宽扎的企业（大型纳税人）按 14% 的增值税税率申报缴纳增值税。其他企业在过渡期（2019 年 7 月 1 日至 2020 年 12 月 31 日期间）可选择简易征收方式按季度申报缴纳增值税，征收率为 7%。年营业额在 25 万美元以下的企业，在过渡期内可以免征增值税。

2019 年 6 月 13 日，经安哥拉政府与商业技术小组（GTE）经过讨论后，认为仍需要在纳税人认定标准、财税软件等方面进行更充足的准备，将增值税的实施时间推迟到 2019 年 10 月份。

（2）消费税

安哥拉消费税（Imposto De Consumo）针对特定商品在销售环节征税，销售特定商品的企业或自然人为消费税的纳税人。根据安哥拉于 2019 年 4 月 24 日颁布的《特殊消费税法》，消费税的应税商品包括烟、酒、烟花、珠宝、飞机、艺术品和石油产品等。

（3）关税

安哥拉的关税对进口或出口商品的企业征收，自 2018 年 8 月 9 日起，安哥拉新海关税则（2017 版）正式生效。新税则采用了世界海关组织《商品名称与编码协调制度》，包括清关流程和商品税率两部分。相较于之前的海关税则，新税则有 2 475 种产品免征进口关税和消费税，126 种商品的进口关税税率较以前有所增加，635 种商品的进口关税率有所减少。免征进口关税的商品主要包括基本食品（豆类、食用油、牛奶、玉米和大米）、药品、医疗设备、医疗耗材、用于工业生产的小型机器、用于市政建设的机器和设备、采矿用机器和设备、18 座以上客车和货车。

3. 其他税类

（1）不动产所得税与不动产交易税

安哥拉不动产所得税的性质（Imposto Predial Urbano）与房产税类似，纳税人是不动产的所有人。对于出租的不动产，不动产所得税按实际租金征税，税率为 15%。对持未出租的自用不动产，按不动产登记的价值计算缴纳不动产所得税，房产价值 500 万宽扎以内免征，房产价值高于 500 万宽扎按超出部分的

0.5%征收不动产所得税。如果转让不动产，转让方需要缴纳不动产交易税，计税依据为不动产转让价款高于原来购置价格的部分，税率为2%（Imposto De Sisa）。

（2）印花税

安哥拉印花税（Imposto de Selo）是一种行为税，征税范围包括财务运营、经营活动、证券投资过程中发生的各种民事行为，比如商品销售、资金借贷等。企业在日常经营过程中收取与销售商品、服务相关的款项，要按开具收据金额的1%缴纳印花税，这对企业来说也是一笔沉重的税负支出。

（3）产业税收制度

石油和钻石开采是安哥拉国民经济的支柱产业。安哥拉是非洲第二大产油国，原油产量为163万桶/日，石油天然气产值占安哥拉国内生产总值的1/3，钻石收入占国内生产总值的2.4%。针对上述产业，安哥拉专门制定了两种产业税收制度，分别是石油部门税收制度和采矿业税收制度。如果企业从事产业税制规定范围的业务，企业应该按产业税制的标准申报缴纳企业所得税和其他相关税种。此外，还需要承担其他税种的纳税义务，包括投资所得税、增值税、关税等。

石油部门税制适用在安哥拉管辖范围内进行原油、天然气和来自石油作业的石脑油、石蜡、硫黄、氦气、二氧化碳和盐水物质的勘探、开发、生产、储存、销售、出口、加工和运输的安哥拉企业或外国企业。参与开发的外国企业需要和安哥拉国家特许公司就合作开采资源国石油和天然气订立合同，勘探的全部风险一般由外国企业承担。发现油气田后由外国企业负责开采作业，投资回报一般来自于石油和天然气的产量分成。石油部门税制包括石油所得税（Imposto sobre o rendimento do petróleo）、石油交易税（Imposto Sobre A Transacção Do Petróleo）以及石油工业项目税（taxa de transacção do petróleo）。石油所得税涉及石油、天然气开采所得，尤其是原油的研究开发、生产、储存、销售、出口、处理和运输以及石油批发贸易，合资企业的石油承包商和分包商的税率为65.75%，产量分成协议下的石油、天然气开采所得的税率为50%。石油交易税实行从价征收，征收对象为石油交易的收入。石油工业项目税类似于环境保护税，是基于"总环境影响"（Total Enviroment Impact，TEI）指标衡量每一个与石油工业有关的项目而征收的税费。

与石油部门税制类似，采矿业税收制度也是一种适用于特殊行业的税收制度，其适用范围包括矿产资源勘察、开采等活动，包括矿业所得税（Imposto de Rendimento）和矿产资源价值税（Imposto sobreo valor dos recursosminerais）。

二、安哥拉私人投资规则分析

1. 私人投资的概况

为确立安哥拉共和国私人投资的基本原则，明确政府为私人投资者提供的优惠和便利政策、获得优惠和便利的条件，以及私人投资者的权利、义务和享有的保障，安哥拉政府于 2018 年出台新的《私人投资法》。

2018 年 8 月至 2019 年 9 月，安哥拉私人投资和出口促进局（AIPEX）获得并实施至少 48 个（境外）私人投资项目，总价值 7.54 亿美元。这些项目累计创造 4 152 个工作岗位，项目集中在建筑、教育、卫生、酒店和旅游、渔业、农业、贸易和工业等领域。这 48 个境外投资项目来自 28 个国家，其中葡萄牙（19个）、中国（16 个）和其他国家（23 个）；另外安哥拉本土私人投资者投资 79个项目。

2. 投资者的权利与义务

私人投资是指国内外私人企业利用其资源，通过配置技术资本、知识、机械设备等用以保值增值的行为。根据《私人投资法》，凡依据安哥拉法律注册成立的公司，无论是否含有外资成分，均为安哥拉企业法人，适用于现行的安哥拉法律。私人投资者须履行遵守安哥拉共和国宪法、本法和其他法律的义务，不得自行或通过第三方直接或间接从事干涉安哥拉内部事务的行为。

私人投资者可申请国内和国外信贷，外国投资者及其持有多数股份的公司只有在其投资全部到位后才有资格获得国内信贷。外国投资者在私人投资项目实施完毕，获得主管部门证明且缴纳税款和储备金后，有权将红利所得、项目清算收益、专利使用费或其他与技术转让相关的非直接投资收益所得汇出。

3. 私人投资的优惠政策

对于符合条件的投资者，可自动获得优惠和便利，优惠包括税收性优惠和金融性优惠。其中，税收性优惠包括税基减免、加速折旧和摊销、税收抵免、税收减免、进口关税减免、延期缴税和其他对投资者有利的措施；金融性优惠包括：通过政府经济扶持规划项目获得信贷，如小额信贷、贴息、公共担保和风险投资（见表 2）。

表2	提供优惠和便利政策的范围
行业优惠	**区域优惠**
可促进进口替代、经济多元化和推动出口的行业为享受优惠的行业，具体包括： 1. 教育、职业技术培训、高等教育、科研和创新行业 2. 农业及食品、农产品加工行业 3. 卫生机构和服务行业 4. 植树造林、林业资源加工制造行业 5. 纺织、服装和鞋制品行业 6. 酒店、旅游和休闲行业 7. 建筑、公共工程、通信、信息技术、机场及铁路基础设施建设行业 8. 电力生产和配送行业 9. 基本卫生、固体废物回收处理行业	在本法规定下，以下区域可获得优惠，且优惠幅度逐级递增 1. A区－罗安达省、本格拉省和威拉省的省会城市、洛比托市 2. B区－比耶省、本戈省、北宽扎省、南宽扎省、万博省、纳米贝省及本格拉省和威拉省其余市 3. C区－宽多库邦戈省、库内内省、北隆达省、南隆达省、马兰热省、莫希科省、威热省和扎伊尔省 4. D区－卡宾达省

资料来源：本文作者整理。

4. 私人投资的基本模式

按投资模式划分，私人投资可分为国内投资、外国投资和混合投资三种类型，国内投资是指利用常住居民名下的资本进行的投资，外国投资是指利用非常住居民名下的资本进行的投资，除资金投入外，也可通过技术、知识、机械设备投入等形式，而混合投资是指同时包含国内投资以及外国投资的投资行为。

结合中国居民赴安哥拉开展私人投资业务的特点，本文在分析相关税收政策时将私人投资分为三种模式：第一种是中国居民在安哥拉通过机构场所开展经营活动；第二种是中国居民在安哥拉设立全资子公司；第三种情况是中国居民与安哥拉居民在安哥拉设立合资公司。其中，第一种和第二种模式对应的是外国投资模式，第三种模式对应的是混合投资模式。

三、安哥拉私人投资税收策略分析

1. 设立机构场所

中国居民投资非洲主要集中在建设工程、采矿等行业，这些行业通常需要派遣中方人员去当地作业，并设立办公场所，在这种情况下有必要评估上述机构场所是否会在安哥拉构成常设机构。在《中安税收协定》尚未生效之前，对于常设机构的判定需要以安哥拉的国内税法为准，其中包括在安哥拉拥有固定经营场所，如分支机构、办公室或者管理场所等。如果中国公司在安哥拉设立上述机构、场所，那么归属于该机构、场所的利润需要缴纳工业税，当上述机构、场所汇回利润时，还需要按10%的税率缴纳投资所得税。在税收优惠方面，虽然中国居民企业在安哥拉设立的机构场所不属于企业法人，但符合《私人投资法》优惠条件即可以享受减免税待遇（见表3）。

表3　　　　　　　　　　　　　　私人投资税收优惠

事前申报方式优惠政策（事前申报即向主管部门提交投资项目建议书）

1. 对于办公场所和投资实体的不动产购置，房产交易税减半
2. 工业税的最终结算率和临时结算率减免20%，为期两年
3. 对于利润和股息分配，资本利得税减免25%，为期两年
4. 印花税减半，为期两年

特殊申报方式优惠政策（适用在优惠行业和优惠区域开展的私人投资项目）

地区/优惠税种	房产交易税	城市房产税	工业税	投资所得税
A 区	税率降低 50%	—	税率降低 20%，为期 2 年	税率降低 25%，为期 2 年
B 区	税率降低 75%	税率降低 50%，为期 4 年	税率降低 60%，为期 4 年	税率降低 60%，为期 4 年
C 区	税率降低 85%	税率降低 75%，为期 8 年	税率降低 80%，折旧、摊销率提高 50%，为期 8 年	税率降低 80%，为期 8 年
D 区	税率相当于 C 区的 50%	税率相当于 C 区的 50%，为期 8 年	税率相当于 C 区的 50%，折旧、摊销率提高 50%，为期 8 年	税率相当于 C 区的 50%，为期 8 年

资料来源：本文作者整理。

另一方面，根据中国企业所得税的相关规定，中国居民企业取得来源于安哥拉的所得，在安哥拉缴纳的所得税可以从中国企业所得税的应纳税额中抵免。此外，中国投资者还需要关注未来生效的《中安税收协定》是否存在税收饶让的制度，充分运用政策争取最大限度的税收抵免，该事项在下文分析的其他投资方案中也应该予以考虑。

2. 设立全资子公司

中国居民投资者在安哥拉设立全资子公司，可以使其对安哥拉投资项目拥有百分之百的控制权以及全部利润（见图1）。具体而言，设立全资子公司的在管理上的优点有：一是管理者可以完全控制子公司在目标市场上的日常经营活动，并确保有价值的技术、工艺和其他一些无形资产都留在子公司；二是该模式可以摆脱合资经营各方在利益、目标等方面的冲突问题，从而使国外子公司的经营战略与企业的总体战略融为一体。

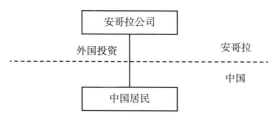

图1 外国投资模式—设立全资子公司

资料来源：本文作者整理。

在这一模式下，安哥拉公司一般为当地的居民企业，其来源于安哥拉境内和境外的所得需要缴纳工业税，一般税率为30%。当安哥拉公司对中国公司分配利润时，需要按10%履行代扣代缴投资所得税。如符合《私人投资法》中的条件，安哥拉子公司可以获得相应的税收优惠，由于《中安税收协定》，目前尚不能确定各项投资所得对应的协定税率。

如果中国居民通过安哥拉控股公司管理其他投资项目（见图2），可利用合并纳税制度和投资所得税优惠降低集团的整体税负和纳税申报成本。根据安哥拉企业所得税的规定，符合条件经济集团的主要纳税人可选择按照合并纳税的方式进行纳税。选择合并纳税的公司必须在主要纳税人名单之内，在控股方面母公司必须直接或间接持有其他公司至少90%的股权，且拥有50%以上的投票权。如果安哥拉控股公司对子公司A或子公司B的控股标准符合以上要求，可以向主管税务机关申请合并纳税。结合投资所得税优惠，如果安哥拉控股公司持有安哥拉子公司的股份高于25%且持续一年以上，那么安哥拉公司从其控制的子公司取得股息时可以豁免缴纳投资所得税。当安哥拉控股公司向中国居民分配股息，需要按10%履行代扣代缴安哥拉投资所得税，但中国居民在申报缴纳中国企业所得税时可以通过间接抵免制度消除经济性双重征税。

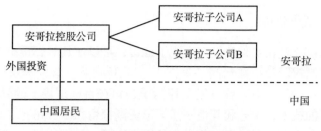

图2　混合投资模式—跨国双层控股

资料来源：本文作者整理。

3. 设立合资公司

在上述方案中，由于没有东道国居民的合作与参与，全资子公司可能难以得到当地的政策与各种经营资源的支持，规避政治风险的能力可能相当有限。如果中国居民与安哥拉居民共同设立合资公司（见图3），一方面可以减少国际化经营的资本投入，另一方面有利于弥补跨国经营经验不足的缺陷，有利于吸引和利用安哥拉居民的资源，比如安哥拉居民在当地市场的信誉、融资与销售渠道、与当地银行和政府官员的公私关系以及他们具有的生产、技术、管理和营销技能等。

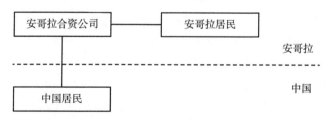

图3　混合投资模式—设立合资公司

资料来源：本文作者整理。

合资公司是指协议共同投资的各方各按一定比例的股份出资而共同设立的法人实体。合资公司作为安哥拉居民企业，需要按适用税率缴纳企业所得税，由于合资公司的股权比例难以满足合并纳税制度要求的控股标准，因此该模式一般情况下不适用合并纳税制度。在分配利润时，安哥拉合资公司同样需要代扣代缴投资所得税。此外，不论是设立合资公司还是全资子公司，如果涉及转让安哥拉公司股权的交易，股权的转让方（不论转让方是否为安哥拉居民）都需要就股权转让的所得按10%缴纳投资所得税，符合条件可适用投资所得税的税收优惠。

四、安哥拉私人投资的税务风险分析

（一）纳税申报风险

安哥拉的报税程序是根据税种填写纳税申报表，自行或通过会计师事务所到相应的税务所办理申报纳税，税款可以现金或支票等形式缴纳。参考世界银行《营商环境报告》对安哥拉税务环境的评价，安哥拉年均纳税次数31次（见表4）。该指标所反映的标准化案例分析下一般公司所缴纳的税项和派款的总数、支付方法、支付频率、申报频率以及所涉及的机构数量。其中包括企业所代扣代缴的税种，包括上文提及的投资所得税、个人所得税等。虽然部分税项不是由公司本身直接承担，但是会增加合规申报的行政负担。结合安哥拉税收征管的现状，年均纳税次数较多的主要原因是安哥拉的纳税申报和税款缴纳的系统信息化和协同水平较低，以致申报和支付频率较高。随着增值税开征日期的临近，年均纳税次数预计在将来会进一步增加。

表4 　　　　　　　　　　　葡语系国家纳税指标比较

国别	安哥拉	莫桑比克	巴西	葡萄牙	中国内地
纳税（次数）	31	37	10	8	7
时间（小时）	287	200	1 958	243	142
总税率和社会缴费率（占利润百分比）	49.1	36.1	64.7	39.8	67.7
报税后流程指标	94.95	50.19	7.80	92.71	50.00

资料来源：世界银行。

另一项值得关注的指标是报税后流程，安哥拉的报税后程序指标远高于其他葡语发展中国家。结合现阶段安哥拉税制的特点，报税后流程指标主要考虑工业税申报修正合规的时间和完成工业税申报修正时间，该指数一定程度上能够反应安哥拉工业税申报流程的复杂程度。目前，安哥拉工业税的A组和B组纳税人必须在每年的8月底和7月底前预缴工业税，预缴税额为上年度销售总额的2%。

在年度税款清算申报时，预缴税款可以抵消最终确定的税款，如果抵消后预缴税款仍有余额，则可在下期的预付税款中扣除（见表5）。相对烦琐的申报流程对纳税人的合规申报提出了较高的要求，在安哥拉境内设立的外资企业应当充分考虑申报风险，符合条件的公司集团可以通过合并纳税制度简化申报流程，降低税收遵从成本。

表5　　　　　　　　　　　安哥拉企业所得税预缴计算示例

年份	2017	2018	2019	2020
销售额	200	400	100	300
应税所得	20	40	10	30
税款预缴	—	4	8	0
税款清算	—	12	3	9
税款补缴	6	8	(5)	4

必须注意的是，现行安哥拉法律对税务违法犯罪行为有非常严厉的处罚措施。比如《私人投资法》中有明确规定，税务违规申报行为会被处以投资金额1%的罚款，再次违规会面临加倍处罚并取消所有税务优惠及其他便利待遇，甚至撤销私人投资资格，严重税务犯罪的相关责任人在安哥拉最高可被处以8年监禁，即使缴纳罚款也不能代替监禁。

（二）反避税风险

安哥拉在2014年10月22日颁布19/14号法律《工业税法》的第50条和《大型纳税人法》第10条的规定，如果一个实体直接或间接地对另一个实体的管理决策产生重大影响，则视为发生关联关系大型纳税人名单上的企业，即大型国有企业、金融机构、石油天然气公司、钻石公司和电信公司等收入超过70亿宽扎的大型纳税人必须准备并向安哥拉税务机关提交转让定价文档。根据相关规定，每个符合申报条件的纳税人提供完整的本地转让定价文档。由于转让定价立法近年才开始颁布，安哥拉还没有确定和建立调查风险的模式以及预约定价安排的相关规定。

至于其他方面，安哥拉目前尚未建立与受控外国公司、反资本弱化相关的反避税规制。但安哥拉在工业税和投资所得税中明确规定，企业向股东借款而支付的利息不可在计算工业税时扣除，在支付利息时还需要按10%代扣代缴投资所得税。与此同时，股东向企业借款或关联方之间借款属于关联交易的范畴，安哥拉税务局还可能会对不符合独立交易原则的关联方借贷启动转让定价调查。

（三）税务争议

在某些情况下，中国投资者在一些具有不确定性的涉税问题上没有和安哥拉税务机关进行必要沟通，可能会引发税务争议。面对税务争议，纳税人如果对税收通知的决定有不同意见的，可以自接到税收通知的 15 日内向其主管税务机关上诉。如果对主管税务机关的处理决定仍有不同意见，纳税人可以在接到上诉处理决定的通知的 15 日内逐级上诉至国家最高税务机关，最高税务机关的决定是否合理由法院判决。另一方面，《私人投资法》规定与投资者权利相关的任何有可能发生的纠纷，均可通过协商、调解、调停和仲裁等其他方式解决，除非法律明确规定须专门提交司法法院或仲裁部门审理。

尽管安哥拉法律中明确规定投资者在面对税务争议时可采取的救济措施，但世界银行和 Trading Economics 的数据显示（见表6），安哥拉商业信心指数目前为负值，营商环境和腐败相对于其他葡语国家排名靠后，司法程序质量指数仅为5.5。其中，司法程序质量指数衡量的是经济体是否在其司法体系的四个领域（法院结构和诉讼程序、案件管理、法院自动化和替代性纠纷解决）有良好的表现。很明显，安哥拉该项指数远低于其他葡语国家，这意味着通过司法程序解决税务争议在现实中可能存在诸多困难。基于上述原因，中国投资者应当在进行投资决策之前寻求税务专业人士的建议，制订合理的税务规划方案，控制和管理整个项目各个阶段的税务风险。

表6 葡语国家营商环境指数对比

指数	安哥拉	莫桑比克	巴西	葡萄牙
商业信心指数	−5.00	97.00	59.30	2.20
营商环境排名	173	135	109	34
腐败指数	19.00	23.00	35.00	64.00
腐败排名	165	158	105	30
司法程序质量指数	5.5	8.5	12.5	13.5

资料来源：世界银行、Trading Economics。

五、总结与建议

相较其他葡语系发展中国家，安哥拉虽然自然资源丰富，但营商环境总体状况并不理想，在安哥拉开展投资活动之前应该先进行充分的调研准备，建议聘请有经验的专家和顾问为合规经营提供指导和保障。在税务方面，在进行投资决策前要对相关领域的税收政策进行详细研究，在投资和经营过程中要按要求保存税务资料，随时做好应对当地税务机关审查的准备。此外，合理安排投资架构可能有助于改善资本运作管理以及进行集团税收策划。

现阶段，中国澳门正致力建设"中国与葡语国家商贸合作服务平台"，其中通过不断推进其延伸的"三个中心"（即中葡中小企业商贸服务中心、葡语国家食品集散中心、中葡经贸合作会展中心）的工作，有针对性地促进中国与葡语国家企业间的双向经贸往来，拓展商机。基于澳门本地独有的语言、法律服务优势以及与我国内地紧密的经济联系，在搭建投资架构时可以考虑以澳门为中间控股公司的设立地（见图4）。

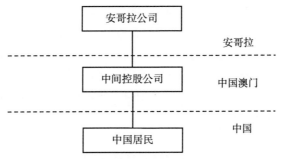

图4 外国投资模式——三层持股架构

资料来源：本文作者整理。

通过澳门中间控股公司进行投资管理和运作，可以充分运用澳门作为葡语平台在商贸、法律服务方面的优势，当安哥拉项目公司出现法律或经营风险时，澳门中间控股公司作为独立法人可以起到隔离风险的作用。在税务上，从安哥拉公司分配的利润，在符合"合理商业目的"的前提下可以暂时保留在税率相对较低的澳门控股公司之中。中国居民可以通过澳门中间控股公司将上述所得再投资于其他境外项目，进一步在提高资金的使用效率。在集团重组或投资退出时，中国居民可以通过转让澳门中间控股公司股权实现间接转让安哥拉公司股权，一方面可以降低中国居民转让控股公司或合资公司股权时须征求其他股东同意的协商成本，另一方面可以避免因直接转让安哥拉企业股权而形成的投资所得税。

虽然三层投资架构能够为跨国投资提供税务上的便利，但应该充分考虑其中的税务风险。如果澳门控股公司因为技术服务、销售合同等原因，委托安哥拉人员或者向安哥拉派遣员工持续性地提供服务或在当地签署合约，可能会被认定为在安哥拉构成劳务型或代理型常设机构。根据安哥拉企业所得税的规定，构成常设机构的条件包括在安哥拉境内提供服务，包括咨询服务，通过为此目的而订立合同的雇员或其他人员开展活动，并在任何给定的 12 个月期限内，提供此类服务至少 90 天。为避免中间控股公司被认定在项目公司所在国构成常设机构，中间控股公司应尽量避免向项目公司所在国派遣或聘用员工，或者仅为短期派遣员工并合理限制派遣员工的权限范畴。

最后，我们必须关注即将生效的《中安税收协定》中有关消除双重征税以及防止偷税漏税的具体规则。如果《中安税收协定》在股息、利息、股权转让方面适用低于安哥拉国内法规定的预提所得税税率，那么简单的投资架构在投资收益分配以及资本利得的税务待遇方面可能更具优势。此外，税收协定一般有非歧视和相互协商程序条款，中国居民或其常设机构如果在安哥拉遭受税收上的歧视性待遇，可向中国税务机关提出相互协商申请，由中国税务总局与安哥拉税务局相互协商解决。

参考文献

［1］《中国居民赴安哥拉投资税收指南》：http：//www. chinatax. gov. cn/chinatax/n810219/n810744/n1671176/n1671206/c4393600/5116219/files/a495ec3f015d4a54b0bfeba9d8e31937. pdf。

［2］《安哥拉营商环境指南》（2018 版）：http：//ao. mofcom. gov. cn/article/ddfg/201808/20180802777374. shtml。

［3］世界银行：https：//chinese. doingbusiness. org/zh/doingbusiness。

［4］Trading Economics：https：//zh. tradingeconomics. com.

［5］安哥拉 2018《私人投资法》中文版：http：//ao. mofcom. gov. cn/article/ddfg/201809/20180902783893. shtml。

［6］中国社会科学院西亚非洲研究所、中国非洲研究院：《非洲发展报告（2018 ~ 2019）》，社会科学出版社 2019 年版。

［7］《非洲投资环境和风险对我国"一带一路"倡议的启示——以安哥拉为例》，载于《上海经济》2017 年第 5 期。

［8］汪清阳、吕冬娟：《跨国资本运赢的税收管理》，知识产权出版社 2015 年版。

［9］解学智、张志勇：《世界税制现状与趋势》，中国税务出版社 2014 年版。

中国在安哥拉企业社会责任履行与社区融入

宋雅楠　　苏卓华　　汪千淇[*]

摘　要： 随着中国企业通过"一带一路"倡议"走出去"的步伐不断加快，中国企业在安哥拉的投资也日益增加，位居安哥拉投资来源国榜首。但是相较于欧美等有经验的跨国公司，中国企业在安哥拉的投资依然存在诸多问题，受到的批评和质疑也不断增加。本文从企业社会责任视角，分析了中国企业在安哥拉的企业社会责任履行状况，并对比欧美国家经验，指出中国企业在安哥拉企业社会责任履行方面的优势与不足，为中国企业提出一定的建议。

关键词： 企业社会责任　中国企业　安哥拉　社区

一、战略企业社会责任的内涵

企业社会责任最初在 1970 年 9 月 13 日由经济学家米尔顿·弗里德曼所提出。引发了学者们对企业社会责任的讨论，在多年的研究中学者们对企业社会责任的研究由单纯的服务与社会"慈善事业"的伦理学视角转变到了向公司使命融合的战略企业社会责任。而在中国在安哥拉的企业投资中所要进行的企业社会责任也偏向于战略企业社会责任。

战略企业社会责任可以追溯到学者巴伦（Baron），他从行为动机的视角出发，以"战略性企业社会责任"一词指代企业承载社会责任的同时以利润最大化为目的的企业战略行为。企业履行战略性企业社会责任的目的不仅在于寻找能够创造企业和社会共享价值的机会，在社会问题得以解决的同时获取可持续竞争优

---

* 宋雅楠，澳门科技大学商学院副教授。研究方向为国际贸易与投资、中葡经贸关系等。
苏卓华，澳门科技大学商学院研究生。
汪千淇，澳门科技大学商学院研究生。

势，使利益相关者满意，还包括充分发挥企业对社会的影响力，使企业更大程度融入社会，最终把企业发展为社会性企业。

对于战略企业社会责任的概念，国内学者也有其不同的解析。学者杨东宁（2007）认为，战略性企业社会责任是企业从战略视角出发，主动承担企业社会责任，并影响企业价值的战略行为。学者周祖城（2005）、方奕（2009）则认为战略企业社会责任是企业实现卓越道德和可持续发展的资源保证。现代企业契约理论将企业看做是不同资源与能力的契约集合体，企业稀缺的、不可模仿的、不可替代的资源是形成企业竞争优势的源泉，战略企业社会责任通过卓越道德这一传递中介成为企业持续发展的保障，成为企业竞争优势的源泉。

在企业社会责任发展多年，也衍生出许多相关的原则以及标准。比如联合国责任投资原则（Principles for Responsible Investment，PRI）、环境、社会和公司治理原则（Environmental, Social and Corporate Governance，ESG）以及社会责任投资（Social Responsible Investment，SRI），等等。本文将会使用 ESG 原则进行对中国投资安哥拉企业的研究。ESG 原则是一反过往企业仅就财务表现进行评估，也应将环境、社会和公司治理等因素纳入投资决策或者企业经营之考量。所谓 E（environment）即指对于环境的关怀、S（social）则是对社会及文化的考量，而 G（Corporate Governance）则是公司治理。在这里我们可以发现到 ESG 原则中缺少了一项对于员工、客户的照顾，因此本文经过将在 ESG 原则中增加一项企业承诺，形成 4 点原则。

根据这 4 点原则，本文发现这四点原则与联合国所发布的 17 个可持续发展目标相符合，而 17 个可持续发展目标分别如下：（1）无贫穷；（2）零饥饿；（3）良好健康与福祉；（4）优质教育；（5）性别平等；（6）清洁饮水和卫生设施；（7）经济适用的清洁能源；（8）体面工作和经济增长；（9）产业、创新和基础设施；（10）减少不平等；（11）可持续城市和社区；（12）负责任消费和生产；（13）气候行动；（14）保护水下生物；（15）保护陆地生物；（16）和平、正义与强大机构；（17）促进目标实现的伙伴关系。

自安哥拉与中国建交以来，中国与安哥拉的商务交流也日益频繁，加上中国近年来大力实行"一带一路"倡议，使得有更多的中国企业对安哥拉进行投资。根据统计在安哥拉投资的中国企业一共有 50 多家，这些企业通过中国的"一带一路"的倡议进入安哥拉，并且通过直接投资等方式帮助安哥拉建设更好的社会环境与居所，通过企业社会责任的开展，将安哥拉人民与中国企业连接一起。在2015 年 3 月 17 日驻安哥拉中资企业商会发出《履行企业社会责任的罗安达倡议》，他们对全体会员企业提出的倡议内容是：（1）严格遵守法律法规，依法合规经营。履行各项法律法规所规定的权利和义务，遵循跨国经营基本准则和商业惯例；（2）遵守市场公平竞争原则，尊重竞争对手。抵制通过不正当手段获取利益行为，反对任何方式的商业贿赂行为；（3）积极维护并保障员工的合法权益。尊重关爱员工，让员工分享企业发展成果；（4）重视保护生态环境，坚持绿色运营，打造绿色项目。实现可持续发展，造福子孙后代；（5）积极回馈当地社会，投身慈善捐助等公事业；（6）落实属地化经营策略，实现与当地居民、社区、社会、政府及利益相关方的和谐相处，同舟共济，共同发展。

二、中国企业在安哥拉的企业社会责任履行现状

（一）企业社会责任的分类

为了研究中国企业在安哥拉的企业社会责任履行现状，本文整理了在安哥拉投资的41家企业的投资项目并且运用联合国定义的企业社会责任理论，即分为四个大项：环境永续、社会参与、公司治理、企业承诺。按照联合国可持续发展目标结合企业社会责任四大项进行具体分类，结果如下：

1. 环境永续方面

（1）清洁饮水和卫生设施：为所有人提供水和环境卫生并对其进行可持续管理。（2）气候行动：采取紧急行动应对气候变化及其影响。（3）保护陆地生物：保护、恢复和促进可持续利用陆地生态系统，可持续管理森林，防治荒漠化，制止和扭转土地退化，遏制生物多样性的丧失。（4）保护水下生物：保护和可持续利用海洋和海洋资源以促进可持续发展。

2. 社会参与方面

（1）减少不平等：减少国家内部和国家之间的不平等。（2）负责任消费和生产：可持续的消费和生产是指促进资源和能源的高效利用，建造可持续的基础设施，以及让所有人有机会获得基本公共服务、从事绿色和体面的工作和改善生活质量。（3）无贫穷：在全世界消除一切形式的贫困。（4）良好健康与福祉：确保健康的生活方式，促进各年龄段人群的福祉。（5）零饥饿：消除饥饿，实现粮食安全，改善营养状况和促进可持续农业。（6）优质教育：确保包容和公平的优质教育，让全民终身享有学习机会。（7）经济适用的清洁能源：确保人人获得负担得起的、可靠和可持续的现代能源。（8）可持续城市和社区：建设包容、安

全、有抵御灾害能力和可持续的城市及人类住区。（9）产业、创新和基础设施：建造具备抵御灾害能力的基础设施，促进具有包容性的可持续工业化，推动创新。

3. 公司治理方面

（1）性别平等：实现性别平等，增强所有妇女和女童的权能。（2）促进目标实现的伙伴关系：加强执行手段，重振可持续发展全球伙伴关系。

4. 企业承诺方面

（1）体面工作和有良好的经济增长：促进持久、包容和可持续经济增长，促进充分的生产性就业和人人获得体面工作。（2）和平、正义和强大的机构：创建和平、包容的社会以促进可持续发展，让所有人都能诉诸司法，在各级建立有效、负责和包容的机构。

（二）中国企业在安哥拉的企业社会责任履行现状

本文根据中国驻安哥拉大使馆经商处中资企业目录和公开资料，总结了安哥拉中资企业的企业社会责任履行情况。

1. 中资企业基本情况

在安哥拉的中资企业在行业类型上分布广泛（见表1），本文所统计的41家企业中有59%的建筑业，15%的服务业，均占7%的通信业、批发业，以及均占2%的金融业、燃气业、房地产业、制造业与橡胶塑料业；在企业类型上，企业数量差距不大，央企、地方国企和私营企业①分别占34%、27%和33%，其中上市企业也有一定的比重，占15%；在企业规模上，所统计企业几乎均为大型企业。

表1   安哥拉中资企业基本情况

类型	数量（家）	百分比（%）
央企	14	34

---

① 央企，指由国务院或委托国资委行使出资人职责的国有独资及控股企业，受中央政府监管。本文统计的数据包括央企下属二级企业、央企全资子公司。
    地方国企，指国务院和地方人民政府行使出资人职责的国有独资及控股公司，受地方政府监管。本文统计的数据包括地方国企下属二级企业，地方国企全资子公司。
    私营企业，是指由自然人投资设立或由自然人控股，以雇佣劳动为基础的营利性经济组织。

续表

类型	数量（家）	百分比（%）
地方国企	11	27
私营企业	16	39
行业	数量（家）	百分比（%）
建筑业	24	59
服务业	6	15
通信业	3	7
批发业	3	7
金融业	1	2
房地产业	1	2
燃气业	1	2
橡胶塑料业	1	2
制造业	1	2

资料来源：本文作者整理。

2. 中资企业社会责任履行基本情况

本文所统计的41家安哥拉中资企业中，企业在安业务多集中在社会民生方面，包括社区建设、保障就业、提教育、卫生、交通等内容。数据显示，95%的中资企业都能履行社会参与的责任。其中8家企业既履行了社会参与的责任，又履行了环境永续的责任，占企业总数比重为20%。而在31家只履行了社会参与的企业中，有17家做到了一项具体内容，14家则做到了两项及以上的具体内容。在企业承诺方面，仅有占到5%的两家企业履行了社会责任，公司治理则没有企业开展相关活动进行履责（见表2）。

表2　　　　　　　　在安中资企业社会责任履行情况总览

企业社会责任（CSR）		企业类型							
所属类别	具体内容	央企		地方国企		私营企业		总数	
		数量	占比（%）	数量	占比（%）	数量	占比（%）	数量	占比（%）
环境永续	清洁饮水和卫生设施	4	10	3	7	1	2	8	20
	气候行动	—	—	—	—	—	—		
	保护陆地生物	—	—	—	—	—	—		
	保护水下生物	—	—	—	—	—	—		

企业社会责任（CSR）		企业类型							
所属类别	具体内容	央企		地方国企		私营企业		总数	
		数量	占比（%）	数量	占比（%）	数量	占比（%）	数量	占比（%）
社会参与	减少不平等	—	—	—	—	—	—	39	95
	负责任消费和生产	—	—	—	—	—	—		
	无贫穷	—	—	—	—	—	—		
	良好健康与福祉	1	2	1	2	1	2		
	零饥饿	1	2	1	2	1	2		
	优质教育	4	10	3	7	3	7		
	经济适用的清洁能源	3	7	2	5	—	—		
	可持续城市和社区	10	24	9	22	11	27		
	产业、创新和基础设施	3	7	1	2	6	15		
企业承诺	体面工作和有良好的经济增长	—	—	—	—	—	—	2	5
	和平、正义和强大的机构	1	2	1	2	—	—		
公司治理	性别平等	—	—	—	—	—	—	—	—
	促进目标实现的伙伴关系	—	—	—	—	—	—		

注：—表示未有资料显示履行相关企业社会责任，下同。
资料来源：本文作者整理。

（1）环境永续的履行情况

表3显示，在企业社会责任的环境永续内容中，有8家在安中资企业在"清洁饮水和卫生设施"开展过相关业务活动，而"气候行动""保护陆地生物"以及"保护水下生物"这三个分类下并没有企业履行社会责任。

表3　　　　在安中资企业社会责任履行情况：环境永续

类别	具体内容	企业类型	业务	所属行业	数量（家）	比例（%）
环境永续	清洁饮水和卫生设施	央企	用水系统建设、水厂改扩建	批发业 建筑业 燃气业	4	50
		地方国企	用水系统建设、污水处理厂建设	建筑业	3	38
		私营企业	净污水处理工程	建筑业	1	12

类别	具体内容	企业类型	业务	所属行业	数量（家）	比例（%）
环境永续	气候行动	—	—	—	—	—
	保护陆地生物	—	—	—	—	—
	保护水下生物	—	—	—	—	—

资料来源：本文作者整理。

"清洁饮水和卫生设施"这一分类下，在企业类型上，央企占了一半的比例，地方国企占比38%，而私营企业仅有一家，占12%；在企业所属行业上，建筑业占据了很大比重，以75%的占比远超均占12.5%的批发业和燃气业。

（2）社会参与的履行情况

表4显示，在企业社会责任的社会参与责任中，有39家在安中资企业在"可持续城市和社区"上履责情况最好，有77%的企业开展了业务活动；"优质教育"和"产业、创新和基础设施"紧随其后，分别有26%和21%的企业履行社会责任；少数企业能够在"良好健康与福祉""零饥饿""经济适用的清洁能源"方面进行履责，所占比重依次为9%、9%、13%；而在"负责任消费和生产""无贫穷"这两方面，没有企业开展相关业务活动。

表4 在安中资企业社会责任履行情况：社会参与

类别	具体内容	企业类型	业务	所属行业	数量（家）	比例（%）
社会参与	负责任消费和生产	—	—	—	—	—
	无贫穷	—	—	—	—	—
	良好健康与福祉	央企	医院项目	建筑业	1	3
		地方国企	医院项目	建筑业	1	3
		私营企业	医院项目	建筑业	1	3
	零饥饿	央企	农场项目	建筑业	1	3
		地方国企	捐赠赈灾物资	建筑业	1	3
		私营企业	农业项目	建筑业	1	3

续表

类别	具体内容	企业类型	业务	所属行业	数量（家）	比例（%）
社会参与	优质教育	央企	职业教育、高等教育、校舍建设	建筑业	4	10
		地方国企	捐赠项目、校舍建设	建筑业 通信业	3	8
		私营企业	人才培养、校舍建设	通信业 服务业	3	8
	经济适用的清洁能源	央企	油库、水电站工程	燃气业 建筑业	3	8
		地方国企	水电站工程	建筑业	2	5
	可持续城市和社区	央企	住房、公共场馆、交通、网络、电力、市政工程	建筑业 批发业 通信业 燃气业	10	26
		地方国企	住房、公共场馆、基建、电力	建筑业 服务业	9	23
		私营企业	住房、公共、交通、网络、基建、市政工程、城市改造与新建	通信业 建筑业 服务业 房地产业	11	28
	产业、创新和基础设施	央企	电力、油库建设、港口扩建	批发业 建筑业	2	5
		地方国企	网络、电力	通信业	1	3
		私营企业	电力、港口扩建、物流园建设	服务业 建筑业 橡胶塑料业 制造业	5	13

资料来源：本文作者整理。

社会参与所涉及的六个具体内容下，在企业类型上，私营企业在"经济适用的清洁能源"上没有履行社会责任，但在"产业、创新和基础设施"上私营企业的履行情况较好，以13%的比重超过了5%的央企和3%的地方国企，其他四项内容央企、地方国企、私企均有涉及且数量较为平均；在企业所属行业上，几乎涉及了所统计企业的所有行业。

（3）企业承诺的履行情况

表5显示，在企业社会责任的企业承诺履行方面，有2家在安中资企业都涉及了"和平、正义和强大的机构"这一类别，没有在"体面工作和有良好的经济增长"上履行相关社会责任。

表5　　　　　　在安中资企业社会责任履行情况：企业承诺

所属类别	具体内容	类型	业务	所属行业	数量（家）	比例（%）
企业承诺	体面工作和有良好的经济增长	—	—	—	—	—
	和平、正义和强大的机构	央企	金融项目	金融业	1	50
		地方国企	空军设备采购、飞机项目	批发业	1	50

资料来源：本文作者整理。

在企业类型上，分为央企和地方国企；在企业所属行业上，分属金融业和批发业。

（4）公司治理的履行情况

本文所统计的41家在安中资企业中，未有资料显示履行公司治理方面的社会责任。

三、欧美国家在非洲履行企业社会责任经验

（一）美国在非洲履行企业社会责任现状

美国已有多家企业在非洲积累了五十多年的投资经验，有些甚至超过了一个世纪，这些企业将目光投向非洲大陆，通过与东道国政府、社区和其他发展参与者的合作，来扩大美国在非洲的商业投资数量。目前这些投资在支持国家发展优先事项方面的潜力尚未开发完全，因此美国企业在非洲仍存在着巨大的未来市场和增长机会。

美国企业除了对非洲国家的商务与金融机制这些核心部分进行了投资外，还

使用了企业资源去开展慈善项目与社区建设的投资活动。例如:

(1) 对本地人员进行专业技能的培训。微软、IBM、Google 等信息技术公司与陶氏、Anadarko、卡特彼勒等企业和投资国家的当地国际教育机构合作,为本地人员提供专业培训,使其能够发展相应行业所需的技能和能力。这样一来美国企业可以直接聘请受过培训的当地居民进入合适的企业进行工作,就算未能受到聘请,受过培训的专业性人才也可以进入本国企业工作,使东道国各行业不再受缺乏人才的困扰而难以发展。

(2) 支持小型企业与当地农民。通过支持小微型和中型企业,以及提高小农的生产力和市场联系,使得当地居民可以通过小型企业来销售本地的小农产品以获取利润,小农也可以通过小型企业与市场建立更加紧密的联系,从而拓宽销路。就像包括雪佛龙和 BP 等美国企业的发展计划,以及埃克森美孚和渣打银行支持的旨在增强妇女业务能力的计划。

(3) 加强系统与基础设施的建造。公司与当地合作,加强建设所在社区的系统和基础设施。雪佛兰在尼日尔三角洲的计划就是一个例子。它结合对部分特定区域在和平建设,经济发展和政策倡导等多方面的综合关注,采取一个长期和系统的发展方法,并且积极与当地环境进行融合,以此来获得所在地区的人们对于雪佛兰公司的接纳。雅培与可口可乐公司的例子表明,建设社区基础设施不仅可以通过建设实验室、研究机构和其他医疗机构等,还可以通过改善提供渠道、信息管理和公共服务,对医疗工作者进行培训,更广泛地建立起与当地卫生系统的联系,完善其相关机制,提高治理水平,使得当地居民对外来企业的抗拒感降低,让外国企业能够更好地融入当地。

(4) 分享公司负责任的商业实践。美国企业将其进行商业活动时的经验分享给投资国,使得这些国家或社区可以借鉴成功的方法来获得更好的发展。美国投资的非洲企业中几乎所有公司都制定了政策和管理系统,以识别、减轻和应对其自身运营可能对人和环境造成的风险。这些公司可以通过与当地商业伙伴、供应商和分销商分享这些方法让他们运用于实践,发挥其制度的宝贵作用,使得公司能够与所在国家和谐共存。

(二) 欧洲国家在非洲履行企业社会责任经验

近代文明史中,欧洲国家有着对非洲的殖民统治历史。虽然这段历史对于非洲人民来说是不堪回首的,但是正因这段历史,使得欧洲企业在非洲营商投资活动时,具有了语言、文化背景和历史联系上的优势。在非洲进行经贸活动时,欧盟强调互惠原则和遵守相关规则。

（1）互惠原则，努力与非洲建立起一个合作伙伴的关系。根据欧盟统计局的数据显示，2017年欧盟与非洲的双向贸易额就已经超过3 000亿美元。在2017年第五届欧盟—非洲峰会上，欧盟承诺到2020年动员超过540亿美元用对非洲进行"可持续"投资。欧盟强调双方存在着一个互惠关系，欧洲国家可以在非洲国家进行投资赚取利润，非洲国家可以通过欧洲国家的企业投资得到资金，既可以改善国家的基础设施，也能得到先进的技术来进行更好地生产，促进非洲国家逐渐实现繁荣。

（2）遵守规则，并且把国际标准带到非洲国家。欧盟在广泛的领域中制定了许多与企业社会责任有关的政策和倡议，即坚持着"负责任的商业行为"（RBC）。在全球范围内，欧盟积极支持国际框架的发展，例如经合组织《跨国企业准则》（2011年审查）和《联合国企业与人权指导原则》（2011年）。在欧洲范围内，通过多种渠道建立规范性条款。具体政策措施的示例有2014年通过的欧盟《非财务报告指令》，该指令要求大型公司披露有关其业务运营在社会和环境方面的信息，还有2014年修订的《欧盟公共采购指令》允许将社会和环境因素纳入整个欧盟的公共采购中。欧洲企业也将原来在本国使用的原则或规范应用在了非洲，并按非洲不同国家的实际情况对部分内容进行修订。欧盟及其成员国通过双边投资协议（BIT）和经济伙伴关系协议（EPAs）与非洲国家和地区建立了一套协议，为欧洲公司在非洲开展业务提供了法律保障。同时，欧盟要求在其境内经营的公司要在劳工、财政和社会事务上采取严格的行为，无论是其母公司位于欧盟成员国还是第三国的公司。这样欧洲企业能够做到有规可依，并将这些规定展示给非洲国家看，让该国的人民知道，欧洲企业并不是单方面地掠夺他们的土地资源，他们所进行的经济活动都会按照相关法规进行。这样一来不仅可以使当地人民了解相关规则，消除他们的顾虑，本土企业也可以学习到这些规范性条款并加以运用，使得整个商业环境向合规合理的方向发展。

四、中国企业在安哥拉履行企业社会责任

中国与安哥拉建交36年以来，双方保持着友好的伙伴关系，经贸合作往来频繁，彰显了平等互信、互利共赢的中非合作。中国已成为安哥拉第一大贸易伙伴、第一大融资来源国和唯一一个获得优先采矿权的亚洲国家。安哥拉也成为中国的第三大原油进口来源国和在非洲的第二大贸易伙伴。2018年，中国与葡语国家的贸易额达到了1 473.54亿美元，同比增长25.31%。而安哥拉在葡语国家中的价值排名位列第二，双向贸易额为27.755亿美元，同比增长24.21%。

（一）中国企业在安哥拉履行企业社会责任的优势

1. 根植安哥拉多年，容易了解安哥拉社会的需求

在 2002 年安哥拉结束了 27 年的内战，百废待兴，急需建设资金。国际机构和西方国家对安哥拉的贷款申请提出了各种苛刻条件，导致安哥拉难以得到重建的资金。而中国不光为安哥拉的建设提供了资金、人力，并且开放投资渠道，让中国的企业可以到安哥拉进行投资，在商业方面对安哥拉提供帮助。由于投资的时间较长，多年的扎根使得它们对于安哥拉的人民有更深的了解，在履行企业社会责任时能够更好地考虑安哥拉人民的需要。

2. 政府与企业相联动，相辅相成开拓安哥拉市场

从与安哥拉建交到现在基于"一带一路"背景下的合作，中国一直都在各方面支持着安哥拉的发展。中国驻安哥拉大使馆一贯鼓励中国企业能够积极投身到当地的公益事业，为当地人们提供协助。中国政府机构也为中国企业提供必要支持与帮助，保障公益事业的顺利实施。政府与社会相辅相成，政府通过其影响力能够更好地安排相关事宜，而企业能够借助政府的力量扩大自身影响力。

3. 人才培养促进社会可持续发展

中国企业多次安排安哥拉青年到中国进行交流学习，或直接在当地建立学校，当地居民可以通过学习技术和知识在本国的经济发展上贡献一分力量。中国企业协助安哥拉政府培训人才，不但能帮助安哥拉提高自主发展能力，还为企业开展属地化经营创造条件，增进中国与安哥拉友谊做出贡献。

（二）中国企业在安哥拉履行企业社会责任的不足

1. 企业社会责任履责类型有所偏重

根据本文所总结出来的中国企业在安哥拉的投资项目可以看到，并不是所有企业社会责任类型都有覆盖到。履行社会参与责任的企业达到了 39 家（95%），在"可持续城市和社区"这一分类下的企业尤其多，占到了所调查企业的 73%，也就是说中国企业大都是选择帮助安哥拉人们建造房屋，满足他们最基本的住房需求。在环境永续下履行社会责任的企业只有 8 家（20%），且只能做到"清洁

饮水和卫生设施"这一方面的内容,依然是只停留在了基础的生活层面上,而对于企业承诺这类问题上,鲜有企业涉及,仅为两家(5%),公司治理方面更是空白。这就容易导致安哥拉人民对中国企业产生误解,认为中国企业进来是拿走他们的资金、资源而已。

2. 对企业社会责任缺少全面的认识

中国在安哥拉投资的企业大都具备了社会责任意识,但是许多企业的社会责任意识还不强,或者说没有一个清晰的、全面的认识。有的企业较少重视环境保护,将获利建立在破坏环境的基础上;有的只简单地给当地居民提供工作机会,并没有进行职业技能的培养,"授人以鱼"却没有"授人以渔";有的只停留在捐赠财物的层面,没有从根本上促进当地社区的可持续发展。从本文的统计分析可以看到,在安履行企业社会责任的 41 家中资企业中,只有 8 家(20%)企业能同时兼顾环境治理与社会参与两方面的社会责任,而在社会参与这一分类下的 31 家企业,只有 14 家(45%)做到了两项及以上的具体内容,一半以上的企业只能做到其中某一项内容。

3. 缺乏长远性的整体规划

一方面,由于存在一定的文化差异,加之受到安哥拉政局不稳、政策不透明、民族纠纷等因素的影响,不少中资企业存在短期经营的现象,并没有长期扎根的打算。这类企业他们只是基于经济效益来而进行短期投资,并不注重履行企业社会责任,因而不会对自身的履责做出要求和规划。

另一方面,中资企业的社会责任管理缺乏长期和系统的规划,所进行的项目都是临时性的,没有实现可持续化,社会责任战略规划不足。而且由于中国企业在本国时也缺乏有效管理公益项目的能力和经验,导致了许多在安哥拉进行的活动缺乏专业性的指导。

4. 未能建立统一的制度标准

中国企业在外国投资时的一个大问题是缺乏制度与标准,在进行商业活动时缺少了一个可以将自己的成熟制度带到当地的机会,这样容易使安哥拉人民对于中国企业所进行的商业活动的透明性和稳定性缺乏信任。尤其,是部分个人打着中国企业的名号做出一些违背商业伦理的事情,最后结果是中国企业未必能从中获利,但又损害了安哥拉社会大众的利益,妨碍了中国企业在安哥拉的声誉以及融入安哥拉社会的进程。

5. 企业公共关系能力不足

媒体、非政府组织（NGO）等作为国际社会的重要行为主体，在一定程度上影响着舆论的发展。许多在安哥拉的中资企业往往注重公益项目本身，忽视了媒体所带来的影响力，未进行有效的媒体宣传。没有使公众反应、环境效益和社会效益发挥最大化，使得企业社会责任履行的效果大打折扣。

此外，中国企业公关应急能力较差。面对海外媒体的负面报道，总是只能被动防守，不能有效出击。而 NGO 在中国的发展比较薄弱，中国企业往往缺乏与其打交道的能力。对于不同的组织，尤其是持有不同政见的，双方未能有一个良性的对话和有效的沟通，以至于隔阂不断加深，不利于中国企业在国际上树立一个好的形象。对于当地各类媒体与 NGO 这一类力量的不重视，会使得一些矛盾不能够及时有效地得到解决，可能在经过蛰伏期之后爆发更大的负面效应。

6. 文化融合效果不佳

中国企业在安哥拉进行商业活动时，虽然实施了人员属地化，但是中国企业所使用的经营办法还是照搬中国方式，未能与安哥拉当地文化实现一个好的融合。比如本文在查询中国投资安哥拉的企业时，更多的网站只是中文和英文，忽略了安哥拉人普遍使用葡语的语言习惯。其办公室或工作地方墙上所写标语大多是"争先求快""努力奋斗"之类具有中国特色的词语，难以得到安哥拉本地员工在思想上的理解与认同，企业的内部管理文化未能很好地融入安哥拉的当地文化中去。中国企业在安哥拉的本地化运营还有很长的路要走。

7. 沟通机制不完善

中国企业在安哥拉进行公益活动时很多都是直接捐款给政府，这高度重视与政府之间的关系。这与长久以来，中国企业海外发展形成的同高级官员打交道、走上层路线的习惯一致。但是，对于公益活动真正面对的普通市民却缺少沟通和交流。虽然，得到安哥拉政府高层的认可与支持会对企业经营产生良好的影响，但从欧美的经验来看，得到安哥拉社会基层的认可同样重要。因此，许多公司所举办的企业社会责任活动是面向安哥拉社会基层的，但如果企业忽视了对安哥拉社会基层群众的了解，企业投入资金举办的社会责任活动则不能产生良好的效果和影响。并且安哥拉民众会认为中资企业不会理会他们的真正需求，甚至会对企业乃至企业所代表的国家形象产生一些抵触心理。

五、建议

从国家层面来说，中资企业是对外经济合作的主体之一，也是促进中国与外国交往合作互利共赢、共同发展的中坚力量。在经济全球化和文明多样化的大背景下，企业的行为在一定程度上反映了一个国家的发展程度和文明程度。社会责任对于企业来说，是其外部软实力的重要支柱，对于国家来说，是提升国家软实力不可或缺的重要力量。

从企业层面来说，当今世界消费者和投资者不光看中一个企业所提供的产品和服务，更会将目光更多聚焦于企业本身的行为上。积极承担社会责任，可以为企业赢得良好的社会声誉，从而增强社会各方对企业的信赖，对企业的发展带来长远且积极的影响。尤其，国际市场上，现代企业的竞争已经不再是简单地基于产品来占据更多市场，更多的是企业形象与文化的竞争。要求海外投资的企业需要提高员工和自身的社会责任感，调动其生产积极性，需要获得投资国社会民众的支持，从而建立一个长期且良好的群众基础，赢得政府的信任，从而获得更广阔的生存环境。

随着中国"一带一路"政策的发展和进一步的深化，中国企业越来越重视安哥拉乃至于整个非洲这样一个巨大的新兴市场。随着中国企业在安哥拉越做越大，企业也逐渐开始重视企业社会责任的建设。因此，本文对中国企业在安哥拉履行企业社会责任也提出了一些建议。

1. 进一步认识企业社会责任的重要性

联合国于 2000 年正式启动了"全球契约"计划，国际标准化组织也发布了ISO26000 社会责任国际标准。可见，企业履行社会责任已成为一种全球性趋势。企业社会责任是一个在社会上从事经营活动的企业所必须履行的重要责任，是关系到企业在其他国家能否被其国民认可的重要指标。中国企业要想融入安哥拉，必须要学习企业社会责任的内涵，对企业社会责任形成正确的认识，提升企业的内在竞争力。尤其是中小企业需要树立企业社会责任的意识，建立自己的企业社会责任系统。企业要用长远发展的眼光来看待履行企业社会责任这一问题，尽管在短期内会增加企业成本，但长期看有利于降低企业运营风险，实现更大盈利的目标。

2. 对企业社会责任建立统一规范的标准

从本文整理的表格来看，中国企业在安哥拉所进行的企业社会责任活动类型不足，本文通过将中国企业与欧美企业的所履行的企业社会责任相对比，认为中国企业最大的原因在于未能建立一个规范的企业社会责任制度。在投资安哥拉的中国企业中只有部分国企有一套自己的企业社会责任标准，大部分投资安哥拉的中小型企业极少能够建立这样一套履责的标准，甚至连中国在本土所规定的企业社会责任也鲜有接触，这就使得一小部分安哥拉人民产生误解，认为这些中国企业并不是在为他们提供帮助。因此这些企业要提高对社会责任的系统化认识，把企业社会责任行为制度化，在企业间建立一个统一的规范，使得企业在进行企业社会责任时有规可循、有法可依，能够依照一套成熟的标准来进行活动，进而改变安哥拉人民对于中国企业的认识。

3. 注重与社区和普通民众之间的联系

中国企业在安哥拉选择投资项目时，为了顺利实施以实现预期目标，则需要更好地融入进当地的社区，得到基层群众的支持。

从社区层面来说，企业应当密切与社区的关系，促进社区就业，带动社区经济增长；关心社区发展，在进行项目建设时减少对环境造成的影响；积极参与社区公益活动，在力所能及的范围内进行社会公共设施建设；尊重社区文化，为维护社区公共秩序做出贡献；践行社区沟通，始终保持一个良好对话。

从普通民众层面上来说，要支持本地化采购和招聘。推行人员本地化有利于降低项目的人工成本，促进交流和融合，改善当地就业问题，树立良好的企业形象。中资企业要结合所在地的实际情况，为当地人民提供就业机会，缓解存在的就业困难的问题，通过提供相应的经济待遇和人身保障，赢得当地人的青睐，为长远发展打下坚实的群众基础。当面临劳资纠纷时，要关注群众的声音，表现出足够的理解和耐心。在一个平等的地位上进行沟通交流，采取合作的态度来解决问题，以获得一个双方都满意的结果。

4. 加强与媒体和当地非政府组织的关系

中国企业要学会利用权威媒体向世界传达中企在海外履行社会责任方面的声音。一方面，通过国内媒体，采用多种形式宣传中资企业在各领域的履责成绩，另一方面，中国企业在安哥拉进行慈善活动的时候必须要做好相关的公关工作，与当地媒体建立一个合作关系，关注本土民众对活动的反应，更多地向当地居民传递一个正面信息。同时也不能忽略同他国媒体进行联系，很多关于企业的负面新闻是由于外国媒体对中资企业在安哥拉所进行的社会责任活动不了解而进行的片面报道，做好这方面的公关工作就显得尤为重要。

在 NGO 方面，中国缺少同这些组织打交道的经验，而 NGO 在各国的经济、社会发展和全球事务中已经扮演着越来越重要的角色。显然，中国企业需要重视 NGO 的影响力，尤其是在海外，更要积极主动地与当地非政府组织进行沟通，通过良性的对话机制传递中国企业的善意，为企业在当地的长远发展减少阻碍，降低外界环境的压力。

5. 建立长远规划的企业社会责任活动

企业要融入安哥拉社区必须要进行一些企业社会责任活动，需要通过这些活动对公司进行一个有效宣传，让安哥拉居民更多地了解中国企业，以消除他们对中国企业的不信任。在进行这类活动时必须要有长期而整体的规划，不能只是进行临时性的活动，并且在规划的同时对企业文化也要根据当地特色进行相应改善。企业要认识到，从可持续性发展来看，在海外承担社会责任会提升企业的形象，更好地获得当地居民的理解，从而有助于深入当地市场，扩展经营份额，增强竞争力，从根本上促进企业的未来发展。

参考文献

［1］王译靖、梁飞媛：《生态视角的战略性企业社会责任及其实现路径》，载于《商场现代化》2014 年第 27 期，第 117－118 页。

［2］中华人民共和国驻安哥拉共和国大使馆经济商务参赞处：《中国—安哥拉双边贸易概况》，http：//ao. mofcom. gov. cn/article/sqfb/200909/20090906502594. shtml。

［3］中华人民共和国驻安哥拉共和国大使馆经济商务参赞处：《驻安哥拉中资企业社会责任报告（2015 年）》。

［4］U. S. CHAMBEROF COMMERCE，Purpose and Prosperity：How U. S. Businesses are Creating Impact in Africa，FEB. 2019.

安哥拉钻石行业发展与中国澳钻所"中葡平台"建设

宋雅楠[*]

摘　要：澳门特区作为中国与葡语国家之间联系的桥梁，在"粤港澳大湾区"和"一带一路"的倡议引领下，在新的时代背景具有更特殊的意义。当前，需要澳门特区加强开拓澳门和葡语国家之间的经济合作，更好地发挥澳门作为"中国与葡语国家商贸合作服务平台"（中葡平台）的作用。非洲葡语国家安哥拉具有丰富的钻石资源，而且安国政府近年来也寻求钻石行业的开发与合作。因此，本文通过介绍安哥拉钻石行业发展，结合澳门特区中国钻石与宝石交易所（简称"澳钻所"）的成立，以澳钻所为例，分析"中葡平台"企业为澳门特区经济发展带来的机遇，以及在澳门特区发展所面临的困境，为澳门特区开拓"中葡平台"作用和发展提供参考。

关键词：澳钻所　钻石　安哥拉　澳门特区　中葡平台

一、安哥拉钻石行业发展及其潜力

1. 安哥拉的钻石资源

石油和钻石开采是安哥拉国民经济的支柱产业。安哥拉具有非常丰富的钻石资源，钻石生产高峰时占全球钻石供应量的10%。而且安哥拉的钻石不仅产量大，而且钻石品质也非常好。

---

* 宋雅楠，澳门科技大学商学院副教授。研究方向为国际贸易与投资、中葡经贸等。
感谢澳门金业同业公会理事长李居仁先生和澳门特区中国钻石与宝石交易所董事长苏伟先生的经验分享。
感谢澳门科技大学商学院硕士研究生谢露露同学对本文资料的整理。

安哥拉是世界第五大钻石生产国，安哥拉每年生产约900万克拉钻石，价值超过10亿美元，目前安哥拉向阿拉伯联合酋长国出口70%的钻石。图1显示，2013年安哥拉的钻石生产量约为792万克拉，2018年时，安哥拉的钻石生产量高达928万克拉，每年钻石生产价值超过10亿美元。行业内部人士预测安哥拉2019~2022年的钻石产量将持续增长，并且将在2022年达到年生产量1 000万克拉。

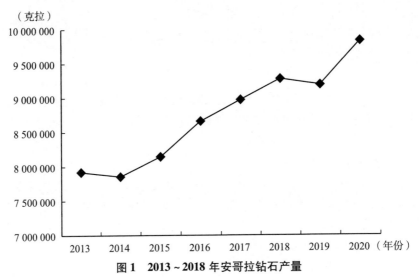

（克拉）

图1　2013~2018年安哥拉钻石产量

资料来源：INE.

安哥拉的宝石矿产分为原生矿床和次生矿床。到2018年为止，安哥拉发现或者开采中的原生矿床为5个。原生矿床又称为金伯利岩（kimberlite）是一种偏碱性的超基性岩，是产金刚石也就是钻石的最主要火成岩之一，其主要矿物为橄榄石、辉石、云母，次要矿物为石榴石、钛铁矿、钻石。安哥拉发现的5个金伯利岩分别是卡马夫卡（Camafuca）、基里（Chiri）、穆列佩（Mulepe）、桑戈米娜（Sangamina），以及齐吉（Tchiegi）。如图2所示，安哥拉的金伯利岩体积最大达4.8亿立方，储存宝石克拉数最多可达7 000万左右。而且每个矿床生产的宝石定价不同，如Mulepe矿床的宝石价格高达400美元/克拉，Camafuca矿床的宝石为111美元/克拉。

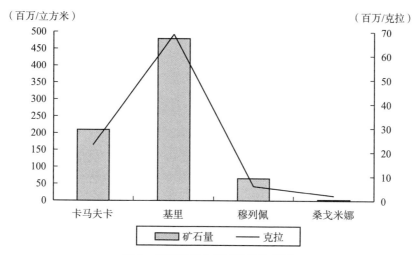

图 2 安哥拉原生矿床体积和储量

资料来源：安哥拉国家钻石开采公司。

截至 2018 年末，安哥拉发现或者开采中的次生矿床为 8 个。次生矿床是指组成该矿床的有用矿物不是原地形成，而是由异地搬来，即砂矿。现代钻石砂矿按其沉积位置可分为残积砂床、冲积砂床及滨海砂矿，因此次生矿床也可为安哥拉提供丰富的钻石资源。根据航空物探以及相关专家分析，安哥拉仍存在 11 个潜在的金伯利岩，可供未来评估和开采。

目前安哥拉正在开采的钻石矿有十个，这十大矿的钻石产量和出售的价格都比较稳定。安哥拉政府已经把所有的钻石收入都列入了财政计划，也需要足够的资金来用于开采新的矿床和购买新的开采设备。安哥拉目前还未开采的钻石总储量占全部钻石的总储量的 60%，是安哥拉除石油对外项目以外的最大的一个项目。

因此，安哥拉钻石行业也是非常具有发展前景的高利润行业。

2. 安哥拉钻石行业现状

尽管安哥拉的钻石储备丰富，拥有众多金伯利岩和次生矿床。但是，一直以来安哥拉的所有钻石产品都必须通过国家钻石开采公司（Endiama）开采，以及国家钻石贸易公司（Sodiam）出售，Sodiam 选择的买家来销售钻石。只有少数公司有资格与政府签署钻石合约。换言之，少数公司垄断了安哥拉整个钻石行业的产出。因此安哥拉的钻石投资条件缺乏吸引力，使得国际矿商基本避开了安哥拉的钻石投资方向。

2018 年，安哥拉政府调整了钻石行业的发展政策。安哥拉政府在罗安达举行的部长理事会会议上批准了关于钻石商业化的新条例——"粗钻石销售技术规则"并正式成立了国家石油和天然气管理局（ANPG），旨在确定买卖钻石的方式，实现采矿业的战略目标和政府制定的销售政策，增加勘探和勘探，推动外国投资，建立切割工厂，为国家争取更多外汇收入。安哥拉政府也表示，自实施新的、更有竞争力的钻石贸易政策以来，安哥拉钻石价格持续上涨。并且该计划允许矿商将60%的产量提供给他们选择的客户。该政策为安哥拉钻石市场注入了更多的活力，以及更大的经济利润。2019年3~6月的三个月内，安哥拉以平均每克拉155美元的价格出售了150万克拉的毛坯钻石，获得2.328亿美元的收益。同年6~9月，安哥拉出售了230万克拉毛坯钻石，收入达到2.949亿美元。

钻石相关行业主要分为毛坯钻，抛光钻以及珠宝三大块。安哥拉一直是以毛坯钻的贸易为主，安哥拉政府想进一步扩大其钻石贸易市场，因此安哥拉政府除了发布新的钻石交易政策外，还致力于扩大本国的钻石贸易，主动推动钻石工业的发展，以增加产量和提高投资回报率。安哥拉政府也表示将大力提升安哥拉钻石交易的透明度，使得矿商、投资商和消费者等利益相关者能够更进一步了解安哥拉目前钻石开采和销售的情况，从而实现安哥拉钻石行业的可持续发展。

二、世界钻石交易行业发展

1. 全球钻石交易行业简介

钻石交易行业因具有占用面积小、单位产值最高、高经济性、高利润率的特征而受到关注。2018年，全球钻石出口总额估计为1 361亿美元。总的来说，自2014年全球钻石出口额达到1 501亿美元以来，所有出口国的钻石出口额平均下降了9.3%。从2017年到2018年，出口钻石的价值同比增长了2.9%。通过研究发现，目前钻石全球出口额的下降正反映出钻石行业正在变革，因为导致钻石出口额下降的原因，也正是目前钻石行业的发展趋势。

第一，钻石首饰电子商务的出现。钻石首饰电子商务正在加速发展，美国和中国的主要钻石首饰零售商的在线销售额分别增长到13%和11%。电子商务带来的更大的定价透明度和零售库存优化将显著影响抛光钻石的需求和定价。同时，钻石首饰电子商务的快速增长降低了抛光钻石的销售业绩，并将继续影响钻石线下销售渠道。

第二，钻石行业的市场营销费用支出扩大。2019年，钻石行业营销投入超过2亿美元，钻石行业正利用市场营销来应对复杂的挑战，如客户偏好的迅速变化、来自体验和电子产品类别的竞争加剧等。这也导致了加大钻石销售成本，钻石定价上调。

第三，实验室生产的钻石被广泛投入市场。一些公司主要利用高压、高温（HPHT）技术生产毛坯钻石，以最低的生产成本竞争。因此，预计零售价格将面临额外压力，将加速实验室生产的钻石首饰销售。

第四，人们对钻石行业的可持续发展的关注。多个行业的举措侧重于管道的透明度和可追溯性，这可能会增加贷款人和消费者的信心。因此，钻石中游业务可能变得更透明，管理效率也更高。

根据相关行业报告表示，尽管钻石行业面临短期挑战，但钻石市场的长期前景依然乐观。预计到2030年，对开采粗金刚石的需求将恢复，以每年3%的速度增长。而这其中，中国和印度市场尤为重要。

2. 比利时钻石交易平台

比利时钻石交易平台是全球最主要的钻石交易平台。比利时的钻石产业主要是毛坯钻石和抛光钻石的贸易组成，在全球钻石交易体系中具有特殊地位。

比利时控制了世界80%的毛坯钻石的交易、世界55%的加工钻石，以及世界45%的工业用天然钻交易。因此，比利时被誉为是世界毛坯钻石和抛光钻石的集散地。如图3所示，2018年全球钻石出口国和地区中，比利时的钻石出口额是150亿美元，约占全球钻石出口额的11%，全球排名第四。钻石产业在比利时的经济中占据重要地位。

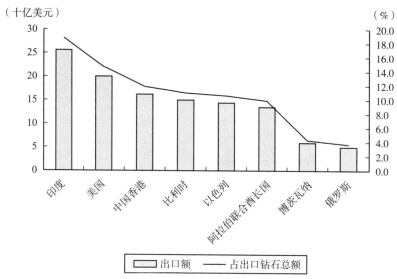

图3 2018年各国家/地区钻石出口额

资料来源：钻石生产商协会。

其中，安特卫普世界钻石中心（AWDC）是比利时钻石行业的官方代表。安特卫普世界钻石中心通过举办贸易博览会和研讨会，以及组织一系列的活动，促进毛坯钻石和抛光钻石贸易以及制造业的发展。安特卫普钻石中心每年的钻石交易额高达数百亿美元。

2018 年，安特卫普钻石贸易额为 460 亿美元左右，成品钻石贸易额达 229 亿美元，增长近 2%；毛坯钻石贸易额达 231 亿美元。安特卫普钻石贸易是比利时经济和 GDP 的主要组成部分。同时，安特卫普钻石业直接或间接为比利时提供了 34 000 个就业机会。

安特卫普钻石交易中心有着悠久的历史，以及优越的地理位置。作为世界钻石贸易中心的历史可追溯到 1447 年。同时，安特卫普是比利时的第二大城市、欧洲第二大港和世界第四大港。安特卫普具有完善的港口设施，这使它在国际贸易中发挥着理想的中转港作用。每年平均有 1 771 艘国际货轮来此挂靠，对外连接着 800 多个港口。安特卫普也被公认具有全世界最优秀的钻石工匠切割手艺。安特卫普钻石交易中心有着完整的配套设施，有专业化的钻石银行、保全及运输公司和经济商等为其服务。

近年来，安特卫普世界钻石中心也面临着挑战。首先，其他新兴钻石交易中心的竞争分走钻石交易的份额。例如，迪拜去年向安特卫普出口的未切割钻石原石已达 10 亿美元。其次，由于印度的劳动成本低，安特卫普将大约 90% 的钻石生产，包括对原石的切割和抛光，向印度转移。随着生产转移所带来的是专业人才的流失。再次，由于非洲各国开始谋求本国的钻石行业的发展，减少了向比利时供应钻石原料，与安特卫普进行钻石开采合作的戴比尔斯公司（De Beers）经营政策的变化也对其带来了影响。

三、中国澳钻所交易平台与安哥拉钻石行业

1. 澳门·中国钻石与宝石交易所简介

澳门·中国钻石与宝石交易所（以下简称"澳钻所"）是澳门当地设立的有关钻石和宝石交易的服务平台，成立于 2018 年 3 月。澳钻所是按照国际钻石、宝石交易规则运行的国际性钻石宝石交易平台，从原材料采购、切割、打磨、成品加工乃至零售，服务于全球钻石、宝石产业链各环节中的企业，并且对企业采用会员制的管理方法来提供交易平台。

澳钻所的交易范围为钻石包括钻石毛坯和成品钻、宝石的买卖。澳钻所的交

易对象分为会员和非会员，会员与非会员均可在交易所内进行交易，致力于建立一个公平公正、技术领先、创新高效、辐射全球的世界一流的钻石、宝石交易所。

澳门特区所处的独特环境为澳钻所的发展提供了不少的帮助。除了特殊的地理和历史具备的优势以外，澳钻所还得到了澳门金融行业的大力支持，与中国工商银行（澳门）股份有限公司（下称"工银澳门"）进行战略合作。利用澳门特色金融的发展，工银澳门作为澳钻所的唯一清算及结算银行，将依托集团业务平台优势为澳钻所及其会员提供全流程资金清算服务，并结合澳钻所未来发展战略规划，积极统筹协调境内、境外两个市场，为澳门提供"一体化"金融服务。此外，澳钻所还与数秦科技进行了技术方面的合作（见表1）。

表1　　　　　　　　　　　　　澳钻所与合作方的合作内容

上海钻石交易所	借助上海钻石交易所较为成熟的政策和管理优势，来打造澳钻所，并且提供运营管理，同时上海交易所为其提供澳门有关按门类引入珠宝首饰鉴定、设计、加工等方面的培训的支援
工银澳门	工银澳门将作为在澳门钻石及宝石交易的唯一清算及结算银行，并且利用工商银行"ONE ICBC"的整体资源和服务能力，为澳钻所的业务发展建设提供"全流程"金融服务
数秦科技	作为技术支持方，双方深度探讨了基于区块链技术的钻石与宝石类商品交易所的技术规划，旨在充分运用区块链去中心化、可追溯、不可篡改的能力，为用户提供更为安全及可靠的信息，使钻石交易更为便捷，从而实现"区块链＋钻石"创新发展

资料来源：本文作者整理。

根据澳钻所介绍，澳钻所的成立一方面致力于打造澳门地区的"钻石银行"，结合澳门正在进行的特色金融业发展及自由港的整体条件，利用澳门金融创新和资金优势，在安全可控的环境下，未来可能使澳门在国际钻石、宝石交易中具有一席之地。另一方面，中国澳门特区与葡语国家的关系紧密相连，同时安哥拉、莫桑比克等葡语国家拥有丰富的钻石和宝石资源，通过澳钻所积极带动生产者、中间商和消费者三者的贸易往来，可以带动葡语国家的钻石和宝石产业发展，也可以进一步推进葡语国家和中国的钻石产业合作。

而澳门本地企业也可以通过澳钻所的发展带动澳门本地宝石加工业发展，并且引导和培养澳门有关钻石设计、精工处理的人才，对促进澳门本地经济适度多元发展也有一定的积极作用。

目前，澳门·中国钻石与宝石交易所仍在建设发展中。

2. 澳钻所与安哥拉的钻石产业合作的可能性

澳钻所的成立致力于发展成为世界级的钻石交易平台，并推动澳门成为毛坯钻石及宝石的贸易中心，在粤港澳大湾区开发和"一带一路"建设的时代背景下，澳钻所与安哥拉在钻石方面的合作空间尤为广阔。

第一，对澳钻所而言，中国澳门与安哥拉同为葡语系国家及地区，有语言和文化的密切联系，澳门一直以来为中国与葡语系国家商贸合作提供重要的服务平台。而安哥拉则有丰富的矿产资源，以产值计算是当今世界第五大钻石产地，也是目前世界上唯一有众多有待开发的新钻石矿国家，并且所产出的钻石品质非常好。

第二，安哥拉具有优质钻石，金伯利岩潜力大以及劳动成本低，因此能够提供与其他钻石生产商相比的价格优势，澳钻所与安哥拉合作能够以较低的商品成本保持较高的利润率。

第三，在2018年之前，安哥拉长期由于封闭、困难的商业环境，该国的钻石投资前景没有得到充分开发，同时矿商因为被迫将低于国际价格的钻石卖给垄断中间商，从而拖累了利润。因此安哥拉急需资金和设备来开采钻石矿。而中国企业在安哥拉深耕多年，具有强大的基础设施设备能力，与澳钻所秉持友好互助、高度透明化的合作机制，能够保证安哥拉在公平透明的机制下实现双赢。

第四，安哥拉通过跟澳钻所的合作，可以发展产业结构多元化和加快经济的增长速度。目前，安哥拉的产业以石油为主，占全国产业的30.5%，其次是服务业占26.3%，而钻石业仅占1%。安哥拉2018年提出的钻石行业发展的政策，可以通过与澳钻所的合作得到进一步的落实，澳钻所在安哥拉进行钻石项目的投资，加快安哥拉经济发展的速度，实现安哥拉除石油以外，其他行业发展带动经济的目标，从而实现经济体系的多元化。同时，钻石行业的发展不仅可以促进安哥拉的经济发展，还可以提高就业率，提升人民的生活满意度和保持社会的安定。

此外，借鉴比利时安特卫普世界钻石交易中心的经验，澳钻所想要借葡语国家钻石宝石资源和澳门中葡平台的优势，成为世界重要的钻石交易中心，也需要始终将钻石质量放在工作的首位，建立包括原料加工、钻石销售和钻石运输等完善的钻石产业配套服务，实现行业人才的供给与培养，实现钻石产业的一体化服务，从而更好地迈向成为"世界钻石交易中心"的目标。

四、澳钻所落户澳门发展的原因

1. 中葡平台优势

中国与葡语国家——安哥拉、巴西、佛得角、几内亚比绍，莫桑比克、葡萄牙、圣多美和普林西比和东帝汶于 2003 年 10 月在澳门创立了中国—葡语国家经贸合作论坛（澳门）。因此，澳钻所通过澳门为中国与葡语国家之间合作所打造的——中葡平台，来获得更好的发展。澳钻所通过澳门，可以更好地与葡语国家联系起来，一方面，通过澳门将葡语国家的钻石和宝石资源汇集到澳钻所，从而实现以澳钻所为平台来进行钻石和宝石的贸易往来。另一方面，通过葡语国家来进一步扩大国际市场的交易范围。

葡语国家一直与中国有着紧密的联系，并且葡语国家是一个巨大的以及有潜力的市场。安哥拉是中国在非洲的第一大交易伙伴，中国是巴西最大的交易伙伴、最大出口目的国和第二大进口来源国。近年来，中国更是积极引导澳门加强与葡语国家之间各方面的合作，并且在澳门建立了中国—葡语国家经贸合作论坛（澳门），使得中国与葡语国家之间的经济合作更加的紧密。

特别是在葡语系国家中，安哥拉、巴西、莫桑比克还拥有极为丰富的钻石和宝石资源。这些因素都为澳钻所的发展奠定了良好的基础。

2. 签证便利优势

中国澳门特区对外非澳门居民出入境的管理中，由行政长官对 80 多个国家给予法定豁免"签证"或"入境许可"，其中包括了 8 个葡语国家在内。并且，逗留期限多达 90 天。澳钻所主要是利用澳门作为中葡平台的桥梁，将葡语国家的钻石和宝石资源汇集到澳钻所进行交易。因此，澳门对葡语国家"签证"豁免和"入境许可"便利简化了葡语国家人员进入澳门的手续，有利于澳钻所更好地开展合作。

尤其全球包括香港在内的很多地区和国家对安哥拉并没有实行免签政策，人员签证的阻碍将一定程度上妨碍双方合作的可能性。目前，澳钻所已经与安哥拉签订了有关钻石矿开采的相关事宜，这也意味着安哥拉与中国澳门将进行更加深入的合作，同时澳门对安哥拉签证的便利也可以促进双方的贸易往来。

3. 文化和信任优势

葡语国家对落户中国澳门特区的澳钻所的信任是双方顺利开展合作的前提。

澳钻所设立在澳门，能够在很大程度上获得葡语国家的信任。首先，澳门作为最早打开中国内地商品通往世界各地大门的地区之一，与葡语系国家在文化和法律等多方面有着许多共通之处，所以澳门作为中葡商贸交流的中介具有得天独厚的优势。其次，中文和葡萄牙语都是澳门的官方语言，因此澳钻所与葡语国家签订合同的时候，可以直接用葡萄牙语进行签订合同，不会因为需要翻译而误读合同。同时，双方订立合同有着相似的习惯，因此降低了因为合同理解不一所带来的纠纷。最后，"一国两制"制度优势下，澳门是全球公认的最安全的城市之一，澳门能够提供投资者和企业一个安全可靠的贸易服务平台，犯罪率长期处于较低水平，国际交易商可以放心的在澳钻所提供的服务贸易平台上进行贸易往来。

4. 金融优势

澳门特区正在发展特色金融产业，而钻石交易中心也离不开金融的协助。澳门的金融机构可以为澳钻所提供钻石交易所需的资金清算及结算服务，并结合澳钻所未来发展战略规划与金融服务需求，协助协调境内、境外市场，为澳钻所的业务发展建设提供"全流程"金融服务。

其次，澳门作为自由港，资金的流通和兑换可以自由进行。同时澳门也实行低税制，而且税种不多，澳门的低税收也有利于澳钻所及其相关的钻石和宝石产业的发展。

五、澳钻所可发挥的"中葡平台"作用

1. 加深与葡语国家之间的合作关系

葡语国家虽然只由 9 个相关国家构成，但是却分布在亚洲、欧洲、拉丁美洲以及非洲，人口多达 2.5 亿。因此，中国澳门特区和中国与葡语国家加深合作，不仅能够促进中国与葡语国家的贸易往来，还能进一步打开面向世界的中国市场。可以通过与具有丰富钻石和宝石资源的葡语国家如安哥拉和巴西等国家进行合作，将钻石和宝石的毛坯资源引进中国，同时通过与葡萄牙加大钻石和宝石的贸易往来，打开欧洲的钻石和宝石市场。澳钻所将作为钻石和宝石的交易平台角色，来加深澳门与葡语国家的联系，进一步扩大中国与葡语国家贸易往来的可能性。

2. 推进澳门建设"钻石银行"和"世界旅游休闲中心"

2008 年，在《珠三角改革发展规划纲要》首次将澳门定位为"世界旅游休闲中心",2015 年,澳门回归 16 年来首次公布五年发展规划,并提出澳门未来的定位是世界旅游休闲中心,这一定位也被写进国家"十三五"规划中。为把澳门加快建设成为"世界旅游休闲中心",澳钻所成立的目标是将澳门打造成为"世界钻石银行",而这一目标与澳门的未来定位有着紧密的联系。购买钻石和选择旅游的人群都有一定的共性,他们追求生活的质量以及有一定的消费能力。以比利时安特卫普为例,钻石交易中心也为比利时带来了丰厚的旅游客源和收入。因此,澳钻所打造"世界钻石银行"的同时还可以促进澳门建设"世界旅游休闲中心"。

3. 增加中国的钻石和宝石交易量

近年来,中国珠宝的出口量在不断的增加。2019 年 8 月中国珠宝、钻石出口金额为 17 763.7 万美元,同比增长 47.3%,2019 年 9 月中国珠宝、钻石出口金额为 15 672.6 万美元,同比下降 7.1%,2019 年 1 ~ 9 月中国珠宝、钻石出口金额为 132 953.9 万美元,同比增长 20.6%。

2019 年中国的钻石和珠宝的出口呈现出不错的趋势(见图 4),这也表明了钻石和宝石行业是中国经济的重要组成部分。澳钻所的成立,可以为中国企业更好地提供钻石和宝石的毛坯等资源,因此中国企业可以增加钻石和宝石的加工制造的数量,更好地满足钻石和宝石的出口贸易,从而加快中国的经济发展。

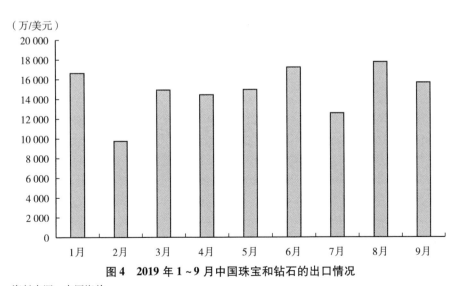

图 4 2019 年 1 ~ 9 月中国珠宝和钻石的出口情况

资料来源:中国海关。

4. 澳门产业适度多元化和大湾区协同发展

长期以来,澳门特区的经济组成呈现出博彩业独大、产业单一的局面。澳钻所的成立和发展,将会带动澳门钻石和宝石产业的发展,而钻石产业包括的范围比较广,如钻石和宝石的加工制造业、设计业和会展业等。由于澳门具有地少人多的特点,澳门发展钻石和宝石相关行业可以加强与中国内地合作,通过战略性部署,如将钻石和宝石的加工制造业和产品设计业分配给珠海等大湾区内城市,将钻石和宝石的会展业和零售业这些占地面积小,经济效益高的行业放在澳门,促进澳门钻石和宝石新兴产业的发展,提高澳门产业的多元化,也实现粤港澳大湾区内地兄弟城市的协同合作发展。

六、澳钻所在澳门发展的困难与挑战

1. 配套行业发展不足

澳门的产业结构比较单一,主要由旅游博彩业支撑,其他产业规模和企业规模小,缺乏大型生产制造业和跨国企业,因此一定程度上限制了澳钻所的发展。澳门的产业结构包括第二产业和第三产业。其中统计至 2017 年,第二产业占总产业结构的 5.07%,第三产业结构占 94.93%(见表 2)。澳门第三产业包括:批发零售业,酒店业,饮食业,运输、仓储及通信业,银行业,保险及退休基金,不动产业务,租赁及工商服务业,公共行政,教育 13 个产业,其中与澳钻所相关的行业所占总行业比重低。

表 2 　　　　　以当年生产者价格计算的产业结构　　　　单位:%

产业结构类型	2015 年	2016 年	2017 年
第三产业	92. 20	93. 30	94. 93
批发及零售业	5. 60	5. 32	5. 63
运输、仓储及通信业	2. 73	2. 86	2. 66
银行业	5. 26	5. 56	5. 42
租赁及工商服务业	3. 94	4. 66	4. 43
公共行政	4. 19	4. 44	4. 30

资料来源:澳门统计暨调查局。

澳钻所为钻石和宝石的买卖双方提供的一个交易平台，并且朝着成为世界的钻石银行为最终目标前进，因此澳钻所的发展离不开澳门的批发及零售业、运输、仓储及通信业、银行业、租赁及工商服务业以及公共行政业。但是这些产业占澳门总产业结构很少的份额，同时澳门还缺乏一些有关钻石和宝石的行业如钻石和宝石的加工制造业等。行业的比重低和相关行业的缺少将不能为澳钻所的发展提供全面的行业支持，因此在很大程度上限制了澳钻所前进的步伐。

2. 行业相关人才缺乏

钻石和宝石的进出口贸易是中国经济的重要组成部分，并且呈现上升的趋势。钻石和宝石行业的飞速发展，但是从人才储备上，不仅澳门相关人才严重不足，从全国来看，中国有关钻石和宝石行业的人才也缺失严重。人才储备不能满足行业的需求，成为钻石和宝石行业发展的阻碍。从钻石前期鉴别、设计制作，到后期的销售、评估等环节，从技术工人到管理人员，从钻石和宝石的设计师到市场营销，还有电子商务等岗位的珠宝人才全面紧缺。

除了钻石与宝石行业的人才缺失外，中葡双语人才的缺失也影响着澳钻所的发展。澳钻所作为澳门对外的交易平台，面对尤其以葡语国家为主的客户，需要大量既掌握中葡双语又具备专业法律、国际贸易、金融等行业的人才。目前看，澳门懂中葡双语的经贸、法律专业人才仍非常缺乏。

3. 程序严格费时，法律配套不到位

国际上，比利时和俄罗斯等国家无论是钻石和宝石的加工生产方面，还是钻石和宝石的贸易关的立法已经相当完善，都有相关的法律保障。然而中国对于钻石和宝石相关的立法只停留在外贸，税收以及检验检疫方面。而澳门特区对于钻石和宝石交易的法律法规至今仍然没有明确，也没有专门的法律是用来解释澳门特区与其他国家和地区有关钻石和宝石业务的贸易往来。

此外，企业想要在澳门特区设立需要走相当长的流程，而且审批所需时间也相当长，这有可能增加企业的时间成本。

其次，澳门的企业设立场地有限，同时设立程序复杂且费时。2019年统计数据显示，澳门制造业所用场所共907个，其中食品和饮品所用场所占414个、纺织业场所9个、制衣业103个、出版及印刷186个、水泥及混凝土制造10个、中药制造6个。钻石和宝石相关制造业的场所提供相当有限。而且对于场地使用也有较严格的法律限制，一旦用地目的审批通过，就不能够改变，在地少人多的澳门进一步限制了钻石和珠宝相关企业的工作场所。

4. 高技术工业企业没有合适厂房

澳门的地理环境特征表现为：地域狭小，人口密度大，建筑群体密集。澳钻所需要依赖高技术企业的发展。但是，高技术企业想要在澳门设立将要面临没有合适厂房和办公地点等困境。第一，澳门房价过高。2019 年澳门工业用地价格为 59 673 每平方米澳门元；办公室用地为 115 784 每平方米澳门元。如果高技术企业在澳门设立办公地点，会大大提高企业固定投资成本。第二，澳门的楼宇有限。截止到 2019 年 6 月，澳门楼宇单位总数为 273 994，空置单位总数为 20 370，住宅单位数目为 231 422，工商业单位数目为 42 572。高技术工业用楼宇不足。第三，土地、水域等空间限制。澳门地域狭小，城市运行过程中脆弱性特别明显。为调整灾害脆弱地区的土地利用，特区政府一般禁止工业用地与居住、商业用地紧邻，为工业楼宇的选择进一步增加了困难。

5. 欠缺政策支持和行业标准对接

不管是比利时还是俄罗斯，对钻石和宝石相关行业都制定了非常系统的激励政策和预算支持。两个经济体都有支持公立机构的研发和创新的法律与政策，支持私营企业研究与创新的资助与激励政策。而中国澳门目前还没有专门支持企业研发与创新的政策和措施，仅有较为宽泛的创业支持。由于缺乏政府的激励政策和预算支持，将不利于引进钻石与宝石的相关技术型企业在澳门生根发展。

此外，澳钻所平台必将会进一步促进中国钻石和宝石行业的发展，也将带动澳门地区和中国内地有关钻石和宝石相关的产业链形成。但是长期以来，中国的钻石和宝石交易主要是以成品为主，中国本土缺乏有关钻石和宝石的相关行业，如加工制造、成品设计等。更不用说制订一套关于钻石和宝石行业的标准化体系。

由于目前澳门以及中国的钻石和珠宝行业发展不完善，缺乏行业相关的对接标准，如缺乏标准化管理，缺乏系统的钻石和宝石行业的战略规划和缺乏鼓励创新的政策，也都限制了澳钻所业务的开展。

七、澳钻所对澳门特区"中葡平台"建设的启示

1. 发挥平台经济，特色连接葡语国家

以澳钻所这样的平台型企业为龙头，发挥重要的商务平台角色，连接澳门特

区和中国与葡语国家。

澳钻所的发展，可以加强中国澳门特区与葡语国家双方的合作。部分葡语国家，尤其是安哥拉，拥有丰富的钻石和宝石资源，澳钻所将积极发展毛坯交易，推动中国钻石产业的进一步发展。因此澳钻所可以以平台经济的方式更好地连接澳门特区和葡语国家。

中葡经贸合作机制的实践表明，中国澳门甚至中国内地与葡语国家之间不但具有广泛的合作领域，而且彼此之间的始终保持积极互动，良好交往及坦诚合作，因此能够创造更多的商机。澳门特区政府可以借鉴澳钻所的发展，积极发掘"平台 +"的模式，澳钻所是"平台 + 钻石和宝石"，相应地还可以发展其他平台形式，并且重点打造平台特色经济与葡语国家的合作，将中国和澳门特区具有优势的产业推广到葡语国家中。同时引进葡语国家中值得学习的产业和技术，从而推动中国与葡语国家之间的贸易服务中心的建设。平台特色经济不仅能够促进澳门特区和葡语国家的产业结构升级，还可以提高澳门特区和葡语国家的经济，最后实现双方共赢的愿景。

2. 利用中国产能便利，实现澳门产业结构多元

中国澳门的产业结构长期以博彩业独大，是一座经济系统较为脆弱的城市。澳钻所通过运用中国产能便利这一有利的因素得以顺利发展，进而改善澳门特区的产业结构。

澳钻所发展所涉及的相关产业包括钻石和宝石的设计、加工、销售以及品牌打造等，在澳门本地面临地少人才不足、配套欠缺等各种问题，但可以通过加强与大湾区和内地城市的合作解决。例如，中国内地的加工成本比较低，以及商业用地比较多，并且珠海与澳门的距离近、联系紧密，因此澳钻所可以将钻石和宝石的加工和制造产业设立在珠海横琴，并且在人才培养方面加强与中国内地合作，引进所需的人才。在产业链形成中提升澳门钻石交易中心对国际客户的吸引力，拉动钻石相关行业的发展，进而也拉动澳门会展行业和旅游、特色金融等行业的发展。实现产业结构多元化。

3. 携手大湾区开展"一带一路"建设，共同开拓世界市场

澳钻所的发展通过大湾区进行资源整合，通过粤港澳三地的合作，实现粤港澳区域发展的优势互补，集中中国买方市场力量和优质珠宝经营企业，以及全球有影响力的钻石和宝石企业。通过澳门进一步加强与"粤港澳大湾区"之间的合作，积极参与"一带一路"的建设，通过进一步深化与葡语国家之间的联系，从而促进中国与葡语国家以及所在的四大洲的国家实现经济往来，致力打造服务于

中国珠宝市场与全球珠宝产业之间文化贸易互联互通的专业平台。此外，澳门可以发挥中葡平台的作用，推广人民币在葡语国家的使用，一方面可以规避汇率风险，另一方面可以提升人民币的国际化水平。

参考文献

［1］国家发展改革委、外交部、商务部（经国务院授权发布）：《推动共建丝绸之路经济带和 21 世纪海上丝绸之路的愿景与行动》，载于《人民日报》（北京）2015 年 3 月 29 日第 4 版。

［2］宋雅楠：《澳门特区中小企业参与"一带一路"机遇、挑战与策略》，载于《新时代新征程："一带一路"与澳门发展》，社会科学文献出版社 2019 年版。

［3］宋雅楠：《从"三个中心"看澳门特区"中葡平台"发展》，载于《葡萄牙投资环境报告》，经济科学出版社 2018 年版。

［4］宋雅楠：《澳门参与"一带一路"建设的功能定位与对策》，载于《"一带一路"与澳门发展》，社会科学文献出版社 2018 年版。

［5］韩江波：《珠澳协同发展：实现基础及实现路径》，载于《澳门研究》（澳门）2013 年第 3 期。

［6］齐冠钧：《澳门经济适度多元化发展研究》，载于《澳门研究》（澳门）2019 年第 1 期。

［7］曾忠禄、Susana Mieiro、纪春礼：《澳门产业多元化的方向与对策》，载于《澳门研究》（澳门）2018 年第 2 期。